北方种子生产技术与实践

肖占文　王爱文
赵致禧　姚正良　编著

兰州大学出版社

图书在版编目(CIP)数据

北方种子生产技术与实践/肖占文等编著.—兰州:兰州大学出版社,2005.1

ISBN 978-7-311-03210-4

Ⅰ.北… Ⅱ.肖… Ⅲ.作物育种—研究 Ⅳ.S33

中国版本图书馆 CIP 数据核字(2008)第 167369 号

责任编辑 张 仁 丁武蓉 马继萌
封面设计 张芳芳

书　　名 北方种子生产技术与实践
作　　者 肖占文 王爱文 赵致禧 姚正良 编著
出版发行 兰州大学出版社 (地址:兰州市天水南路 222 号 730000)
电　　话 0931-8912613(总编办公室) 0931-8617156(营销中心)
　　　　 0931-8914298(读者服务部)
网　　址 http://www.onbook.com.cn
电子信箱 press@lzu.edu.cn
印　　刷 兰州德辉印刷有限责任公司
开　　本 880×1230 1/32
印　　张 9.5
字　　数 298 千
版　　次 2005 年 1 月第 1 版
印　　次 2011 年 8 月第 7 次印刷
书　　号 ISBN 978-7-311-03210-4
定　　价 28.50 元

前言

种子是农业生产中特殊的、不可替代的、最基本的生产资料，是农业科学技术的载体，是农业增产的内因。据联合国粮农组织统计，近25年来，世界粮食产量翻了一番，其中75%来自提高单产，而种子对提高单产的作用占30%～35%。因此，大力发展种子产业，提高种子的生产水平，是提高作物产量，改善作物品质，促进农业生产持续、稳定发展的最有效的途径。

“一粒种子可以改变世界”。国内外大量事实证明，农业生产的发展史就是一部作物品种的改良史，从“绿色革命”到杂交水稻、杂交玉米的广泛应用，都再次证明，良种在农业生产中的巨大作用是其他任何因素都无法取代的。真抓农业，就要真抓科技，真抓科技，就要真抓种子，抓种子的关键就是抓种子生产，只有因地制宜，遵循种子自身的特点和种子生产的基本规律，采取经济、有效的技术措施，才能生产出高质量的种子，最大限度地满足农业生产的需求。

中国北方地区干旱少雨、地域广阔、光热资源丰富、昼夜温差大，特定的环境和生态条件，成为农业生产和种子繁殖的理想地带。在这里生产的种子不仅产量高，而且色泽亮、饱满度好、发芽率高，现已发展成为全国乃至世界最具优势的种子生产基地。而目前先进、成熟的种子生产技术普及率还较低，在一定程度上影响了种子生产的产量、质量和效益。这正是我们编写此书的出发点和立足点。

随着我国农业生产的快速发展，种子产业化体系的建立，加入WTO给种子产业带来了更广阔的发展空间和机遇，作物良种繁育必将成为种子生产和经营部门获得高效益的关键，也将成为制种产区农业增效，农民增收的有效途径。而先进的种子生产技术是加速优良品种推广，促进种子产业健康、持续发展的重要保证。希望本书的出版能为我国北方农业生产及种子产业的发展出一份力。

本书共分五个部分，分别介绍了种子的地位和作用，种子生产的意义和任务，我国北方种子生产特点，种子的概念和属性，种子生产的基础理论，主要农作物种子生产技术与实践，主要蔬菜种子生产技术与实践，牧草种子生产技术与实践。涵盖北方主要大田农作物，各类蔬菜、牧草的常规种子生产和杂交种子生产技术，并列举实践范例。作者分工为：第一章，肖占文、赵致禧；第二章，王爱文、姚正良；第三章、第四章，肖占文、赵致禧；第五章，肖占文、姚正良。全书由肖占文、赵致禧统稿和定稿。

该书特点突出，着眼于先进性、实用性和理论与实际的结合，贴近生产，可学可用。可供农业科研单位、种子生产单位的科技工作者及种子生产者参考应用，也可供农业院校有关专业师生参考阅读。

由于编者水平所限，书中不足和不妥之处，敬请专家、读者批评指正。本书编写过程中参考并引用了许多专家、学者的有关资料，部分章节得到了郝铠、宋自仁、薛龙、管作夏、闫斌杰、索东让、钟红清、刘秦、董海等专家的修正，提出了宝贵意见。在此一并表示感谢！

编　者

2004 年 10 月

目　录

前　言 …………………………………………………………………… (1)
第一章　绪论 ……………………………………………………………… (1)
第一节　种子在农业生产中的地位和作用 ………………… (1)
一、种子在农业生产中的战略地位 ……………………………… (1)
二、良种在农业生产中的作用 ………………………………… (2)
三、种子生产的意义和任务 …………………………………… (3)
第二节　我国北方种子生产概述 …………………………… (4)
一、北方种子生产特点 ………………………………………… (4)
二、河西走廊制种产业的优势及发展思路 ……………………… (6)
第三节　种子的涵义与类别 ………………………………… (8)
一、种子的涵义 ………………………………………………… (8)
二、种子的类别 ………………………………………………… (9)
第二章　作物良种繁育的基础理论 ……………………………… (10)
第一节　作物繁殖方式与良种繁育 ………………………… (10)
一、有性繁殖 …………………………………………………… (10)
二、无性繁殖 …………………………………………………… (12)
第二节　品种防杂保纯 ……………………………………… (13)
一、品种混杂退化的原因 ……………………………………… (13)
二、品种防杂保纯的措施 ……………………………………… (15)
第三节　种子生产基地建设 ………………………………… (19)
一、建立种子生产基地的意义 ………………………………… (19)
二、种子生产基地应具备的条件 ……………………………… (19)
三、种子生产基地的形式 ……………………………………… (20)
四、种子生产基地建设和管理 ………………………………… (22)

第四节　种子质量控制和种子标准化 …………………（25）
一、种子质量控制 ……………………………………（25）
二、种子标准化 ………………………………………（29）
第三章　主要农作物种子生产技术与实践 …………（40）
第一节　小麦种子生产 ……………………………（40）
一、小麦良种繁殖的生物学基础 ………………………（40）
二、小麦品种混杂退化及保纯 …………………………（41）
三、小麦良种繁育技术 ………………………………（43）
第二节　玉米种子生产 ……………………………（47）
一、玉米制种的生物学基础及基地要求 ………………（47）
二、玉米自交系的繁殖技术 …………………………（49）
三、玉米杂交种子生产技术 …………………………（53）
四、北方玉米制种冻害的发生与防治 …………………（62）
五、生产实践范例 ……………………………………（65）
第三节　大豆种子生产 ……………………………（71）
一、大豆良种繁育的生物学基础 ………………………（71）
二、大豆品种的混杂退化及保纯措施 …………………（72）
三、大豆良种繁育技术 ………………………………（74）
第四节　油菜种子生产 ……………………………（76）
一、油菜制种的原理及生物学基础 ……………………（76）
二、杂交油菜亲本繁殖技术 …………………………（76）
三、杂交油菜制种技术 ………………………………（77）
四、生产实践范例 ……………………………………（80）
第五节　棉花种子生产 ……………………………（85）
一、棉花制种的生物学基础 …………………………（85）
二、棉花原种生产技术 ………………………………（86）
三、棉花杂交种子生产技术 …………………………（90）
四、生产实践范例 ……………………………………（95）
第六节　高粱种子生产 ……………………………（98）
一、高粱繁种的生物学基础 …………………………（99）
二、高粱杂交亲本的混杂退化及提纯 …………………（99）

三、高粱杂交种子生产技术 ……………………………… (100)
四、生产实践范例 ……………………………………… (102)
第七节　谷子种子生产 ………………………………… (104)
一、谷子品种的退化现象 ……………………………… (104)
二、谷子良种防杂保纯技术 …………………………… (104)
第八节　向日葵种子生产 ……………………………… (107)
一、向日葵原种生产技术 ……………………………… (107)
二、向日葵杂交种子生产技术 ………………………… (112)
第九节　马铃薯种子（薯）生产 ……………………… (114)
一、马铃薯良种繁育的生物学基础 …………………… (114)
二、马铃薯种子（薯）生产技术 ……………………… (116)
第十节　甜菜种子生产 ………………………………… (124)
一、概述 ………………………………………………… (124)
二、甜菜采种技术 ……………………………………… (125)
三、生产实践范例 ……………………………………… (126)
第四章　蔬菜种子生产技术与实践 ………………… (130)
第一节　蔬菜种子生产特点及分类 …………………… (130)
一、蔬菜种子生产特点 ………………………………… (130)
二、蔬菜分类与种子生产 ……………………………… (131)
第二节　叶菜类种子生产 ……………………………… (132)
一、大白菜种子生产技术 ……………………………… (132)
二、甘蓝种子生产技术 ………………………………… (141)
第三节　根菜类种子生产 ……………………………… (148)
一、萝卜种子生产技术 ………………………………… (148)
二、胡萝卜种子生产技术 ……………………………… (152)
第四节　茄果类蔬菜种子生产 ………………………… (156)
一、西红柿种子生产技术 ……………………………… (157)
二、辣（甜）椒种子生产技术 ………………………… (166)
三、茄子种子生产技术 ………………………………… (176)
第五节　瓜类作物种子生产 …………………………… (184)
一、黄瓜种子生产技术 ………………………………… (184)

二、西瓜种子生产技术 ……………………………… (193)
三、甜瓜种子生产技术 ……………………………… (208)
四、西葫芦种子生产技术 …………………………… (217)
五、南瓜杂交制种技术 ……………………………… (222)
第六节　绿叶菜类作物种子生产 ………………………… (225)
一、菠菜种子生产技术 ……………………………… (225)
二、芹菜种子生产技术 ……………………………… (231)
三、茴香种子生产技术 ……………………………… (235)
第七节　葱蒜类作物种子生产 …………………………… (237)
一、洋葱种子生产 …………………………………… (237)
二、大葱种子生产 …………………………………… (243)
三、大蒜种子生产 …………………………………… (248)
四、韭菜种子生产 …………………………………… (251)
第五章　牧草种子生产技术与实践 ……………………… (256)
第一节　牧草种子生产的生物学基础 …………………… (256)
一、牧草的生长发育 ………………………………… (256)
二、牧草的繁殖方式 ………………………………… (259)
三、牧草种子生产对环境条件的要求 ……………… (261)
第二节　牧草种子生产技术 ……………………………… (263)
一、种子田的选择与隔离 …………………………… (263)
二、牧草种子田的管理 ……………………………… (271)
三、牧草种子收获 …………………………………… (275)
第三节　北方主要牧草种子生产实践 …………………… (277)
一、豆科牧草 ………………………………………… (277)
二、禾本科牧草 ……………………………………… (287)
主要参考文献 ……………………………………………… (292)

第一章 绪论

第一节 种子在农业生产中的地位和作用

一、种子在农业生产中的战略地位

种子是农业生产中特殊的、不可替代的、有生命力的、最基本的生产资料,是决定农产品产量和品质的最重要的因素。在农业生产的诸要素中,种子以其具有生命力和在农业生产中的特殊作用而占有不可取代的战略地位。

纵观我国的农业发展,无不从品种的改良开始,种子生产水平在一定程度上代表了农业生产水平,可以说,种子是农业发展新阶段的重要标志。人类在很久远的年代就认识到种子在农业生产中的重要地位,原始农业靠采集野生种子,传统农业靠自然选种。据记载,我国黄河流域的先民们早在春秋时期就懂得选育良种,到南北朝时,先民们对种子的认识更进一步。现代农业运用先进科学技术培育良种,新中国成立以来,我国的种子工作成就斐然,先后培育并推广了41种大田作物的优良品种共5600多个,主要农作物品种已在全国范围内更新了4~5次,其良种覆盖率已超过90%。全国粮食总产量由1949年的1亿吨稳定地增长到目前的5亿多吨。而且我国在人口持续增长,可耕地面积不断缩小的前提下,各类农产品的持续供给能力大幅度增长,主要农产品的生产总量出现结构性或阶段性剩余,农产品品质明显改善,市场竞争力显著增强,这些都与优良品种及其种子的推广息息相关。

就世界范围而言,粮食问题的解决首先得利于种子。二战以后,随着经济复苏,人口增长,粮食短缺、食物不足成了世界性的难题。农业科学家和各缺粮国政府形成了靠种子革命来解脱这场危机的共识。20

世纪 60 年代,国外掀起了一场以推广良种为标志的“绿色革命”,伴随着墨西哥矮秆小麦的育成和推广,世界各国小麦生产水平在 1952—1982 年的 30 年间迅猛提高,如美国的小麦单产提高 94.8%,墨西哥提高了 394%。一举解决了粮食短缺问题,推动了世界农业的向前发展。近 25 年来,世界粮食产量较 20 年前翻了一番,其中优良品种增产的份额占 30% ~35%,种子在其中的贡献是显而易见的。

如今,人们越来越清楚地认识到,在今后的农业发展中,种子将占据愈来愈突出的地位,良种已经成为国际农业竞争的焦点。一些有识之士甚至提出“一粒种子可以改变世界”的口号,由此我们可以领悟到种子在农业生产发展和世界经济竞争中的突出地位。

二、良种在农业生产中的作用

国内外现代农业发展史生动地说明良种在农业生产发展中的作用,其集中地表现为以下几个方面:

(一)显著提高作物产量

优良品种的基本特征之一是具备丰产性,增产潜力较大。实践证明,在同一地区和相同耕作栽培条件下,采用产量潜力大的品种,一般可增产 20% ~30%,有的可达 40% ~50%。据国内外专家估测,品种改良在玉米生产中的作用,占各项技术措施增产总量的 33% ~40%,小麦占 50%左右。我国水稻产量的三次重大突破,首先都是良种的突破。20 世纪 50 年代,通过农家品种的评选鉴定,推广优良品种,全国水稻平均亩产由 100 多公斤上升到 150 多公斤;20 世纪 60 年代,普遍推广矮秆品种替换高秆品种,水稻平均亩产上升到 200 多公斤;特别是 20 世纪 80 年代杂交稻的推广,使我国水稻的平均亩产一跃增到 350 多公斤。目前,亩产达 800 ~1000 公斤的超级水稻的研发,其前景更是诱人。因此,采用优良品种的优质种子,是种植业生产中一项最经济最有效的增产措施。

(二)改进农产品品质

近几十年来,我国品质育种有了重大进展,不仅大宗作物如水稻、小麦、玉米、油菜等有了高产优质品种,如蛋白质含量高的优质面包小麦、高赖氨酸玉米、高油大豆、双低油菜、BT 抗虫棉等,而且小杂粮作物亦有了高产优质品种。此外,大量优质蔬菜品种的育成和推广,推动了无公害农业的发展,提高了农产品的市场竞争力。说明,推广优质品种是提高农产品品质的必经之路。

(三)提高农业生产经济效益

在农业生产诸要素中,推广农作物优良品种是提高经济效益的有效途径。优良品种对提高经济效益的作用一般为20%~30%,高的可达50%以上。据资料介绍,美国对玉米种子研究工作的投资效益为1:400。陕西省农业科学院选育推广玉米杂交种的经济效益为1:450。说明选育推广良种是投资少、经济效益高的技术措施。

(四)促进农业机械化发展,大幅度提高劳动生产率

作物要提高机械化作业水平,必须配置适合机械化作业的品种及其种子,选用生育特性、生长习性、株型等合适的品种可满足这些要求。如在棉花生产中,一些先进的国家已培育出株型紧凑、适于密植、吐絮早而集中、苞叶能自动脱落的新品种,有力地促进了棉花机械化生产。美国培育的紧凑型玉米品种、荷兰培育的加工型马铃薯品种,也大大提高了机械化作业水平。

(五)促进耕作制度改革和种植业结构的调整

一个地区种植业结构调整优化,品种的更新和布局至关重要,一个优良品种可以带动一方产业,实现农业增效和农民增收。同时一个优良品种也可以使一个地区的耕作制度发生根本性的变化,可有效提高复种指数,增加熟制。因此耕作改制,要有相应的配套品种。

当然,优良品种的作用是潜在的,其具体的表现和效益还要决定于相应的耕作栽培措施,做到良种良法配套。而且一个品种决不是万能的,它的优良表现也是相对的,具有一定的地域性、时间性。因此,品种改良的任务就是选育优良品种并繁殖合格的优良种子,满足生产发展的科技进步的要求。

三、种子生产的意义和任务

(一)意义

作物种子生产又称为作物良种繁育。所谓良种,指优良品种的优质种子,它必须具备两方面的品质:一是品种优良,即优良品种具有产量和品质的优越性,生产使用上的区域性,种植表现上的一致性和稳定性,使用时间上的相对持久性;二是种子本身优良,即种子的纯度、发芽

率、发芽势、净度、水分、色泽和千粒重等指标必须达到一定的标准，如国家规定的标准或行业要求的标准。只有同时具备这两方面品质的种子才算得上是良种，才值得为农业生产繁育推广。

作物种子生产是一门研究保持优良品种种性，提高优质种子生产技术的综合性科学。它的内涵和外延涉及作物遗传育种、高产栽培、病虫害防治以及种子学原理，因而是一门多学科交叉型的应用科学。

良种繁育工作是指有计划的，并迅速大量地繁殖优良品种的优良种子的生产行为。它是一种具有特殊意义的农业生产行为，它的产品不是一般意义的商品，而是用于扩大再生产的特殊商品——种子。因此，作为一种商品生产，具有一般商品生产不具备的特殊意义。具体表现在两个方面：一方面它是现代农业生产中连接作物品种选育和作物大田生产的桥梁和纽带，是育种成果转化为生产力的重要措施。没有良种繁育，育成的品种就不可能在生产上大面积推广，其增产作用就不可能得到发挥；没有良种繁育，生产中推广的优良品种会很快发生混杂退化，失去增产作用。另一方面对种子经营者来讲，掌握了品种优良的种子，才能提高市场竞争能力，获得良好的经济效益和社会效益；对种子使用者来说，获得了优良品种的优质种子，就意味着丰收和收益。因而，种子生产是种植业生产获得高产、优质、高效益的重要基础，对整个种子工作和农业生产都有着十分重要的意义。

(二)任务

良种繁育的任务，一是繁殖新品种优质种子，实现新品种及时更新换代，使优良品种发挥应有的增产、增收效益。二是采用先进的农业技术措施，实现品种保纯，保持和提高用于扩大繁殖的优良品种的种性，确保繁殖后的种子有较高的种子质量，满足生产需求。

第二节　我国北方种子生产概述

一、北方种子生产特点

中国北方地区主要包括16个省、市、区(京、津、黑、辽、吉、蒙、晋、冀、鲁、豫、陕、甘、宁、新、青、藏)。地域辽阔，土地面积占全国土地2/3以上，现有耕地占全国的60%。据统计资料表明，本区粮食总产占全国的 45%，粮食作物中的小麦、玉米、大豆产量均占全国的 2/3 以上；棉花产量占全国的 68%；油料作物产量占全国的 46%，其中花生产量占全国的 66%。糖料作物甜菜主产于北方。在全国种植业总值中，北方区占将近一半（45%）。因此，北方区的作物生产在中国农业生产中占有重要地位，搞好北方区的种子生产意义重大。从整体看，北方区的种子生产自然优势明显，特点突出，潜力较大。

（一）光热资源丰富，大部分地区昼夜温差大，有利于作物干物质积累，提高单产水平。据统计，北方年总辐射量 110～200kcal/cm²，年日照时数 1600～3400h（大部分地区在 2500h 以上）。许多地区生长季温度日较差大，普遍大于南方地区，且大多在 14～16℃，是种子生产的理想地带。

（二）水资源不足，灾害频繁，灌溉农业特点突出。东北、北部高原、西北、青藏四个种植区处于高纬度或高海拔地带，积温较少，生长期较短，年积温≥10℃大多在 1000～4000℃之间，无霜期 100～220d。作物生长期间常遇低温、冷害威胁，不利于种子生产。平川区热量相对较为充足，年积温≥10℃大多在 3400～4700℃之间；降水少，年降水量为 200～900mm，且地区间、季节间分配不均，但灌溉农业特点突出，克服旱涝灾害和低温冻害，形成了种子生产的主产区。如新疆农业区、内蒙古农业区、宁夏的河套灌区、甘肃的河西走廊绿洲灌区，光热资源丰富、地势平坦、土地肥沃，加上绿洲与戈壁相间形成良好的隔离区，以及较大的昼夜温差，花期降雨量少和井河互补的灌溉方式，十分有利于作物种子生产。

（三）人均耕地较多，瘠薄地比重较大。黄淮海地区，土地平坦、土层深厚，但土壤养分含量较低，低产地面积约占耕地面积 1/3 以上，其中盐碱土约 333.3 多万 hm²。西北地区风蚀强烈，盐碱土将近占耕地的 1/3。东北地区虽土地自然肥力较高，但近些年来养地不够重视，地力有所下降。其他一些地区则或因风蚀、雨蚀严重，或因耕作粗放，土地生产力不高，成为种子生产的限制因素。

（四）种植制度以旱作一年一熟为主，热量较好的地区一年三熟或一年二熟。由于气候类型错综复杂，因而作物生态类型多样，大田农作物、蔬菜、牧草等品种适应和分布范围较广。

综上所述，北方区作物种子生产既有优势方面，也有不利方面。发展种子生产的主要限制因素是大部分地区存在着旱、涝、碱、瘠危害和部分地区存在着低温冷害。为了挖掘产量潜力,今后务必因地制宜,扬长避短,采取有效措施,不断克服障碍因素。应特别重视:①加强农业基础建设,综合治理,改造低产田,增强种子生产的后劲;②搞好种子生产的区域化布局,选用抗逆性强的作物品种;③推广先进的旱作、节水农业技术,提高水分利用率;④增施有机肥,不断提高土壤肥力,进一步挖掘种子生产潜力;⑤实现保护耕地,优化种植制度,提高耕作、栽培管理的科学水平,促进制种产业的可持续发展。

二、河西走廊制种产业的优势及发展思路

(一)河西走廊制种产业优势及现状

河西走廊位于甘肃省西部的祁连山脉和北山山地之间,东起乌鞘岭,西至玉门关,地辖酒泉、张掖、武威、金昌、嘉峪关五个地级市共20个县,地处欧亚大陆中部腹地,是甘肃的传统优势农业区,全区人口397.8万,其中农业人口占人口总数的81%。总土地面积2760.3万hm^2,占甘肃省总土地面积的60.69%。现有耕地66.5万km^2,其中有效灌溉面积65.63万hm^2,占全省灌溉耕地的65.82%。走廊内气候干燥,光照充足,地势平坦,土壤肥沃,大部分海拔在1000~1600m,年太阳总辐射量5800~6400MJ/m^2,年日照总时数2800~3300h,年降水量在35~200mm之间,无霜期160d左右,有效积温2800~3000℃,依赖祁连山丰富的雪源形成了独特的农业灌溉体系。区域内形成的一片片绿洲是天然的制种隔离区,制种作物涵盖了玉米、小麦、油料、棉花、糖料、蔬菜、花卉、牧草八类作物一百多个品种。由于热量资源丰富,昼夜温差大,病虫危害轻,十分有利于农作物高产优质栽培。在这里生产的种子籽粒饱满、色泽纯正、水分低、发芽率高、千粒重大,深受国内外用户欢迎,已销往美国、日本、德国、韩国、荷兰等十六个国家和国内三十多个省、市区的一百多家经营单位。气候干燥、少雨、蒸发量大,适宜种子产后加工和贮藏。黑河、疏勒河、石羊河三大水系基本能够满足农田灌溉,实现旱涝保收。这些优越的自然条件使河西走廊成为最有开发潜力、最具发展活力的制种区域,现已发展成为全国最大的种子生产基地之一。目前,河西走廊已建成全国最大的玉米种子生产基地、国内最主要的瓜菜种子生产基地和对外合作制种基地。2002年玉米制种面

积达6.25万km^2,年产种子3.8亿kg,占甘肃省种子生产的94.4%,占全国种子用量的45%,位居全国第一;瓜菜种子生产量占甘肃的95%;棉花种子生产量占甘肃的97%;各类花卉、牧草等制种面积达1.3万km^2,成为农民增收、农业增效、财政增税的优势产业和新的经济增长点。

(二)河西地区种子产业加快发展的思路

河西地区是北方种业的优势区域。今后种子产业发展的思路是:

1. 纵横联合,组建大型种业集团,增强辐射带动功能。通过入股、参股、并购等形式组建大型种子集团,通过资源的整合和优化配置,形成强势竞争优势,从而强占优势资源和销售区域,辐射带动河西地区制种产业的发展。

2. 纵横联合,向高科技种业集团方向发展。大型种子公司要和国内一流的科研院校强强联合,使大型种业公司的生产经营和市场开发、资本优势与科研院校的人才、科技、信息、先进的研究设施等优势结合,成立育、繁、推一体化,产、加、销一条龙的大型种业集团,或按照生态区域,选择具有较强育种实力的科研院所,加强联合与协作。通过委托育种、联合开发、买断专利权、制种代理权等形式,加快自主知识产权品种的选育步伐,提高自主品种的市场销售份额,尽快占领销售市场。

3. 实施人才、品牌战略。目前,种子产业综合实力不强,综合型人才缺乏,且比较分散,没有形成强大科技合力。今后,要重视人才战略,加强研究能力强,精通国际商贸、外语、企业管理的复合型人才的引进和培养。要以品牌和技术为纽带,追求名牌效益,实施品牌战略,塑造名牌企业,提高国际竞争力。

4. 加快建立市场销售网络,提高市场占有率。目前,国际种业寡头企业都建立了渗透本国甚至全球市场的销售和服务的超大型市场网络。我国种业市场由于长期以来条块分割,市场网络还未形成。随着与国际种业的接轨以及《中华人民共和国种子法》的颁布实施,为我国市场网络建设提供了机遇和法律保障。各大型种子生产企业和大型销售企业的强强联合,加快市场网络建设,并采取多种行之有效的手段,渗透扩张市场,在国内市场上赢得一席之地的同时,参与国际市场竞争,才能立于不败之地。

5. 加强与国外种业的合作,加快种业发展步伐。一是与发达国家的种子企业加强合作，借鉴经验，引进有价值的育种材料进行研究，丰富种质资源，加快科研育种的步伐；二是学习市场网络建设的成果，缩短与国际种业的差距，增强国际市场竞争力；三是利用我们的自然资源和合作制种优势，加强合作制种、代繁代制，成立合资、合作公司以及代理公司等，吸收一切有利于种业发展的先进成果，使我国种业逐步融入国际种业大市场，为发展民族种业做出贡献。

6. 加强制种技术优化研究，降低种子生产成本。一是根据目前生产上采用的品种类型、气候生态特点，研究确定制种优势区域；二是加强种质资源收集保存和利用，加快新品种选育的步伐；三是改革耕作制度，优化种植业结构，促进种子产业的可持续发展；四是加强种子生产、病虫草害的预测防治和自然灾变预警系统建立，降低种子生产风险；五是提高制种的栽培技术和管理水平，研究节水措施，大力提倡节水灌溉农业，合理利用水资源，推行化控技术，提高机械化水平，减轻劳动强度，降低生产成本，提高制种效益。

第三节　种子的涵义和类别

一、种子的涵义

种子(seed)的含义在植物学上的概念和农业生产上的概念有所不同。植物学上的种子仅指种子植物由胚珠发育而成的繁殖器官，一般经过有性生殖过程；农业生产上的种子含义广泛，即凡是在农业生产上能作为繁殖后代用的各种播种材料的总称，习惯称农业种子，包括植物学上的种子、果实和根、茎、芽营养器官等繁殖材料。

种子，从不同角度看有不同的属性。对于种植业生产来说，种子是播种材料，是劳动对象，因而是最基本的生产对象，是构成农业生产力的基本要素之一。农业源于种子，没有种子则农业生产就无从谈起。从植物本身来说，种子是植物的繁殖器官，是植物生活周期中世代交替的枢纽，是期待发育成下一代的雏形。具有发芽力的种子在环境条件适宜时，就能正常萌发、生长发育，形成新一代种子。从遗传角度看，种子是遗传信息的载体，作物品种的绝大多数特征性状靠种子在下一代表达出来，这是作物良种繁育和农业生产持续发展的重要基础。

二、种子的类别

种子类别主要按生产程序、繁殖器官、来源划分。

（一）从生产程序将作物种子分为育种家种子、原种、良种。育种家种子指由育种家育成的遗传性状稳定的品种或亲本的高纯度种子。育种家种子也称原原种，数量很少，是为原种生产提供的种子。原种是指用育种种子繁殖的第一代至第三代或按原种生产技术规程生产的达到原种质量标准的种子。相当于国外的基础种子，有省、地、县各级原（良）种场生产，这是为良种生产提供的种子。良种指用常规原种繁殖的第一代至第三代和杂交种达到良种质量标准的种子。相当于国外的检验种子，这是供大面积生产使用的种子。

（二）从植物学上，作物种子分为种子、果实、营养器官。植物学上的种子是指由胚珠发育形成的繁殖器官，如豆科作物、花、油菜、烟草、蓖麻、芝麻、瓜类、茄子、辣椒、白菜等种子。植物学上的果实是指由子房发育成的繁殖器官，如小麦、大麦、玉米、水稻、高粱、谷子、大麻、向日葵、胡萝卜、芹菜等种子。种用的植物营养器官主要包括根、茎类作物的无性繁殖器官，如甘薯的块根、马铃薯的块茎、葱和蒜的鳞茎等。

（三）从种子的来源上，种子可分为育成品种的种子、农家品种的种子、野生植物资源采集的种子、人工种子。

第二章 作物良种繁育的基础理论

第一节 作物繁殖方式与良种繁育

繁殖现象是作物生命过程中拥有的一种重要特性。通过繁殖,作物才能繁衍后代,优良品种的优良特性才能传递下去,保证种群的生存和发展。植物在长期进化过程中,由于自然选择和人工选择的作用,形成了各种不同的繁殖方式。由于繁殖方式不同,使其后代群体的遗传特点各异,所采用的良种选育、繁育方法和保纯措施也不相同。概括地讲,作物的繁殖方式可以分为有性繁殖和无性繁殖两大类。

一、有性繁殖

凡由雌、雄配子结合,形成合子,进而发育形成种子,并用种子繁衍后代的繁殖方式,称为有性繁殖。通过有性繁殖方式繁衍后代的作物称为有性繁殖作物。授粉是作物有性繁殖的前提,根据授粉方式的不同,可将有性繁殖作物分为自花授粉作物、异花授粉作物和常异花授粉作物三类。

(一)自花授粉作物

在自然条件下,同一朵花的花粉传播到同一朵花的雌蕊柱头上,或同株的花粉传播到同株的雌蕊柱头上都称为自花授粉。通过自花授粉方式实现雌、雄配子结合而繁殖后代的作物,称为自花授粉作物,又称自交作物,如小麦、水稻、大麦、燕麦、大豆、豌豆、绿豆、小豆、豇豆、花生、芝麻、烟草、马铃薯、西红柿、茄子、辣椒等。这类作物的花器特点是:雌雄同花,雌、雄蕊同期成熟,甚至开花前多已授粉;花朵开放时间较短,花器保护严密,外来花粉不易侵入,极易自花授粉,其天然杂交率一般在5%以下,因作物品种和环境条件而异。如水稻天然杂交率为

0.2% ~0.4%;大麦的天然杂交率为0.04% ~0.15%;大豆天然杂交率为0.5% ~1.0%;小麦的天然杂交率为1% ~4%。

由于自花授粉作物的群体基因型基本一致,几乎都是纯合体,品种保纯相对容易。在原种生产时,一般通过一次单株选择便可以获得遗传性状基本一致的原种,达到品种保纯的目的。对原种在进行一次或几次扩繁即可作为生产用种。在良种繁育时,保持品种的纯度,主要是防止各种形式的机械混杂和由此引起的生物学混杂。保纯的主要技术环节是:采取适当隔离,田间严格去杂。

(二)异花授粉作物

在自然条件下,一朵花内的雌蕊接受同一植株不同花朵雄蕊产生的花粉或不同植株的花粉,实现雌、雄配子结合而繁殖后代的作物,称为异花授粉作物,或称异交作物。

这类作物按花器特点可分为四种类型:第一种是雌雄异株,即雌花和雄花分别生长在不同植株上,异交率为100%,如大麻、蛇麻、菠菜等;第二种是雌雄同株异花,如玉米、蓖麻以及某些瓜类作物如番瓜、葫芦等;第三种是雌雄同花但自交不亲和,如黑麦、甘薯、白菜型油菜、白菜、萝卜等;第四种是雌雄同花但雌、雄蕊熟期不同或花柱异型,如向日葵、荞麦、甜菜、洋葱等。

异花授粉作物主要依靠风、昆虫等媒介传播,天然杂交率一般在50%以上,高的甚至达到100%。因此,异花授粉作物自然群体内各个体的基因型是杂合的,个体间在基因型和表现型上具有不一致性。但在自由传粉情况下,能保持群体遗传结构的相对稳定性。繁种时宜采用混合选择法,通过多代自交使其遗传型逐渐趋于同质结合,获得纯合、稳定的自交系,再利用自交系配置杂交种,利用其杂种优势。在亲本繁殖和杂交制种过程中,为了保持亲本和自交系的纯度及杂交种的质量,必须做好隔离措施、去杂去劣和授粉工作,防止机械混杂和生物学混杂。

(三)常异花授粉作物

一种作物同时依靠自花授粉和异花授粉两种方式繁殖后代的称为常异花授粉作物,又称常异交作物。常异花授粉作物一般以自花授粉为主,又存在一定比例的自然异交率,是自花授粉作物和异花授粉作物的中间类型,如棉花、高粱、蚕豆、甘蓝型油菜、苜蓿等都属于这种类型。

常异花授粉作物花器的基本特点是：雌雄同花，雌、雄蕊不等长或不同期成熟，雌蕊外露，易接受外来花粉；花朵开放时间长，多数作物花瓣色彩鲜艳，能分泌蜜汁以引诱昆虫传粉。

常异花授粉作物天然杂交率在5% ~50%之间，因作物、品种、环境而异。如棉花天然杂交率一般为5% ~20%；高粱的天然杂交率一般在5% ~50%之间；甘蓝型油菜和蚕豆的天然杂交率在10%左右。因此，群体的遗传基础比较复杂，在种子生产时，宜采用单株选择法或混合选择法进行保纯和提纯，要防止各种形式的机械混杂。

二、无性繁殖

凡不经过雌、雄配子受精过程而繁殖后代的繁殖方式，称为无性繁殖。通过无性繁殖方式繁衍后代的作物称为无性繁殖作物。常见的无性繁殖作物多利用营养器官的再生能力，采用分根、扦插、压条、嫁接等方法繁殖后代，如甘薯、马铃薯、甘蔗、木薯、苎麻、洋葱、蒜等。大部分果树和花卉也是用营养器官繁殖后代。

一个单株经过无性繁殖产生的后代，称为无性繁殖系或无性系。由于无性系是由体细胞繁殖而来的，没有经过受精过程，所以无性系内所有植株的基因型与亲代完全相同，个体间整齐一致，不发生性状分离。因此，在无性繁殖情况下，不管个体的基因型如何，进行一次单株选择即能得到整齐一致的新品系。

无性繁殖作物一般采用营养器官作为繁殖体，但在适宜的自然或人工控制条件下，无性繁殖作物也能开花结实，进行有性繁殖。例如，甘薯可采用割蔓、嫁接、短日照处理等方法促使开花；马铃薯可利用长日照处理方法促使开花；有些甘薯和马铃薯品种也可以在自然条件下开花结实。因此，可以先利用有性繁殖方式进行基因重组，然后在杂种后代中选择优良单株进行无性繁殖，使优良性状和杂种优势迅速固定下来。这种有性杂交与无性繁殖相结合的方法，是目前改良无性繁殖作物最常见和最有效的办法。

第二节　品种防杂保纯

一、品种混杂退化的原因

任何一个优良品种的优良种性都不是固定不变的，随着品种繁殖世代和种植年限的增加，往往由于各种原因引起品种纯度降低、性状变劣、抗逆性减弱，最后导致产量下降、品质变差的现象，称品种混杂退化现象。如种植数代的小麦品种与其原种相比，产量相差6%～10%；棉花品种相差更大，高达20%左右，而且纤维品质明显下降。

引起品种混杂退化的原因很多，而且比较复杂。归纳起来，品种的混杂退化主要有以下几方面的原因：

（一）机械混杂

机械混杂是在良种繁育过程中人为造成的混杂。一般造成混杂的途径有三种：一是在种子处理（晒种、浸种、拌种、包衣等）、播种、补栽、补种、收获、脱粒、贮藏、运输等作业过程中人为的疏忽，或不按良种繁育操作规程办事，使繁育的品种内混入了其他种、品种的种子，造成机械混杂；二是由于留种田选用连作地块，前作品种自然落粒的种子和后作地不同品种混杂生长，也会引起机械混杂；三是由于施用未腐熟的有机肥料，其中混有其他具有生命力的种子，也可能导致机械混杂。对已经发生机械混杂的品种如不采取有效措施及时处理，其混杂程度就会逐年增加，致使该品种退化，直至丧失使用价值。

机械混杂有两种情况：一种是品种间的混杂，即混进同一作物其他品种的种子。由于同种作物不同品种在形态上比较接近，田间去杂和室内清选较难区分，不易除净，所以在良种繁育过程中应特别注意防止品种间混杂的发生。第二种是混进其他作物或杂草的种子。这种混杂不论在田间或室内，均易区别和发现，较易清除，但也有不少作物和杂草的种子混杂等。品种混杂现象中，机械混杂是最主要的原因，所以在良种繁育工作中，应特别重视防止机械混杂的发生。

（二）生物学混杂

生物学混杂是指品种在种植或繁种过程中由于和其他品种或作物发生天然杂交而造成的混杂退化现象。

生物学混杂一般是由同种作物不同品种间发生天然杂交,造成品种间的混杂。但有时同种作物在亚种之间也能发生天然杂交,如籼稻与粳稻之间可能发生天然杂交而造成生物学混杂。特别是机械混杂严重的品种,杂交退化现象更为普遍。

有性繁殖作物均有一定的天然杂交率,尤其异花、常异花授粉作物天然杂交率较高,若不注意采取有效隔离措施,极易发生天然杂交,致使后代产生分离,出现不良单株,导致生物学混杂,而且混杂程度发展很快。例如一个玉米自交系繁殖田内,混有少数杂株,若不及时去掉,任其自由授粉,只要二三年的时间这个自交系便会面目全非,表现为植株生长不齐,成熟不一致,果穗大小差别很大,粒型、粒色等均有很大变化,丧失了原来的典型性。再如棉花繁种田,若不注意隔离,会因昆虫传粉造成生物学混杂,出现较多的变异植株,使良种迅速地发生混杂退化。因此,生物学混杂是异花、常异花授粉作物混杂退化的主要原因。自花授粉作物天然杂交率较低,但在机械混杂严重的情况下,天然杂交机会增多。如水稻、小麦等作物在繁种时,也会因一定数量的天然杂交而产生分离,使良种种性变劣。

(三)品种本身的变异

品种是一个性状基本稳定一致的群体,自交系可以看成是一个纯系。但这种"纯"是相对的,个体间的基因组成总会有些差异,尤其是通过品种间杂交或种间杂交育成的品种;其次,其性状常有不一致的现象,即有某些残存异质基因存在。在种子繁殖过程中,由于选择不严格,或特异环境因子的影响,这些异质基因会不可避免地发生分离、重组,导致个体性状差异的加大,使品种的典型性、一致性降低,纯度下降,导致混杂退化。

(四)不正确的选择

在良种繁育过程中,由于对品种的特性不十分了解,进行不正确的选择,会加速品种的混杂退化。如在玉米自交系的繁殖过程中,经常把较弱的自交系幼苗拔掉而留下壮大的杂交苗而加速退化;高粱、棉花等作物品种在间苗时,人们往往把那些表现好的、具有杂种优势的杂种苗误认为是该品种的壮苗加以选择、繁殖,结果造成混杂退化。

此外,在品种提纯复壮时,如果选择标准不正确,而且选株数量又少,那么所繁原品种的典型性就越难保持,品种混杂退化的速度就会加快。

（五）不良的环境和栽培条件

一个优良品种的优良性状是在一定的自然条件和栽培条件下形成的，如果栽培技术或环境条件下不适宜品种生长发育，则品种的优良种性得不到充分发挥，导致某些经济性状衰退、变劣。特别是异常的环境条件，还可能引起不良的变异或病变，严重影响产量和品质。如马铃薯在平原地区或低纬度地区春播，由于高温条件的影响会加速病毒繁衍和传输，导致退化；棉花在不良的自然和栽培条件下，会产生铃小、籽小、绒短、衣分低的退化现象。

（六）病毒侵染

病毒侵染是引起甘薯、马铃薯等无性繁殖作物混杂退化的主要原因。

总之，品种混杂退化有多种原因，各种因素之间又相互联系、相互影响、相互作用。其中机械混杂和生物学混杂较为普遍，在品种混杂退化中起主要作用。因此，必须采取综合技术措施，解决防杂保纯的问题。

二、品种防杂保纯的措施

防杂保纯是良种繁育的主要任务之一，因此，在种子生产中必须采取有效措施，防止和克服品种的混杂退化现象。

防止品种的混杂退化是一项比较复杂的工作，涉及到种子生产的各个环节。要做好这项工作，必须建立健全良种繁育体制，加强组织领导，搞好种植规划，加强检查监督，建立一支过硬的专业化工作队伍，坚持"防杂重于除杂，保纯重于提纯"的原则，认真做好以下几方面的工作：

（一）防止机械混杂

机械混杂是品种混杂退化的主要原因之一，预防机械混杂是保持品种纯度和典型性的重要措施。从繁种田块安排、种子准备、播种到收获、贮藏的全过程中，必须认真遵守种子生产规则，合理安排繁殖田的轮作和耕种，注意种子的接收和发放手续，认真执行种、收、运、脱、晒、藏的操作技术规程，从各个环节杜绝机械混杂的发生。

1. 合理安排种子繁殖田的轮作和布局

种子繁殖田一般不宜连作，以防上季残留种子在下季出苗而造成混杂，并注意及时中耕，以消灭杂草。在作物布局上，种子生产一定要把握规模种植的原则，建立集中连片的繁育基地，切忌小块地繁殖。要把握同一区域内不繁殖相同作物的不同品种的原则，杜绝机械混杂的渠道和途径。

2. 认真核实种子的接收和发放手续

种子在接收和发放过程中，要认真核实，严格检查种子的纯度、净度、发芽率、发芽势等，鉴定品种真实性和种子等级，如有疑问，必须核查解决后才能播种。

3. 做好种子处理和播种工作

播种前的种子处理，如晒种、选种、浸种、催芽、拌种、包衣等，必须做到不同品种不同等级的种子分别处理；同一品种相同等级的种子集中处理；同一品种不同等级的种子，要先处理较高级的种子，然后处理较低级的种子。种子处理和播种时，用具必须清理干净，并由专人负责。

4. 防止收、运、脱、晒、藏等操作过程中的混杂

种子繁殖田必须单收、单运、单脱、单晒、单藏。不同品种不得在同一个晒场上同时脱粒、晾晒；贮藏时，不同品种以及同一品种不同等级的种子必须分别存放。种子要装袋或放入其他容器，并在种子袋或容器内外各放一标签，标明品种名称、产地、等级、生产年代、重量等。各项操作的用具和场地，必须清理干净，并由专人负责，认真检查，以防混杂。

（二）采取隔离措施，严防天然杂交

对于容易发生天然杂交的异花、常异花授粉作物的繁殖田必须采取严格的隔离措施，避免因风力或昆虫传粉造成生物学混杂。自花授粉作物也要进行隔离。隔离的方法可灵活采取空间隔离、时间隔离、屏障隔离、高秆作物隔离等，对量少而珍贵的材料，也可用人工套袋法进行隔离。

1. 空间隔离　各种作物由于花粉数量、传粉能力、授粉方式等不同，隔离的距离也不一样。小麦、水稻繁殖田一般隔离区距离为 50 ~ 100m；玉米制种一般隔离区距离为 300m，自交系繁殖隔离区距离为 500m；棉花杂交制种隔离距离应在 100m 以上。主要蔬菜作物繁种隔

离距离见表2-1。

表2-1　主要蔬菜作物授粉方式和留种时隔离距离参考表

授粉方式		蔬菜种类	隔离距离(m)	
			原种	良种
异花授粉	虫媒花	十字花科蔬菜:大白菜、小白菜、油菜、薹菜、芥菜、萝卜、甘蓝、花椰菜、苤蓝、芜菁等	2000	1000
		瓜类蔬菜:番瓜、黄瓜、冬瓜、西葫芦、西瓜、甜瓜等	1000	500
		伞形花科蔬菜:胡萝卜、芹菜、芫荽、小茴香等	2000	1000
		百合科葱属蔬菜:大葱、圆葱、韭菜	2000	1000
	风媒花	风媒花黎科蔬菜:菠菜、甜菜	2000	1000
常异花授粉		茄科蔬菜:甜椒、辣椒、茄子	500	300
自花授粉		茄科蔬菜:西红柿	300	200
		豆科蔬菜:菜豆、豇豆、豌豆	200	100
		菊科蔬菜:莴苣、茼蒿	50	300

2. 时间隔离　就是通过播种时间的调节,使繁殖种子的开花时间与其他品种错开,如玉米、高粱制种区的播期要与周围其他品种的播期错期25~30d即可实现时间隔离。

3. 自然障碍隔离　利用山丘、树林、果园、村庄等进行隔离。

4. 高秆作物隔离　在使用上述隔离方法有困难时,可采用高秆的其他作物进行隔离。如棉花制种可用高粱作为隔离作物,一般种植500~1000行,行距33cm,并要提前10~15d播种,以保证在棉花散粉前高粱的株高超过棉花,起到隔离作用。

5. 套袋隔离　这是最可靠的隔离方法,一般在提纯自交系、生产原原种以及少量的蔬菜制种时使用。

(三)严格去杂去劣

种子繁殖田必须坚持严格的去杂去劣措施,一旦繁殖田中出现杂劣株,应及时除掉。杂株指非本品种的植株;劣株指本品种感染病虫害或生长不良的植株。去杂去劣应在熟悉本品种各生育阶段典型性状的基础上,在作物不同生育时期分次进行,务求去杂去劣干净彻底。

(四)提纯复壮

提纯复壮是提高种子纯度、保持品种优良种性、防止品种混杂退化的有效措施。在种子生产过程中,根据作物生长特点,采用片(块)选、株(穗)选,或者混合选择法留种,可达到提纯复壮的目的。

(五)严把种源质量关,定期进行品种更新

种子生产单位应不断向品种育成单位引进原种,繁殖原种,或者通过选优提纯法生产原种。始终坚持用纯度高、质量好的原种繁殖大田生产用种子,并认真做好种子的选优提纯工作,为种子繁殖田提供足量的优质种源。

(六)改变生育条件

对于某些作物可采用改变种植区生态条件的方法,进行种子生产以保持品种种性,防止混杂退化。如马铃薯,因高温条件会使退化加重,故平原区一般不进行春播留种,可在高纬度冷凉的北部或高海拔山区繁殖良种,调运到平原区种植,或采取就地秋播留种的方法克服退化问题。

(七)利用脱毒技术生产无毒种薯

甘薯、马铃薯等作物通过茎尖分生组织培养,获得无病毒植株,进而繁殖无病毒种薯,可以从根本上解决退化问题。这是近10多年来甘薯、马铃薯种子生产上的突破性成果,应广泛应用。

(八)利用低温低湿条件贮存原种

利用低温低湿条件贮存原种是有效防止品种混杂退化、保持种性、延长品种使用寿命的一项先进技术。如我国黑龙江、辽宁等省,近几年采用一次生产、多年贮存、多年使用的方法,把"超量生产"的原种贮存在低温、低湿种子库中,每隔几年从中取出一部分原种用于扩大繁殖,使种子生产始终有原种支持,从繁殖制度上,保证了生产用种子的纯度和质量,值得推广。

第三节 种子生产基地建设

一、建立种子生产基地的意义

种子生产具有较强的区位优势。在种子生产中,常常由于土壤肥力、栽培条件或繁种技术的不同而导致种子产量和质量的差别,进而影响作物的产量和品质。因此,建立种子生产基地是实现种子生产现代化、规模化和专业化的先决条件,对种子生产健康、有序地发展意义重大。

(一)建立种子生产基地,有利于迅速繁殖新品种或配制新杂交种,提高良种产量,保证良种供应,满足农业生产用种;有利于保持优良品种或杂交种的优良种性和纯度,延长其使用年限,实现种子质量的控制与管理,生产优质种子;有利于加速种子质量标准化的实现;有利于种子规模生产,发挥专业化生产的优势和作用,即可降低种子生产成本,又可避免种子生产多、乱、杂;有利于促进种子加工机械化的实施;有利于组织统一供种,平抑种子市场价格,向种子经营集团化的方向发展;有利于新品种的试验、示范和推广,促进新品种的开发与利用,形成育、产、销一体化;有利于国家有关种子工作方针、政策和法规的贯彻与执行,净化种子市场,实现种子管理法制化。

(二)建立种子生产基地可以更充分、有效地利用地理、地形优势等自然条件,为更多的区域服务;为品种合理布局和有计划地进行品种更新和更换提供种子;可以集中技术力量,便于把好质量关,生产出数量足、质量高的优良品种的种子;便于领导和管理,对种子生产进行宏观控制和调整;有利于促进生产水平的不断提高和良种良法配套推广。建立种子生产基地是逐步实现我国种子生产专业化、种子加工机械化、种子质量标准化、品种布局区域化、种子经营市场化的重大举措。

二、种子生产基地应具备的条件

(一)自然条件 自然条件对建立种子生产基地、生产高质量的种子至关重要。基地的自然条件包括:

1. 气候条件

品种的遗传特性及优良性状表现需要适宜的温度、湿度、降雨、日照和无霜期等气候因素。不同作物及同一作物不同品种需要的上述气候条件不同,种子基地应能满足品种所要求的气候条件。

2. 地形地势

有利的地形地势可以达到安全隔离的效果,如山区,不仅可以采用时间隔离,而且可以进行空间隔离和自然屏障隔离,几种隔离同时起作用,对防杂保纯及隔离区的设置极为有利。

3. 土地条件

要求制种田连片集中,土壤肥沃,水利设施完善,排灌方便。

4. 检疫条件

基地的各种病虫害要轻,不能在重病地、病虫害常发区以及有检疫性病虫害的地区建立种子生产基地。

5. 交通条件

基地的交通要方便,便于开展种子生产工作和种子运输。

6. 种子干燥条件

有足够的晒场面积或干燥设备,种子收获后能及时干燥。

(二)社会经济条件

1. 认识统一,领导重视,群众科技意识强,积极性高,责任心强。

2. 劳动力资源充足,能满足种子生产的需要,特别是种子生产的关键时期,如玉米去雄期,棉花、蔬菜授粉期等,不会因劳力不足而贻误时机。

3. 劳动者具有一定的文化基础,通过培训能掌握种子生产的技术要领,并按要求进行操作。

4. 耕作制度适合良种繁育的要求,有利于轮作倒茬,培肥地力。并能及时购买到必需的生产资料,满足生产需求。

三、种子生产基地的形式

种子生产基地可分为自有良种繁育基地和特约良种繁育基地。

(一)自有良种繁育基地

这类基地主要是指种子企业通过国家划拨、企业购买等形式获得拥有土地自主使用经营权的种子生产用地,包括国营农场、国营原(良)种场、科研单位的试验农场及大、专院校的试验农场或教学实验场等。这类基地一般面积不大,但设备、设施齐全,技术力量雄厚,经营管理体制完善,适合生产原原种、原种、杂交种的亲本及某些较珍贵的新品种,比如大、专院校和科研单位,既是优良品种的育成单位,又是原种生产的主要基地。因此,这类基地担负着为大田用种提供原种和亲本的重任,是种子生产的源头基地。

(二)特约良种繁育基地

这类基地具有履行合同的性质和特点。在种子公司与种子生产单位共同协商的基础上,通过签订合同或协议书来确定种子生产的面积、数量和质量。

特约种子生产基地是我国目前种子生产的主要形式。由于农村的自然条件、地形地势各具特色,而且劳力充足,承担种子生产任务的潜力很大。在特约种子生产基地中,种子生产单位按计划进行专业化种子生产,有利于进行技术指导和检查。

特约种子生产基地根据管理形式,可分为以下三种类型:

1. 区域(化)特约繁种基地

这种大型基地通常把一个自然生态区,或一个自然生态区内的若干县、乡、村联合在一起,建立专业化的种子生产基地。种子生产企业一般与当地政府签订合同,政府出面或委托组织管理。基地的领导力量强,干部群众的积极性高,技术力量雄厚,以种子生产为主业。这种基地适合生产杂交玉米、高粱、棉花、蔬菜等生产量大、技术环节较复杂的作物种子。

2. 联户特约繁种基地

这类基地通常选择自愿承担种子生产任务的若干农户联合起来建立的中、小型基地。联户中一般有 1 人负责协调和管理联户基地的各项工作,代表联户向种子公司签订种子生产合同,一般联户成员生产种子的积极性高、责任心强。由于基地的规模不大,适合承担种子生产量不大的特殊杂交组合的制种、杂交亲本的繁殖以及需要迅速繁殖的新育成品种的种子生产任务。

3. 专业户特约繁种基地

这类基地由种子生产企业与责任田较多、劳动力充足、生产水平较高的专业户直接签订种子繁育合同,特约生产某一作物、某一品种的种子。这类基地规模一般很小,要求隔离条件好,适合承担一些繁殖系数高或种子用量不大的良种或特殊亲本种子的生产任务。

四、种子生产基地建设和经营管理

（一）调查论证，合理规划

种子生产基地规划是基地建设的一项重要工作。在建立之前，先要搞好调查研究，根据当地的自然条件、隔离条件、土地状况、水利设施状况、交通条件、劳动力资源、生产者素质等社会经济条件搞好论证。在此基础上，根据不同作物、不同品种杂交组合及不同杂交亲本的特点做好基地规划。

1. 制订生产计划，确定基地规模

为了防止生产的种子积压或不足，必须根据种子市场的需求量来制订适宜的种子生产计划，确定基地规模。一般根据常年和上年的种子供应量，参考农业发展的形势、现有品种的利用情况、种子调配计划及新品种（组合）的发展趋势等来确定种子的需求量，再按需求量订出种子生产计划。种子生产计划要大于种子需求量的10%左右，以确保有计划地组织供种和应付预料之外的特殊情况。根据种子生产计划和生产基地的产量水平确定种子生产基地规模，同时适当考虑一定的风险系数。其计算公式为：

（1）基地规模（面积）=（计划生产量/平均单产）×风险系数

（2）计划生产量 = 计划销售量 - 上年库存量 + 风险存量

风险系数一般为1～1.2，主要指不利气候因素或自然灾害所导致的种子生产产量下降的风险，同时也包括人为因素，如机械混杂等使种子报废的风险，根据具体情况确定。

2. 搞好基地的布点

根据不同作物的特点和要求确定基地是分散还是集中进行。原则上因地制宜，因作物制宜，适当集中。隔离条件要求严格的作物宜集中，隔离条件要求不严格的可适当分散。例如专业性强、技术环节较复杂的杂交制种以适当集中为宜；自交作物的常规品种生产可适当分散；用种量大、不便运输、繁育技术较为简单的马铃薯以分散为好。在同一个生产季节内，每个基地最好只生产一个品种或一个组合的制种，以确保种子纯度。如果本地区没有建立种子生产基地的优势，可找有该作物种子生产优势的地区进行特约种子生产。

3. 加强基础设施建设

主要包括农田水利基础设施改造和种子干燥、收购、加工、贮藏设施建设。

(二)健全经营管理体系

种子基地的经营管理包括计划管理、技术管理和质量管理。

1. 计划管理

在市场经济条件下,计划管理要牢固树立市场意识,按需生产;树立质量意识,按照国家规定的有关标准严把质量关,严格执行种子检验、检疫制度;树立竞争意识和效益意识,充分发挥自然优势和高产技术优势,力争创造最大的效益。为了保护种子生产者、经营者和使用者三方的合法权益,应积极推行预购、预销合同制。

(1)预约生产:为了保证基地生产的数量和质量,种子营销部门与生产者应签订预约生产合同。合同的主要内容:第一,繁种或制种的数量和质量要求;第二,种子价格;第三,违约责任;第四,合同双方应承担的权力和义务;第五,特殊情况的处理办法。如遇有不可抗拒的自然灾害,双方均不承担任何责任。

(2)预约收购:种子生产计划在实施过程中,常因某些因素的影响,使种子生产计划受到影响。因此,收购计划要根据实际情况作相应的调整。为稳妥起见,一般播种或栽植后,根据实际播种或栽植面积核实收购计划;生产中后期落实收购田块;收获或采摘前落实收购数量。

(3)预约供种:预约供种必须建立在用种单位或使用者自愿的基础上。种子营销部门可以通过现场观摩会、新闻发布会、品种展示等形式广泛宣传优良品种的特性、增产效果和技术要求,促进预购工作。

种子购、销合同应该内容具体、责任分明。根据《中华人民共和国经济合同法》的规定,购、销合同应对名称、质量、计量单位、数量、价格、包装、交货期限、交货方式以及合同变更、解除和违约惩处等有明确规定。

名称:作物名称和品种名称要写清楚、准确,品种名称使用国家或省(直辖市)通过命名的名称。应抽样封存,双方各一份,以免名不符实造成经济纠纷。

质量:应注明使用的质量标准,如国家标准、部颁标准或地方标准。

如果没有上述标准，由双方自行商定标准。

验收：种子验收要根据不同品种的标准进行。一般测定常规种子的纯度、净度、水分和发芽率等至少需 10d 左右，而测杂交种种子所需的时间更长。因此合同中要明确规定相应的验收方法，并双方取样封存，以备进行种植鉴定。

2. 种子基地的技术管理

(1)建立健全繁育、制种的技术操作规程

良种繁育的技术操作规程是基地技术管理的行为标准，应执行国家标准局批准的 GB/T17314 - 1998 ~ GB/T17319 - 1998 的标准以及 GB3243 - 82 标准。由于不同作物及同一作物的不同品种需要不同的管理技术，而且同一作物的原种、良种、亲本种子、杂交种子的管理要求也有所不同，种子企业应根据上述标准，结合本基地情况，通过试验制定出各品种具体的技术操作规程，进行分类指导。

种子生产基地的品种试验内容分两个方面：

①新品系（组合）的试验、示范：配合品种区域试验，在种子生产基地进行新品系（组合）的生产试验、示范，栽培试验，亲本生育期观察试验，分期播种试验等。通过这些试验，了解或掌握新品系（组合）的主要特征特性、栽培管理要点及适宜的繁、制种技术。

②原有品种（组合）的高产试验：正在生产的品种也应不断进行不同因素、不同水平的高产试验，掌握其高产栽培要点，不断提高繁种的产量。尤其是杂交制种，要探索出最适宜的父、母本行比及其播期、密度和施肥水平等技术，提高亲本产量和制种产量。

(2)建立健全技术岗位责任制

种子生产不同于一般的大田生产，技术要求高，工作环节多，涉及面广，必须专人负责把关，建立健全技术岗位责任制，明确规定每个单位或个人在种子生产中的任务、应承担的责任及享有的权力，以保证种子生产的数量和质量。

3. 种子基地的质量管理

种子质量直接影响作物产量的高低及品质的优劣，关系到千家万户的利益和农业生产的发展。抓好基地的质量管理，着重要做好以下几方面工作：

(1)积极推行种子专业化生产

种子专业化生产具有如下优点：第一，专业化生产促使种子繁、制种田集中连片，容易发挥地形地势的优势，隔离安全；第二，先进的高产、保纯措施容易推广，如长城种子公司在玉米杂交制种中，推广了超前去雄、授粉后割除父本与母本果穗在蜡熟期扒皮晾晒、在玉米自交系繁种中以收购果穗代替收购籽粒、在种子加工上全部实现机械化等技术，有效地提高了种子质量和纯度。

(2)严把质量关

在种子生产过程中，要严格执行种子生产的各项技术操作规程，做好防杂保纯和去杂去劣工作。对特约种子生产基地的农户和单位，要及时进行技术指导，促使其严格执行各项技术操作规程。

(3)种子精选加工

实践证明，经过精选加工的种子，籽粒均匀，千粒重、发芽率、发芽势、净度都明显提高，播种品质好，用种量少。

(4)种子检验

切实做好种子的田间检验和室内检验，促进基地种子质量的提高。

第四节　种子质量控制和种子标准化

一、种子质量控制

(一)种子质量概念和重要性

1. 概念

种子质量是由种子不同特性综合而成的一种概念。农业生产上要求种子具有优良的品种特性和优良的种子特性，通常包括品种质量和播种质量两个方面的内容。品种质量是指与遗传特性有关的品质，可用真、纯两个字概括。播种质量是指种子播种后与田间出苗有关的质量，可用净、壮、饱、健、干、强六个字概括。

(1)真，是指种子真实可靠的程度，可用真实性表示。原种综合性状优，增产潜力大。

(2)纯，是指品种典型一致的程度，可用品种纯度表示。品种纯度高的种子增产潜力大，相反品种纯度低的种子由于其混杂退化而明显减产。

(3)净,是指种子清洁干净的程度,可用净度表示。种子净度高,表明种子中杂质(无生命杂质及其他作物和杂草种子)含量少,可利用的种子数量多。净度是计算种子用价的指标之一。

(4)壮,是指种子发芽出苗齐壮的程度,可用发芽力、生活力表示。发芽力、生活力高的种子发芽出苗整齐、幼苗健壮,同时可以适当减少单位面积的播种量。发芽率也是种子用价的指标之一。

(5)饱,是指种子充实饱满的程度,可用千粒重(或容重)表示。种子结实饱满表明种子中贮藏物质丰富,有利于种子发芽和幼苗生长。种子千粒重也是种子活力指标之一。

(6)健,是指种子健全完善的程度,通常用病虫感染率表示。种子病虫害直接影响种子发芽率和田间出苗率,并影响作物的生长发育和产量。

(7)干,是指种子干燥耐藏的程度,可用种子水分百分率表示。种子水分适宜,有利于种子安全贮藏和保持种子的发芽力和活力。

(8)强,是指种子强健程度,通常用种子活力表示。活力强的种子,出苗迅速整齐、成苗率高、抗逆性强、增产潜力大。

2. 重要性

种子是重要的农业生产资料,种子质量优劣不仅影响农作物的产量,而且影响农作物的品质。只有优良的种子配合适宜的栽培技术,才能发挥良种的优势,获得高产、稳产和优质的农产品。

(1)种子质量是决定种植业收成的关键。无生活力的种子只能是有种无收,浪费人力和物力。劣质种子给予的条件再优越也难以获得丰产。

(2)种子质量是企业竞争的关键。中国加入 WTO 后国际国内的竞争加剧,种子质量是企业在市场竞争中取胜的重要因素。

(3)种子质量与一般商品质量相比,其影响更长久更深远更广泛。亲本或原种质量不高往往造成连续数年种子质量的低下,造成大田生产的减产。种子质量的影响常常要到收获时才表现,会影响到农民今后持续一年的生活和经济效益。种子质量不高,往往是一大批,影响的面较广,直接关系到社会的稳定和人民的生活。因此,应充分认识种子质量的重要性。

(二)我国种子质量控制法规体系和管理体系

改革开放以来,我国种子质量控制逐步走向法制化轨道,先后修订颁布了《植物检疫条例》、《种子管理条例》、《农作物种子管理细则》、《中华人民共和国种子法》、《农作物种子生产经营许可证管理办法》、《农作物种子质量标准》、《主要农作物种子包装及贮藏标准》、《农作物种子检验规程》、《中华人民共和国植物新品种保护条例》、《主要农作物品种审定办法》、《农作物种子生产经营管理暂行办法》、《农作物种子检验管理办法(试行)》、《农业植物新品种权代理规定》、《关于设立外商投资农作物种子企业审批和登记管理的规定》和《关于惩治生产销售伪劣商品犯罪的决定》以及《关于加强肥料、农药、种子市场管理的通知》等法规和文件,已初步形成种子质量管理比较完整的法规体系。随着社会和经济的发展,有的法规已被新的所替代,其中最重要的是《中华人民共和国种子法》于 2000 年 7 月 8 日第九届全国人大常委会第十六次会议通过,并于同年 12 月 1 日开始实施。主要内容包括总则、种质资源保护、品种选育与审定、种子生产、种子经营、种子使用、种子质量、种子进出口和对外合作、种子行政管理、法律责任和附则共 11 章,同时废止 1989 年颁布的《种子管理条例》。《主要农作物品种审定办法》于 2001 年 2 月 26 日起施行。尽管对种子质量管理的法律、法规已走向完善,但是由于法制意识尚未深入人心和执法力度不够,全国范围内种子案件时有发生,给农业生产带来了损失。因此,我国的种子质量管理法制建设工作还任重道远。

我国种子管理工作由农业部种植业管理司,全国农业技术推广服务中心,各省、市、地、县种子管理站形成全国种子管理体系。其主要工作有新品种区域试验,新品种审定、查、批准和发放,种子生产许可证、种子质量合格证和种子经营许可证的发放,开展种子市场质量抽检,种子质量案件的处理,种子标准的制订,种子管理政策的执行,种子检验机构的建设等,依法进行种子质量管理。

1. 种子检验体系

我国种子检验工作由农业部全国农业技术推广服务中心领导,种子检验处具体负责。根据我国农业生产特点和行政区域,设置种子检验机构。农业部设有国家农作物种子质量检测中心,各省市设有农作物种子质量检测中心。并且按作物种子生产区域,设置主要作物种子质量监督、检验中心。在四川和湖南设有杂交水稻种子质量监督检测中心；在杭州中国水稻所设有水稻种子品质和质量检测中心；在辽宁省设有杂交玉米种子质量监督检测中心；在黑龙江省设有大豆种子质量监督检测中心；在湖北省设有油料种子质量监督检测中心；在北京市农科院蔬菜研究中心设有蔬菜种子质量监督检测中心等等，负责全国各地不同作物种子的质量监督、检测工作。

2. 新品种审定管理

农业部和各省（市）设有农作物品种审定委员会，由农业部和省（市）政府颁布《农作物品种审定实施办法》，按《农作物品种审定办法》进行管理和实施。

3. 种子生产的质量管理

农业部先后颁布《原良种生产操作标准》、《农作物品种标准》、《种子检验操作规程》、《种子质量标准》等法规性文件，以规范《农作物种子生产许可证》、《农作物种子质量合格证》和《农作物种子经营许可证》的审查和发放。同时，开展种子认证试点工作，保证种子生产质量。

4. 种子质量监督

为了增强种子生产者和经营者的种子质量意识，维护种子使用者的权益，打击贩销伪劣种子的活动，我国各级技术监督部门协同种子管理部门，每年定期开展对农作物种子质量的抽检工作。主要检验品种纯度、净度、发芽率和水分等 4 项表明种子质量的重要必检指标，有时还检查种子包装重量等是否符合计量标准，并将抽检结果公布于众，有效地制止伪劣种子的传播，确保农业用种的质量。

5. 种子案件的依法处理

随着我国种子市场的日趋活跃，生产和经营种子的单位和个人越来越多。由于个别经销单位和个人惟利是图，不择手段，销售伪劣种子，给农业生产造成了严重损失，种子案件常有发生。根据有关法律规定种子质量案件由种子管理部门、技术监督部门和工商管理部门独立或协同查处。查清种子的质量问题和造成的经济损失，依法做出处理。情节严重者还将受到法律的制裁。

二、种子标准化

(一)种子标准化概念

种子标准化是通过总结种子生产实践和科学研究的成果,对农作物优良品种和种子的特征、种子生产加工、种子质量、种子检验方法及种子包装、运输、贮存等方面,作出科学、合理、明确的技术规定,制订出一系列先进、可行的技术标准,并在种子生产、使用、管理过程中贯彻执行。简单地说,种子标准化就是实行品种标准化和种子质量标准化。

品种标准化是指大田推广的优良品种符合品种标准,即保持本品种的优良遗传特征和特性。

种子质量标准化是指大田所用农作物优良品种的种子质量达到国家规定的质量标准。农作物种子质量标准化是农业标准化的基础。

(二)种子标准化的意义

种子标准化是种子产业化的重要组成部分,推行种子标准化的目的是为农业生产提供优质种子,确保农业健康稳定的发展。其意义体现在以下方面:

1. 促进农业高产稳产

各地经验表明,种子标准化是实现农业增产的有效途径。一个达到国家一级标准的品种种子,在同样条件下,要比未达到国家标准的品种种子增产7%~15%。据黑龙江省比较试验结果,采用国家供应的符合质量标准的种子比采用自留种子增产3.2%。福建省在连城等5个县进行水稻种子标准化经济效果对比试验表明:符合质量标准的种子较同品种的普通种子增产11.3%。

2. 促进种子质量提高

种子标准化的核心是种子质量标准化。实践证明,凡按原(良)种生产技术规程生产的种子质量明显提高。

3. 促进农产品质量提高

农产品质量的优劣与种子质量密切相关。棉花等经济作物尤为明显。如陕西临潼县不同质量的棉花种子比较试验结果表明:原种百粒重为225g,一代良种为210g,三代良种为190g,衣分则分别达40.9%、40.0%、38.0%。

4. 有效防止杂草、病虫蔓延

符合国家标准的高质量种子,通常纯度、净度、发芽率较高,杂草病虫感染率低,可有效防治多种病虫杂草蔓延和传播。

5. 有利于种子产业化的发展

种子标准化有利于规范种子工作的各个方面,在种子生产、经营过程中,通过技术操作规程和各种标准的规范化管理,有利于提高种子的科技含量,促进种子生产水平上新台阶,确保种子质量,提高各方效益。通过种子标准化,促进种子产业加速向产业化、现代化发展的步伐,增强参与国内国际种子市场竞争的能力。在种子销售中,实行标准化统一包装,标牌上市,结合严格检验控制,有利于防止假劣种子上市,净化种子市场。

(三)种子标准化的内容

种子标准化包括5个方面内容:优良品种标准(特征、特性)、种子(原、良种)生产技术规程、种子质量分级标准、种子检验规程和种子包装、运输、贮存标准。

1. 优良品种标准。每个优良品种具有一定的特征、特性。品种标准就是将某个品种的形态特征和生物学特性及栽培技术要点作出明确叙述和技术规定,为引种、选种、品种鉴定、种子生产、品种合理布局及田间管理提供依据。目前国际上和我国正在开展品种的DUS(品种的特异性、一致性和稳定性)测定,对品种的标准要求更为具体。

2. 原(良)种种子生产技术规程。各种农作物对外界环境条件要求不同,繁殖方式、繁殖系数等也各不相同,因此其保纯的难度也有所差异。应根据以上特点,制订各种农作物的原(良)种生产技术规程,使繁种单位遵照执行,这是克服农作物优良品种混杂退化、防杂保纯、提高种子质量的有效措施。并且制订种子清选、分级、干燥和包衣等技术标准,确保加工过程不仅不会伤害种子质量,而且能提高种子质量。目前不少省(自治区)制定了相关的地方技术规程,对推动种子标准化产生了积极的影响。

3. 种子质量分级标准。种子质量优劣直接影响作物产量和产品质量。衡量种子质量优劣的标准就是种子质量分级标准。

目前我国将种子分为育种家种子、原种及良种三个等级。不同等级的种子对品种纯度、净度、发芽率、水分等质量有不同的要求。种子质量分级标准是种子标准化的最重要和最基本的内容;也是种子管理部门用来衡量和考核原(良)种生产、良种提纯复壮、种子经营和贮藏保管等工作的标准;又是贯彻种子按质论价,优质优价政策的依据。有了这个标准,种子标准化工作就有了明确的目标。

我国于1984年颁布了粮、棉、油、麻、薯等种子的分级标准GB4404—4409—84;1996年颁布了《粮食作物种子》质量标准GB4404.1—4404.2—96,《经济作物种子》质量标准GB4407.1—4407.2—96,《瓜果作物种子》质量标准GB16715.1—1996;1999年又颁布了《瓜菜作物种子》质量标准GB16715.1—16715.5—1999,《粮食作物种子》质量标准GB4404.3—4404.5—1999。同时,农作物种子包装、农作物种子贮藏等国家标准也正在修订和制定中。

同时,各省、市、自治区、直辖市都制定了大量地方标准,对国标未列入的种类进行补充。这些标准为提高我国种子质量起到促进作用,使粮油和主要经济作物的标准基本实现了配套。

1996年和1999年颁布的,目前在执行的农作物种子质量标准,以纯度、净度、发芽率和水分四项指标进行分级定级,以品种纯度指标作为划分种子质量级别的依据。种子级别原则上采用常规种不分级,杂交种分一、二级。纯度达不到原种的降为一级良种,达不到一级良种的降为二级良种,达不到二级良种的,即为不合格种子。

4. 种子检验规程。种子质量是否符合规定的标准,必须通过种子检验才能得出结论,因此种子检验规程是种子标准化中最基本的内容。种子检验的结果与所采用的检验方法关系极为密切,不同方法往往得到不同的结果。为了使种子检验获得普遍一致和正确的结果,就要制订一个统一的、科学的种子检验规程。我国于1995年颁布了新的种子检验规程GB/T3543.1—3543.7—1995,这一规程与国际种子检验规程基本接轨。

5. 种子包装、运输、贮藏标准。种子收获后至播种前必然有一个贮藏阶段。种子出售、交换或保存时,必然有包装和运输过程。为保证此阶段种子的质量,防止机械混杂,方便销售,必须制订种子包装、运输和贮藏的技术标准,并在包装、运输、贮藏过程中实行。我国于1987年颁布了重要农作物种子包装和贮藏标准GB7414—7415—87。

(四)主要作物种子质量标准

1. 禾谷类作物种子质量标准

禾谷类作物包括水稻、小麦、玉米、大麦、荞麦、燕麦、高粱、粟、黍子、糜子等。在 GB4404.1—1996 和 GB4404.4～5—1999 中，对上述几种作物种子的质量要求进行了规范（表 2－1、表 2－2）。禾谷类作物种子质量标准适用于生产和销售禾谷类作物种子。

表 2－1　禾谷类作物种子质量指标

作物名称		级别	纯度不低于（%）	净度不低于（%）	发芽率不低于（%）	水分不高于（%）
水稻	常规种	原种	99.9	98.0	85	13.0（籼）
		良种	98.0			14.5（粳）
	不育系 保持系 恢复系	原种	99.9	98.0	80	13.0
		良种	99.0			
	杂交种	一级	98.0	98.0	80	13.0
		二级	96.0			
小麦		原种	98.0	98.0	80	13.0
		良种	96.0			
玉米	常规种	原种	99.9	98.0	80	13.0
		良种	97.0			
	自交种	原种	99.9	98.0	80	13.0
		良种	97.0			
	单交种	一级	98.0	98.0	80	13.0
		二级	96.0			
	双交 三交种	一级	97.0	98.0	80	13.0
		二级	95.0			
大麦	皮大麦	原种	99.9	98.0	80	13.0
	裸大麦	良种	99.0			
高粱	常规种	原种	99.9	98.0	75	13.0
		良种	98.0			
	不育系 保持系 恢复系	原种	99.9	98.0	75	13.0
		良种	99.0			
	杂交种	一级	98.0	98.0	80	13.0
		二级	95.0			

续表 2－1

作物名称	级别	纯度不低于（%）	净度不低于（%）	发芽率不低于（%）	水分不高于（%）
黍子	原种	99.8	98.0	85	13.0
粟 糜子	良种	98.0			

注：长城以北和高寒地区的水稻、玉米、高粱的水分允许高于13%，但不能高于16%。调往长城以南的种子（高寒地区除外）水分不能高于13%。

表 2－2　荞麦、燕麦种子质量指标

作物名称	级别	纯度不低于（%）	净度不低于（%）	发芽率不低于（%）	水分不高于（%）
荞麦	原种	99.0	98.0	85	13.5
	良种	96.0			
燕麦	原种	99.0	98.0	85	13.0
	良种	96.0			

2. 豆类作物质量标准

豆类作物包括大豆、蚕豆、赤豆、豌豆、菜豆等。在 GB4404.2—1996 和 GB4404.3—1999 中对大豆、蚕豆、赤豆、绿豆几种作物种子的质量要求进行了规范（表 2－3）。

表 2－3　豆类种子质量指标

作物名称	级别	纯度不低于（%）	净度不低于（%）	发芽率不低于（%）	水分不高于（%）
大豆	原种	99.9	98.0	85	12.0
	良种	98.0			
蚕豆	原种	99.9	98.0	90	12.0
	良种	97.0			
赤豆（红小豆）	原种	99.0	98.0	85	13.0
	良种	96.0			
绿豆	原种	99.0	98.0	85	13.0
	良种	96.0			

3. 纤维类作物种子质量标准

我国纤维作物主要包括棉花、黄麻、红麻、亚麻等。在GB4407.1—1996中,对这几种作物种子的质量要求进行了规范(表2-4)。毛籽为经轧花、剥绒,其表面附着有短绒的棉籽;光籽为经脱绒及精选后的棉籽。

表2-4 纤维类作物种子质量标准

作物名称	级别	纯度不低于(%)	净度不低于(%)	发芽率不低于(%)	水分不高于(%)
棉花毛籽	原种	99.0	97.0	70	12.0
	良种	95.0			
棉花光籽	原种	99.0	99.0	80	12.0
	良种	95.0			
黄麻	原种	99.5	98.0	90	12.0
	良种	96.0			
红麻	原种	99.0	98.0	80	12.0
	良种	97.0			
亚麻	原种	99.0	96.0	85	9.0
	良种	97.0			

4. 油料作物种子质量标准

我国油料类作物主要包括油菜、花生、芝麻、向日葵等。在GB4407.2—1996中,对这几种作物种子的质量要求进行了规范(表2-5)。

表2-5 油料类作物种子质量标准

作物名称	级别	纯度不低于(%)	净度不低于(%)	发芽率不低于(%)	水分不高于(%)
花生	原种	99.0	98.0	75	10.0
	良种	96.0			
芝麻	原种	99.0	97.0	85	9.0
	良种	97.0			
向日葵	原种	99.0	97.0	85	12.0
	良种	96.0			

续表 2－5

<table>
<tr><th colspan="2">作物名称</th><th>级别</th><th>纯度不低于（%）</th><th>净度不低于（%）</th><th>发芽率不低于（%）</th><th>水分不高于（%）</th></tr>
<tr><td rowspan="6">油菜</td><td rowspan="2">亲本</td><td>原种</td><td>99.0</td><td rowspan="2">97.0</td><td rowspan="2">80</td><td rowspan="2">9.0</td></tr>
<tr><td>良种</td><td>97.0</td></tr>
<tr><td rowspan="2">杂交种</td><td>一级</td><td>90.0</td><td rowspan="2">97.0</td><td rowspan="2">80</td><td rowspan="2">9.0</td></tr>
<tr><td>二级</td><td>83.0</td></tr>
<tr><td rowspan="2">常规种</td><td>原种</td><td>99.0</td><td rowspan="2">98.0</td><td rowspan="2">90</td><td rowspan="2">9.0</td></tr>
<tr><td>良种</td><td>95.0</td></tr>
</table>

为了保护低芥酸低硫苷油菜种子生产、经营和使用者的利益，避免不合格种子用于生产所带来的损失，使优良品种获得优质、高产，农业部特制定低芥酸低硫苷油菜种子的质量标准 NY414—2000（中华人民共和国行业标准），标准以国家标准 GB4407.2—1996《经济作物种子 油料类》中“油菜”部分所规定的质量指标为基础（表 2－6）。

表 2－6　低芥酸低硫苷油菜种子质量标准

<table>
<tr><th colspan="2">种子级别</th><th>芥酸不高于（%）</th><th>硫苷不高于（微摩尔/克饼）</th><th>纯度不低于（%）</th><th>净度不低于（%）</th><th>发芽率不低于（%）</th><th>水分不高于（%）</th></tr>
<tr><td rowspan="2">杂交油菜种子</td><td>一级</td><td rowspan="2">2.00</td><td>40.00（F_2）</td><td>90.0</td><td rowspan="2">97.0</td><td rowspan="2">80</td><td rowspan="2">9.0</td></tr>
<tr><td>二级</td><td>30.00（亲本平均）</td><td>83.0</td></tr>
<tr><td colspan="2">非杂交油菜种子</td><td>0.50</td><td>25.00</td><td>99.9</td><td>99.5</td><td>96</td><td>9.0</td></tr>
<tr><td colspan="2">原种</td><td>0.50</td><td>30.00</td><td>99.0</td><td>98.0</td><td>90</td><td>9.0</td></tr>
<tr><td colspan="2">良种</td><td>1.00</td><td>30.00</td><td>95.0</td><td>98.0</td><td>90</td><td>9.0</td></tr>
</table>

5. 瓜类种子质量标准

西瓜、冬瓜和中国哈密瓜种子质量标准（GB16715.1—1996，GB4862—84）见表 2－7。

表 2－7　瓜类作物种子质量标准

作物名称		级别	纯度不低于(%)	净度不低于(%)	发芽率不低于(%)	水分不高于(%)
西瓜	亲本	原种	99.7	99.0	90	8.0
		良种	99.0			
	杂交种	一级	98.0	99.0	90	8.0
		二级	95.0			
冬瓜		原种	98.0	99.0	70	9.0
		良种	96.0		60	
中国哈密瓜		原种	98.0	99.0	95	7.5～8
		一级良种	98.0	99.0	90	7.5～8
		二级良种	90.0	98.0	85	7.5～8

6. 白菜类、茄果类、甘蓝类和叶菜类种子质量标准

白菜类、茄果类、甘蓝类和叶菜类种子质量标准(GB16715.2～5—1999)见表 2－8。

表 2－8　白菜类、茄果类、甘蓝类和叶菜类种子质量标准

作物名称		级别	纯度不低于(%)	净度不低于(%)	发芽率不低于(%)	水分不高于(%)
结球白菜	亲本	原种	99.9	98.0	75	7.0
		良种	99.0			
	杂交种	一级	98.0	98.0	85	7.0
		二级	96.0			
	常规种	原种	99.0	98.0	85	7.0
		良种	95.0			
不结球白菜		原种	99.0	98.0	85	7.0
		良种	95.0			
茄子	亲本	原种	99.9	98.0	75	8.0
		良种	99.0			
	杂交种	一级	98.0	98.0	85	8.0
		二级	95.0			
	常规种	原种	99.0	98.0	75	8.0
		良种	96.0			

续表 2－8

作物名称		级别	纯度不低于（%）	净度不低于（%）	发芽率不低于（%）	水分不高于（%）
辣椒	亲本	原种	99.0	98.0	75	7.0
		良种	99.0			
	杂交种	一级	95.0	98.0	80	7.0
		二级	90.0			
	常规种	原种	99.0	98.0	75	7.0
		良种	90.0			
西红柿	亲本	原种	99.9	98.0	85	7.0
		良种	99.0			
	杂交种	一级	98.0	98.0	85	7.0
		二级	95.0			
	常规种	原种	99.0	98.0	85	7.0
		良种	95.0			
甘蓝	亲本	原种	99.9	98.0	70	7.0
		良种	99.0			
	杂交种	一级	96.0	98.0	70	7.0
		二级	93.0			
	常规种	原种	99.0	98.0	85	7.0
		良种	95.0			
球茎甘蓝		原种	99.0	98.0	85	7.0
		良种	95.0			
花椰菜		原种	99.0	98.0	85	7.0
		良种	96.0			
芹菜		原种	99.0	95.0	65	8.0
		良种	92.0			
菠菜		原种	99.0	97.0	70	10.0
		良种	92.0			
莴苣		原种	99.0	96.0	80	7.0
		良种	95.0			

7. 主要牧草种子质量标准（见表 2－9）

表 2-9　部分主要牧草种子的质量分级标准

作物名称	级别	净度不低于（%）	发芽率不低于（%）	其他植物种子不高于（粒/kg）	水分不高于（%）
紫花苜蓿	1	95	90	1000	12
	2	90	85	2000	12
	3	85	80	4000	12
沙打旺	1	95	85	50	12
	2	90	80	1000	12
	3	85	70	2000	12
红豆草	1	98	90	50	13
	2	95	85	100	13
	3	90	75	200	13
白三叶	1	90	80	1000	12
	2	85	70	2000	12
	3	80	60	4000	12
黄花草木樨	1	95	85	500	12
	2	90	80	1000	12
	3	85	70	2000	12
冰草	1	80	80	2000	11
	2	75	75	3000	11
	3	70	70	5000	11
羊草	1	75	55	500	11
	2	70	45	1000	11
	3	60	35	2000	11
无芒雀麦	1	90	90	500	11
	2	85	85	1000	11
	3	75	80	2000	11
披碱草	1	95	90	1000	11
	2	90	85	2000	11
	3	80	80	2000	11
老芒麦	1	90	90	1000	11
	2	85	80	2000	11
	3	75	75	4000	11

作物名称	级别	净度不低于（%）	发芽率不低于（%）	其他植物种子不高于（粒/kg）	水分不高于（%）
多年生黑麦草	1	95	90	500	12
	2	90	85	1000	12
	3	85	80	2000	12
草地早熟禾	1	85	80	2000	11
	2	80	70	3000	11
	3	75	60	5000	11

第三章　主要农作物种子生产技术与实践

第一节　小麦种子生产

小麦(*Triticum L.*)是世界主要粮食作物,全世界近1/3的人口以小麦为食。中国小麦在面积和产量上仅次于水稻,为第二大粮食作物。北方是小麦的主产区,小麦的种子生产对提高小麦的产量和品质意义重大。

一、小麦良种繁育的生物学基础

(一)小麦的花器构造及开花授粉习性

小麦属自花授粉作物,复穗状花序,由许多相互对生的小穗组成。穗轴由节片组成,每一节着生1枚小穗。小穗由两枚颖片、小穗轴及若干小花组成。一般每枚小穗小花数3~9朵,通常仅2~4朵小花发育良好,正常结实。每朵小花有内外颖各1枚,外颖的顶端有芒或无芒,有雄蕊三枚,雌蕊一枚,雌蕊基部有两个鳞片。雄蕊由花丝和花药两部分组成。雌蕊分柱头、花柱和子房三部分,柱头成熟时呈羽毛状分杈。

当麦穗从旗叶抽出后,约2~5d开始开花。在一个单株上主茎穗上的花先开,分蘖穗按分蘖发生先后的次序开花。1个穗上通常是中部偏上的小穗先开花,然后向上向下依次开放。同一小穗中,基部的小花先开,全株开花期需4~6d。开花时,鳞片迅速膨大,使内外颖张开。在开颖的同时,花丝迅速伸长,把花药推出花部之外,此时花药开裂,部分花粉散落在自己的花内进行授粉。小麦每天有两次开花高峰,第一次在上午9~11时,第二次在下午3~5时。授粉后经1~2h花粉粒开始萌发,再经40h左右完成受精。在正常情况下,柱头保持受粉能力可达8d,但以开花后2~3d受精能力最强。花粉寿命较短,一般在散粉后 3d 就失去发芽能力。小麦开花的适宜温度为 22～25℃，空气相对湿度为 70%～80%。了解小麦的花器构造及开花授粉习性，是搞好小麦有性杂交，培育新品种，良种繁育的基础。

(二)小麦的生育特性及繁种条件

小麦属低温长日照作物，需经过一定条件的低温春化阶段和长日照光照阶段才能开花结实，完成生命周期，但不同生态型和不同品种所需条件各异。在良繁时要合理安排生态类型和品种布局，创造有利于小麦生长发育的温、光、水肥条件。

小麦种子生产基地应具备良好的气候条件和社会经济条件，建立分级种子田，一般按原种圃、一级种子圃、二级种子圃进行分级繁殖。

二、小麦品种混杂退化及保纯

(一)小麦品种混杂退化及其原因

小麦良种随着利用年限的增加或在种子繁殖过程中，由于机械混杂、天然杂交、自然选择和基因突变会产生一些不良的变异或混进一些非本品种的个体，使品种逐渐失去原有的优良性状，导致抗逆性和适应性减退，产量和品质下降，这种现象称为品种混杂退化。

造成小麦品种混杂退化的原因主要有以下四个方面：

1. 机械混杂

是指品种在良种繁育和生产过程中，混进别的作物或同一作物的不同品种和类型的种子称为机械混杂。这是小麦品种混杂退化的主要原因。这主要是由于没有建立严格的良种繁育制度，或没有认真执行良种繁育的操作规程而造成的。

2. 生物学混杂

是指在良种繁育过程中，由于不注意品种间的适当隔离，发生了天然杂交而使品种纯度下降和典型性丧失的现象。小麦虽属自花授粉，但仍有 1%～3% 的自然异交率，如不采取有效措施，品种也会发生混杂退化。

3. 自然变异

就小麦某一性状而言，自然变异的频率是很低的，但是一个品种有很多性状，由不同基因决定，随着环境条件的变化，个别基因也会发生不良自然变异，品种本身遗传性发生变化。一般来说，一个小麦良种基本上是一个纯系,但不是绝对的。品种群体内个体间在遗传性上总会有些差异,特别是那些杂交育成的品种,个别性状还未达到完全纯合,如果在良种繁育过程中,不继续加以选择,任其自然分离,天然杂交,就会出现许多劣株,导致品种的混杂退化。

4. 不正确的人工选择

在良种繁育过程中,特别是在原种生产过程中,如果对本品种的特征特性不了解或了解不够,不能按品种性状的典型性进行正确的选择,那么生产的良种就会失去原来的种性,造成混杂退化。

(二)小麦品种保纯的基本措施

1. 建立严格的良种繁育制度

严格的良种繁育制度,是小麦品种防杂保纯的根本措施,小麦的良种繁育体系应采用原种、良种(一级、二级)的分级繁育制度,分别建立相应的种子田,用原种繁殖良种一般只能繁殖两代,超过两代的种子便不能作为良种。

2. 采用科学的留种方法

(1)块选法

块选法是在生长发育良好、纯度较高而又无病虫害的种子田或生产田,分别在杂劣最易区别的苗期、抽穗期、成熟期去杂去劣后混收混脱,供大田生产用种。此法简便易行、种子生产量大,但劣株、杂株不易去除干净,种子纯度难保,只适用于大田生产用种的留种。

(2)穗选法

此法是在生育良好的种子田或生产田中,在小麦成熟期,根据本品种的特征特性,选出符合本品种典型性状的单穗。脱粒时,将入选单穗混合脱粒,作为种子田用种。此法可以得到纯度高的种子,比块选法效果好。但也只能根据单穗的表现型进行选择,才能后代鉴定,且费工费时,所得种子量较少,只适于小面积种子田的留种。

(3)穗行提纯法

此法一般是在小麦抽穗后于种子田或生产田中,根据品种特征特性,选择典型的优良单穗,单收单脱,下年种成穗行,进行穗行比较,把当选的穗行混收混脱,就可获得纯度很高的种子。此法经过单株选择、分系比较、混合繁殖三个环节,是克服小麦品种混杂退化,保纯提纯的理想方法。

三、小麦良种繁育技术

(一)小麦原种生产技术

小麦原种生产是良种繁育工作的最基本环节,其生产过程,实际上就是对品种提纯的过程。根据国家规定的小麦原种生产技术操作规程(见 GT/T17317—1998)规定:小麦原种生产采用单株(穗)选择,分系比较和混系繁殖,即株(穗)行圃、株(穗)系圃、原种圃的三圃制和株(穗)行圃、原种圃的两圃制,或利用育种家种子直接生产原种。生产上采用哪种方法,要根据具体情况,如果一个品种在生产上利用时间较长,品种的优良性状有不同程度的变异或有明显的退化以及分离混杂较重时,可用三圃制生产原种。如果一个品种在生产上种植的时间较短,混杂不严重时,可采用两圃制生产原种。如果是经审定通过的新品种,纯度较高,性状稳定,种子量较少,为了加速繁育推广,可采用一圃法生产原种。现将原种生产的不同方法分述如下:

1."三圃制"生产原种的程序及技术要点

"三圃"是指株(穗)行圃、株(穗)系圃和原种圃。用这种方法生产原种通常需要 3 年时间。若选择时没设选择圃,则需要 4 年时间。其基本技术程序如下:

(1)单株(穗)选择

在种子田或纯度高的生产田里进行。在小麦抽穗后,根据本品种的主要特征特性,选择优良单株(穗)。选择可分三次进行:在抽穗至灌浆阶段根据株型、株高、抗病性和抽穗期等进行初选,并做好标记;在成熟阶段对初选的单株再根据穗部性状、抗病性、抗逆性和成熟期等进行复选;收获时,将入选单株标记,注明品种名称。进行室内鉴定,重点考查穗型、芒型、护颖颜色和形状、穗粒数、粒型、粒色、籽粒饱满、粒质 9 个项目,其中有 1 项不合格即予淘汰。入选单株(穗)分别脱粒、晒干后单藏。选择的数量可按原种种子生产数量来推算。一般冬麦区每公顷需 4500 个株行或 15000 个穗行,春麦的选择数量可适当增多。田间初选的数量应比决选的数量多 1.5~2.0 倍。

(2)株(穗)行圃

经室内考种,将入选单株(穗)种成株(穗)行圃,进行比较鉴定。播前绘制好田间种植图,按图种植,编号插牌。采用单粒点播或稀条播，一般每株种 2 ~ 4 行，行长 3m 左右，每穗种一行，行长 1.5 ~ 2m 左右，每隔 9 或 19 个株(穗)行播一行原品种作对照，四周设保护行和 25m 以上的隔离区。保护区采用同一品种的原种。

在整个生育期间，认真观察记载，分期选择鉴定，严格去杂去劣。幼苗阶段鉴定幼苗生长习性、叶色、生长势、抗病性、耐寒性等性状；抽穗阶段鉴定株型、叶形、抗病性和抽穗期等性状；成熟阶段鉴定株高、穗部性状、芒长、整齐度、抗病性、抗倒伏性、落黄性和成熟期等性状；收获前综合评价，选优去劣，符合原品种典型性的株(穗)行分别收获，进行室内考种，最终决选的株(穗)行分别装袋、保管，严防机械混杂，下年种于株(穗)系圃。

(3)株穗系圃

将上年入选的株(穗)行种子分别种成小区，小区长宽比例以 3 ~5 : 1 为宜，面积与行数依种子量而定。播种方法采用等播量、等行距稀条播，每隔 5 ~6 区设一对照，其他要求及田间观察、鉴定等同株(穗)行圃。入选株(穗)系要求杂株率不超过 0.1%，分别收获、脱粒、称重，取样进行考种，最后综合评定、决定取舍，严格淘汰不良株(穗)系。

(4)原种圃

将上年当选的株(穗)行混收的种子种植于原种圃，以扩大繁殖生产原种。原种圃要在良好的栽培管理条件下，采用稀播等措施来提高繁殖系数。生育期间，要加强管理，严格去杂去劣，在抽穗阶段和成熟阶段分别进行纯度鉴定，严格拔除病、杂、弱株。最后混合收获、脱粒，以便获得高纯度的原种种子，供生产良种使用。

2.“两圃制”生产原种程序

采用两圃制生产小麦原种，只省略了株(穗)系圃，其他同三圃制，即对穗行圃不单收单脱，严格去除杂行后，将入选的株(穗)行种子混合脱粒，种于原种圃，扩大繁殖。

3.“一圃制”生产原种的技术要点

“一圃制”生产原种新技术可概括为十六字方针，即单粒点播、分株鉴定、整株去杂、混合收获。

关键技术：一是种源必须具有较高的纯度；二是精细整地，规格播种，足墒下种，一播全苗；三是稀播匀播，冬小麦每公顷播 22.5kg，30cm 行距，7cm 株距，春小麦每公顷播 75kg，30cm 行距，2.5cm 株距；四是严格去杂去劣。

“一圃制”克服了“三圃制”投资大、成本高、生产周期长的缺点，而且可以避免三圃制精选少量单株或穗，遗传基础贫乏以及人为定向选择造成遗传漂变的弊端，方法简便易行，适合品种稳定，纯度高的新品种快速扩繁使用。其缺点是只经一次田间去杂，选择力度小，不适用于分离和混杂严重的种子繁殖。

4. 一圃三级种子生产技术

一圃三级种子生产技术，借鉴了株系循环法的大群体优点，在育种家种子田或基础种子田选择单穗，种成穗行圃，对穗行圃严格淘汰变异行和劣行，并在当选行中选择下年穗行圃用单穗，其余当选行混收，种成原原种圃。此法与株系循环法不同点在于将株系选择改为单穗选择，变株系重复繁殖为穗行重复繁殖，扩大繁殖的基础群体，增大遗传稳定性，更易保持品种的固有特征特性。同时该方法在原原种生产中，借鉴了一圃制的单粒点播、分株鉴定、整株去杂的先进技术，经过穗行和原原种圃两次去杂去劣，最大限度地减少了剩余变异和机械混杂，保证了育种家种子的遗传多样性。该技术改三圃制和两圃制的选优为淘劣，减少了人为选择造成的遗传漂变和性状转移，同时由于穗行不单收单打，不需进行考种，减少了人、财、物的投入，更重要的是缩短了种子的生产周期，提高了繁殖系数，具有很强的实用性。其生产技术的核心内容是：

(1)单穗选择

第一年从育种家种子或选种田，根据该品种的特征特性，选择该品种的典型穗，每100穗扎成一把，一般每公顷行选1.8万穗，经室内脱粒考种后，淘汰劣穗，保留1000穗，种成穗行圃。穗行圃一般按行长2m、走道0.5m、行距0.25m种植。要适时早播，并按高产田的水肥标准进行管理。经苗期、抽穗期和成熟前三次检查，标记变异行，并提前收割变异行，在当选行中选择下年的单穗。当选行混收，用于下年种植原原种圃。

(2)原原种圃

上年混收的穗行种子经过单穗和穗行两次去杂，纯度符合育种者种子的标准，应用重复繁殖技术进行繁殖。原原种圃采用稀播扩繁技术，冬小麦播量22.5kg/hm^2，基本苗3万，行距0.3m，春小麦播量

75kg/hm^2,30cm 行距,2.5cm 株距。抽穗后认真检查,拔除杂株。收割晒扬中严格防杂,确保纯度。所产种子即为原原种。

(3)原种圃

将原原种进行稀播扩繁,种成原种圃,生产原种。主要技术要点是以保纯为中心工作,以扩大种量为主要目的。做到适时早播,稀播匀播,一般播量 60~75kg/hm^2,基本苗 8 万~10 万,抽穗后检查,拔除杂株,收获时按专机收割、专场扬晒、专库保存。该技术穗行每公顷产 4500kg,可供 13.3hm^2 原原种田用种,生产 8 万 kg 原原种,可供 1333hm^2 原种田用种,生产 900 万 kg 原种,繁殖系数由原来的 50 左右提高到 200 以上。

用育种家种子生产原种,可直接稀播于原种圃,进行扩大繁殖、生产原种。

小麦原种生产应选择地势平坦、土质良好、排灌方便、地力均匀的地块,并注意两年以上的轮作倒茬。播种前要搞好种子精选、晾晒和药剂处理(防地下害虫)工作。精细整地,合理施肥,适时播种,确保苗全、齐、匀、壮。各项栽培管理技术措施要合理、及时。入选的行、系和原种圃收获后,应专场及时晒干、脱粒。在收获、运输、晾晒、脱粒、装袋等过程中,严防机械混杂。

原种生产单位要搞好种子检验,并由种子检验部门根据 GB/T3543.1—3543.7 进行复检,对符合 GB4404.1 原种标准的签发合格证书。

(二)小麦良种的生产技术

1. 选择好种子基地

小麦种子基地要选择乡、村、社干部较重视,且水肥条件好,地力均匀,农户对新品种的认识、选择、科学栽培技术较高的基地进行生产。同一品种做到集中连片繁殖,不同品种之间要有最少 50m 以上的隔离区。

2. 把好播种关

种植时要有计划、有组织地统一精量播种,严防机械混杂。北方春小麦做到适期早播,土壤解冻 7~10cm 时即可顶凌播种。一般采用机械条播,播深 4~5cm,播量 600 万~675 万粒/hm^2。

3. 严格去杂

去杂是指拔除与本品种不同的植株。去杂时要从株高、穗型、蜡质、有无芒等方面鉴定。去杂时应整株拔掉杂株,对繁殖田要尽量减少使用除草剂、生长激素等,使用时剂量应适当放小,以免造成正常植株发生变异,不利于去杂。要求繁殖田杂株率不超过1%。

4. 加强田间管理

同大田栽培管理相似。

5. 严把收获、收购入库关

不同品种要实行单独收获、单独脱粒或单场打碾,严防混杂,蜡熟末期及时收获。严格按照国标进行检验分级,经检验合格的种子入库前必须进行机械精选,进一步提高种子的净度和纯度。入库后的种子要分品种分级分区域进行贮藏,要标明品种、产地、等级以及数量等,同时注意防止虫蛀、霉变、鼠、雀危害,防止混杂。

第二节 玉米种子生产

玉米(*Zea mays L.*)是我国第三大粮食作物,又是经济和饲料兼同作物。北方是玉米的主要产区,又是玉米种子繁育的主要基地,搞好玉米种子生产对提高玉米产量和品质具有重要意义。

一、玉米制种的生物学基础及基地要求

(一)玉米的花器构造及开花授粉习性

玉米是雌雄同株异花作物,雌、雄穗着生在不同部位,花粉量多而轻,依靠风力传粉,天然异交率一般在50%以上。因而要做好玉米种子生产工作,必须了解玉米的生殖系统及其生物学特性。

1. 雄花序

玉米雄花序又称雄穗,属圆锥花序,着生在茎秆顶部。雄穗主轴与茎秆相连,并向四周分出若干分枝,分枝数目因品种、自交系而不同。主轴周围着生4~11行成对排列的小穗,分枝上通常仅生2行成对排列的小穗。每个雄小穗有2朵小花,雄蕊未成熟时花丝甚短,成熟时外颖张开,花丝伸长,使花药露出颖片外面,散出花粉,即为开花,玉米雄穗一般在露出顶叶后2~5d开始开花。雄穗的开花顺序是从主轴中上部开始,然后向上和向下同时进行,各分枝上的小花开放顺序与主轴相

同。开花的分枝顺序则是上中部的分枝先开放，然后向上和向下部的分枝开放。发育正常的雄穗可产生大量的花粉，一个花药内约有2000个花粉粒，一个雄穗则可产生约1500万～3000万个花粉粒。雄穗开始开花后，一般第2～5d为盛花期。全穗开花完毕一般约需7～10d，长的可达11～13d。

玉米雄穗的开花与温度、湿度有密切关系，一般以20～28℃时开花最多，当温度低于18℃或高于38℃时雄花不开放。开花最适宜的相对湿度是70%～90%。在温、湿度均适宜的条件下，玉米雄穗全天都有花朵开放，一般以上午7～9时开花最多，下午将逐渐减少，夜间更少。

2. 雌花序

雌花序又称雌穗，为肉穗花序，受精结实后即为果穗。果穗中心有轴，其粗细和颜色因品种而不同。穗轴上的无柄小穗，成对排列成行，每小穗内有2朵小花，上花结实，下花退化。结实小花中包括内外稃和一个雌蕊及退化的雄蕊。所以果穗上的籽粒行数也常为偶数，一般为12～18行。雌蕊由子房、花柱和柱头组成，通常将花柱和柱头总称为花丝。雌蕊一般比同一株雄穗抽出稍晚，最多晚8～10d。雌蕊花丝开始抽出苞叶为雌穗开花（吐丝），一般比同株雄穗开始开花晚2～10d，也有雌、雄穗同时开花的，这取决于品种特性和肥、水、密度等条件。在干旱、缺肥或过密遮光的条件下，雌穗发育减慢，而雄蕊受影响小。

一个果穗从第一条花丝抽出苞叶到全部花丝抽出，一般需要5～7d。同一果穗上，位于果穗项部小花的花丝最晚吐出。

玉米花丝的生活力，一般是植株健壮、生长势强的品种比植株矮小、生长势弱的品种强；杂交种花丝的生活力比自交系强；高温干燥的气候条件比阴凉湿润的气候条件容易花丝枯萎而提早失去生活力。在适宜的温、湿度条件下，花丝授粉结实率一般以抽出苞叶后1～7d最高，14d天以后完全失去生活力。

3. 开花授粉习性

玉米花粉借助风力传到花丝上，这一过程叫做授粉。在温度为25～30℃，相对湿度为85%以上的情况下，玉米花粉落到花丝上10min后就开始发芽，30min左右大量发芽，花粉细胞的内壁通过外壁上的萌发孔向外突出并继续伸展，形成一个细长的花粉管，在授粉后约1h，花粉管刺入花丝,花粉管在花丝内继续伸长,通过维管束鞘进入子房,经珠孔进入珠心,最后进入胚囊。玉米为双受精作物,花粉管进入胚囊的两个精子,一个与卵细胞结合成合子,以后发育成胚;一个与两个极核中的一个结合后,再与另一极核融合形成一个胚乳细胞核,以后发育成胚乳细胞。一般情况下,玉米从授粉到受精大约需要18~24h。

(二)玉米制种基地要求

目前玉米种子生产主要以农户为基本生产单位进行。选择基地以相对集中、连片种植、防杂保纯为原则。

1. 要求基地领导班子组织能力强、懂技术、会管理、善经营。

2. 有良好的隔离条件。以自然屏障隔离或空间隔离为主。空间隔离,玉米杂交种为300m,亲本繁殖田为500m。

3. 土地肥沃、灌排方便、旱涝保收。

4. 群众科学种田水平高、接受新技术快、制种积极性高,能保证各项技术措施的及时落实。

5. 交通运输条件好,便于检查、验收和种子收购。

6. 抓好基地驻点技术人员和农民的技术培训和政策宣传。采用派出去和请进来,集中培训和分散辅导,发放技术资料和现场示范相结合的办法,普及优质高产制种技术。

7. 实行合同管理和目标责任制。种子公司与制种基地签定玉米杂交制种生产合同,实行合同管理。种子公司负责玉米杂交制种技术操作规程的制定和技术指导,检查各项技术措施的落实。各繁种农户必须严格按技术规程进行生产。

基地干部要成立玉米制种领导小组,负责制种工作的组织和技术措施的落实。明确岗位职责,建立责任区与责任制,干部要分组分片责任到人,并与个人的工资提成相挂钩,层层签订目标责任书。

二、玉米自交系的繁殖技术

玉米自交系是从优良的品种或杂交种中选株,经过连续多代的自交与选择,最后产生的基因型纯合、性状整齐一致的单株自交后代系统。自交系有两个明显的特点:一是基因型纯合、性状稳定;二是生活力衰退而导致植株变矮、果穗变小、产量降低。

亲本自交系是配制杂交种的基础。没有配套的、数量足够的自交系种子，就不可能配制出数量充足的杂交种。同时，没有高纯度的自交系，也就不可能配制出高质量的杂交种。所以，玉米制种的前提是繁殖质优量足的自交系亲本。

玉米自交系分为育种家种子、自交系原种、自交系良种三类。自交系原种和良种必须有一定储备，可采用一次繁殖，分批使用的方法。

（一）自交系的原种生产程序

自交系原种是指由育种家育成的原始品系繁殖出来的与该品系原有优良特征特性一致的种子。其标准是性状典型，株间主要性状整齐一致，无杂株或杂株不超过0.2%，保持原自交系的配合力。

根据GB/TB17315—1998标准，原种生产分两种方法：一种是由育种家种子直接繁殖；另一种是采用二圃制，即“选株自交、穗行比较、淘汰劣行、混收优行”的穗行筛选法。第二种筛选法基本程序如下：

1. 选株自交

在自交系原种圃选择符合典型性状的单株套袋自交。花丝未露前先套雌穗，花丝外露3.3cm左右时套雄穗，次日上午露水干后用本株的花粉授粉，授粉后仍套袋隔离，挂牌标记。收获时按穗单收，整穗单存，作为下年穗行圃用种。

2. 穗行圃

将上年决选单穗种成穗行，每个自交系不少于50穗行，每个穗行种40株。生育期间进行系统观察记载，建立田间档案，在苗期、开花期、收获期严格去杂去劣。当选穗行经室内考种决选，合格者混合脱粒，作为原种圃用种。单独贮存，并填写质量档案。包装物内外各加标签，写明种子名称、种子纯度、净度、发芽率、含水量、等级、生产单位、生产时间等。

3. 原种圃

将上年穗行圃的混合种子或育种家种子种于原种圃，种植密度4万~6万株/hm^2。苗期、开花期、收获期严格去杂去劣。全部杂株最迟在散粉前拔除，雌穗抽出花柱占5%以后，杂株率累计不能超过0.01%。收获后对果穗进行纯度检验，要达到GB4404.1—1996的国家规定标准，所产种子即为原种。

（二）自交系生产技术要点

提高自交系繁殖产量的途径主要有两个：一是育种上选育高产自

交系和选育姊妹系,利用姊妹单交种来配制杂交种;二是根据自交系的生长特点,采用相应的栽培管理技术。根据实践经验,抓好以下环节:

1. 选好基地,定点繁殖

原种生产由种子部门负责安排,每个原种至少要同时安排两个可靠的特约基地进行生产。繁种地块必须平坦、地力均匀、土层深厚、土质肥沃、灌排方便、严格隔离。采用空间隔离时,与其他玉米花粉来源地至少相距500m。

2. 规格播种

播前要进行精选、晒种,将决选穗行的种子混合种植。

(1)适期早播

一熟地区春季早播,可延长营养生长期,搭好丰产的架子。华北地区一般在土壤表层5～10cm深处,稳定在10～12℃时播种为宜。西北、东北地区则以8～10℃开始播种。近几年由于晚霜为害幼苗,播期也不宜过早。两熟地区春繁自交系适期早播,可在伏旱、高温来临之前结束开花散粉,有利于受精结实,提高产量。

(2)适当稀植

以往繁殖自交系,种植密度较大,常比大田生产提高30%～50%。实践证明,密植不利于自交系保纯,相反适当稀植,有利于杂种或优势株充分表现,便于去杂,提高纯度;同时,收获后的籽粒饱满、芽率高、顶土力强,为下一年提高制种产量和质量奠定基础。实际生产中,要根据自交系类型、水肥条件、地力高低灵活掌握。

3. 严格去杂

凡不符合原自交系典型性状的植株均为杂株,应在苗期、散粉前和脱粒前至少分三次去杂。原种生产田中性状不良或混杂的植株最迟在雄穗散粉前全部淘汰。从植株抽出花柱起,不允许有杂株散粉,可疑株率不超过0.01%。田间去杂要从苗期一直持续到花丝枯萎,特别是花期必须有专人逐日逐地块检查去杂,预防浇水后新出现的杂株散粉。去杂要用镰刀割断,不能踩倒在田间,耦断丝连,继续散粉。收获后应对果穗进行严格检查,杂穗率不得超过0.01%。

4. 加强肥水管理

自交系生长势弱、发苗慢,对旱、涝等不良条件敏感。管理上要抓早间苗、早中耕、早追肥,既要防旱,又要防涝。拔节期、大喇叭口期、吐丝期是水肥敏感期，应注重肥水促控。生产上有些自交系遇旱时雌穗或花丝不易抽出，不少自交系散粉困难，造成自身花期不遇，对结实影响很大。因此，抽雄开花期充分满足自交系对水分的需要，对提高繁殖产量十分重要。在多雨地区，要注意排水防涝，促进植株生长健壮，防止早衰。

5. 人工辅助授粉

自交系在开花期如果遇到高温、干旱、大风、阴雨，或栽培管理措施不当，雌、雄花期相遇不好，都会影响到授粉、结实。实践证明，人工辅助授粉可增产10%左右，多的可达25%以上。许多自交系自身花期不协调，而且花粉量少，在繁殖时，可采用行比或"满天星"分期播种的方法，或将部分种子浸种与未浸的干种子隔行播种，延长散粉时间，再使以辅助授粉，可以大幅度提高结实率。

(三)玉米自交系的良种生产

自交系的良种生产除了纯度标准要求略低于原种外，生产技术要求同原种生产。

(四)自交系的防杂保纯

玉米是异花授粉作物，容易串粉混杂。一旦造成自交系的混杂退化，就会丧失其优良的遗传性，从而降低配合力。因此，一个自交系开始在生产上利用后，就要及时地采取措施，注意防杂保纯。坚持"防杂重于去杂，保纯重于提纯"的原则。

1. 自交系混杂退化的原因

(1)生物学混杂

由于自交系繁殖区隔离不安全，去杂不严格，杂株散粉，易引起天然杂交而造成生物学混杂退化。

(2)机械混杂

从播种到收获贮藏等一系列过程中，没有遵循操作技术规程，可能造成机械混杂。已经机械混杂的种子，如果繁殖时去杂不及时、不彻底，就会进一步引起生物学混杂，后果更加严重。

(3)自交系发生变异

一是自交系产生遗传变异，少数变异株未及时拔除，引起天然杂交。二是自交系各株间在遗传上存在一些微小的差异，不可能达到绝对纯合，在隔离区内自由授粉，经过多代的混合繁殖，差异会逐渐积累，从而使自交系发生变化,一致性变差,失去原有的典型性,这种现象与自交系本身的纯合程度有关,本身越纯,混杂退化越慢。所以,在生产上应避免长期混合自由授粉繁殖自交系。

(4)长期自交

自交系的配合力是可遗传的,长期自交,会引起基因型频率的变化和纯合隐性基因的暴露,产生退化现象,使生长势变弱,产量不断降低。因此,长期自交是不利的。

2. 自交系防杂保纯的措施

(1)安全隔离

这是防止天然杂交从而消除生物学混杂的基本保证,必须严格按规定的隔离要求,设置隔离区。一般自交系原种繁殖田应设空间隔离400m 以上,自交系繁育田 300m 以上。

(2)严格种子管理制度,防止人为的机械混杂

自交系从种到收、加工贮藏等环节,都要有专人负责,建立必要的规章制度,避免人为的机械混杂。

(3)严格去杂

担负亲本自交系繁殖任务的各级技术人员,必须熟悉该繁殖区自交系的特征特性,这样才能准确地识别杂苗、杂株,及时做好去杂工作。由于一些杂株是在不同的生育期表现出来的,所以去杂必须分期多次进行,一般分苗期、拔节期、抽穗散粉期和收获前后四个时期去杂。只有及时(在抽雄散粉前)、彻底、干净地去杂,才能保持自交系的纯度。

(4)贮存保纯

对常用的亲本自交系实行一次超量繁殖,并将超量繁殖的种子放在冷藏库或低温干燥条件下长期贮存,有利于长期保持自交系的纯度。减少了自交系的繁殖次数,从而减少了生物学和机械混杂,以及自交发生遗传变异的可能性。常温库可整穗贮存,能有效延缓发芽率的降低。

三、玉米杂交种子生产技术

玉米杂交种子生产,技术要求较高,能否成功与亲本纯度,当地的自然、耕作条件,技术措施有密切关系。根据北方地区的自然特点和生产经验总结如下:

（一）设置隔离区

玉米是异花授粉作物，花粉量大，花粉可远距离飘散，蜜蜂等昆虫也可以传粉，容易串粉混杂。所以配制杂交种必须设置隔离区，保证隔离区的玉米开花期内，不会有其他玉米花粉传入发生天然异交。

1. 隔离区的要求

隔离区应具备隔离安全、土壤肥沃、地力均匀、排灌方便、地势平坦、旱涝保收、集中连片的特点。根据北方地区的耕作制度和作物种类，为确保玉米优质高产，制种田选茬以豆类、绿肥茬、麦茬、葱蒜茬、蔬菜茬为好。不宜选用两年以上重茬地、盐碱地、漏沙地、园林地种植。甘肃河西地区大面积连片玉米制种不易倒茬，务必在年际间更换品种，以利稳产。

2. 隔离区的设置

有些地区土地较集中，为了解决生产上安排隔离区困难的问题，可采用以下方法减少隔离区的数目：

（1）亲本多繁分用：对应用较广、在几年内不会被淘汰且纯度又高的亲本，可采取一次加大繁殖面积，生产满足3～4年用的种子。这样可有效减少繁殖自交系的隔离区，同时减少了自交系的繁殖世代，防止混杂。

（2）一父多母制种法：即将有共同父本的杂交组合安排在同一隔离区内制种，这样在一个隔离区内可同时配制几个杂交种，大大减少了隔离区的数目。

（3）成片联合制种：在同一生态环境中，打破行政区划界限，将土地相邻的区、乡、村安排配制同一个杂交组合，或同一父本的杂交组合。这样既解决了安排隔离区的困难，又便于技术指导和统一管理，还能提高隔离的安全性。

3. 隔离方法

不同制种区可因地制宜选择以下隔离方法：

（1）空间隔离。指隔离区四周一定空间范围内不种植其他玉米。隔离距离为：自交系繁殖区不少于500m；单交制种区不少于300m；其他制种区不少于300m。具体可根据地势、风向和风力大小等酌情增减隔离距离。如若在多风地区，且隔离区设在其他玉米的下风向时，隔离的距离应适当加大。

（2）时间隔离。隔离区内的玉米和邻近玉米的播种期错开，使它们的开花期错开，从时间上达到隔离的目的。一般春播玉米错期约40d以上，夏播玉米错期约30d以上。生长季节短的地区要注意早、中、晚熟品种的搭配。

（3）自然屏障隔离。因地制宜地利用山岭、村庄、林带、果园等自然屏障，阻挡外来花粉的传入。

（4）高秆作物隔离。利用种植高粱、红麻等高秆作物隔离。高秆作物的行数不宜太少，自交系繁殖区需要种植高秆作物的宽度应在100m以上，制种区则应在50m以上。高秆作物要适当早播，并加强管理，以保证玉米抽雄时高秆作物的株高显著超过玉米。

为了便于隔离区的安排，有时在一个隔离区的四周可以同时采用几种隔离方法。

（5）非制种玉米去雄隔离。在实践中，有些"钉子户"在隔离区内强行种植了许多的非制种玉米，其他措施劝阻无效，可对非制种玉米去雄，人工采集制种区父本花粉进行授粉，降低隔离区补偿的损失。

（二）规格播种

1. 播前备耕

玉米自交系种子萌发力弱、顶土能力弱、出苗慢，苗期生长势差，播前各地应根据选茬特性，做好秋耕、春耙、镇压、保墒工作。冬水地、春水地都要在播种前7d左右进行浅耕施肥，每公顷施入优质农家肥75t、磷二铵300～450kg、尿素225～300kg、硫酸锌15kg作底肥。及时耙耱保墒，达到土绵墒足，上虚下实，以保全苗。甘肃河西地区在长期的制种实践中，总结出以下两种情况，可以不施底肥和种肥（化肥），所谓"白地下种"，不但保证父、母本花期良好相遇，还能提高制种产量。一是父、母本错期时间长，母本营养生长旺盛、植株高大，父本延迟播种对光照敏感，易形成雄花瘦小、败育；二是某些空秆率高的自交系作母本，如"综3"、"910"等。

2. 划线覆膜

4月上中旬，选用划行器在地里划出间距1～1.1m的线（以密度确定），用70～90cm×0.008mm规格的地膜覆盖。要求膜要拉紧盖严，膜两侧压实不透气，两边各压7cm，每2m打一个土结，相邻的土结顶齐。垄面要平整，中间留出45～50cm宽的采光面。覆膜后注意查验，发现破损及时补压。在点种前 7d 即覆好膜，提温保墒，保证一次全苗。

3. 适期播种

春播区耕层土壤温度稳定在 10～12℃ 播种，在覆膜条件下，应在耕层土壤温度稳定在 8～10℃ 以上方可播种。倡导适期晚播，躲避 5 月左右的晚霜，低温冻害，如甘肃河西地区、宁夏河套灌区一般播种时间为 4 月 20 日左右。

4. 种子处理

将亲本种子先晒 3～4d，再精选一次，剔出秕、坏、霉、杂粒，进行包衣，选用包衣种子可有效防止病虫害，培育壮苗，提高产量。

5. 合理密植

种植密度取决于亲本种类、栽培水平、土壤肥力等因素，一般遵循的原则是单交制种。由于自交系较矮小，单株产量低，因此可以加大密度，以足够的株数充分利用地力和空间，发挥土地潜力，提高产量。一般密度为 52500～90000 株/hm^2，早熟或紧凑型自交系为 75000～90000 株/hm^2。通常根据发芽率和种植密度，确定播种量，一般 80% 发芽率每穴 3 粒，85% 发芽率每穴 2 粒。

6. 播种规格

种植方式有三种：A. 行比法，B. 满天星法，C. 行比法与满天星混合种植法。行比法种植时需根据父本的花粉量大小确定比例，一般父、母本行比为 1∶4～8。若父本花粉量大、花期长，应以“满天星”为主，可提高制种产量。方法是：不设父本行，父本种植在两行母本中间的地膜上，父本株距一般为母本株距的 3～5 倍，分期播种，在母本播种后 4～6d 左右，点种第一期父本，株距 80～150cm 不等，每穴 2 粒。间隔 5～7d 在第一期父本中间点播第二期父本，播深 3～5cm，每穴 2 粒。在不太了解引进组合在当地气候条件下适应性及生育期长短的情况下，采用行比法与满天星混合种植法，在地膜中间每隔 80～100cm 点一穴父本后，每 8 行母本之间再点播一行父本，株距 25cm 左右。在甘肃河西地区，一般采用宽窄行种植，窄行 50cm 在膜上，宽行 60cm 在膜外，母本株距依制种组合确定，披散型或宽大叶片的自交系株距为 25～30cm，保苗 72000～76500 株/hm^2；紧凑型或窄叶片的自交系，株距为 23～25cm，保苗 72000～79500 株/hm^2。

7. 播种方法

在膜侧压土的位置(采光面外侧),用点种器破膜打眼点种。由于垄面的温室效应及垄外土壤水分蒸发的抽拉作用,膜侧的温、湿度最高,种子点在此,可保全苗。没有冬灌、春灌的干地,墒情太差的沙性土壤,可破膜点籽,盖沙再浅灌,坐水点种。播种结束,在父本行头立即点种几粒高粱作为标记作物。在精细整地,墒情适宜的条件下,提倡用“穴播机”点种,这样比人工点种规范,深浅一致,出苗整齐,形不成大小苗现象。

(三)花期预测与调节

保证制种田父、母本花期相遇,是玉米杂交制种成败的关键。玉米制种最理想的花期相遇是母本吐丝盛期比父本散粉盛期早2~3d。要做好花期调节,首先要做好花期预测。

1. 花期预测

花期预测方法常有6种,要根据组合特点和实际情况灵活选择。

(1)标叶调查法:在制种田里,根据双亲的总叶片数,选择有代表性的地块3~5点,每点各选典型株10株,定期标叶调查父、母本的叶片数,其方法是每隔5片叶做一次叶标,整个生育期内做三次叶标即可。第一次做叶标一定要及时准确,第一片胚叶的叶尖呈椭圆型,切忌做叶标时把叶鞘的第一部分误认为是第一片叶而多记,或者把第二片胚叶误认为第一片叶而少记。根据双亲叶片出现的多少,预测其发育快慢,观察双亲是否协调,一般情况下,母本已出的叶片数保持比父本多1.5~2片时,表示双亲能够良好相遇。

(2)剥叶检查法:在双亲拔节后,选有代表性的植株剥出未出叶片数,根据未出叶片数来测定双亲花期是否相遇。若母本未出叶片比父本未出叶片少1.5~2片,表明花期相遇良好。若超过2片或少于1.5片,则有可能相遇不好,用该法尤其是在大喇叭口期检查准确度很高。

(3)查副叶脉法:在大喇叭口期观察10株的展开叶单侧副叶脉,求出平均值,若平均值为12条,再减去系数2,该展开叶则为第10片展开叶(也称完全叶),如此查双亲父、母本叶差在1.5~2片时为花期相遇。

(4)幼穗分化查看法:拔节孕穗期,在制种田选择有代表性的样点,每点取有代表性的父、母本植株3~5棵,剥去叶片,检查幼穗大小。如果母本的幼穗分化早于父本一个时期,即预示花期相遇良好,否则就可能不遇。

(5)生长锥解剖比较法:玉米制种田进入大喇叭口期后,每一亲本的总叶片数已成定局,雌穗进入了小花分化期,雄穗已进入性器官发育形成期。在这个时期,选代表性的地块设点,进行多株多次观察并解剖父、母本的生长锥,直观了解幼穗的发育状况。如果母本生长锥在1cm范围以内相当于父本的2~3倍时,可认定花期相遇。

(6)错期试验法:在大面积配制新品种前,首先应在地力均匀的试验地搞错期播种调节花期试验。具体试验方法是:将父、母本分三个播期,每期相隔5d,设三次重复,一般小区面积为3m×5m,每小区父、母本同播,各种三行。在整个生育期内观察其生育速度,记载两个亲本在一定气候条件下的生长习性、叶片数以及父本散粉期、母本吐丝期,观察母本雌穗吐丝3~5d内哪一期父本正值散粉盛期,据此确定这一组合花期相遇的最佳错期时间。

2. 花期调控

经过花期预测,发现花期可能不遇时,应及时采取促控措施。各地可根据实际情况灵活采取以下方法:

(1)播期调节法。①父本分期播种法:对错期短或同期播种的玉米组合,可采取父本分期播种法,以延长父本散粉期,使制种田形成大范围的花粉,一般将父本分为二、三期播种,第一期父本与母本同期播种,第二期父本再推迟5d播种。②用双亲的生育期确定播期:若母本的吐丝期比父本散粉期早2~3d,则父母本同期播种;若双亲的抽穗期相同,则父本晚播3~4d;若双亲的抽穗期相差5d以上,则必须调节播期。调节的原则是:一是将母本安排在最适宜的播期内,然后调节父本的播期;二是坚持"母等父、父包母"的原则,根据本地常年的气候特点,结合当年的气象预测,在确定当年最佳扬花授粉期的条件下反推最适播期,一般为"母等父"即母本吐丝可先于父本散粉2~3d为宜,授粉期避开高温伏旱等不利时期。"父包母"即父本要有较长的散粉期涵盖母本的吐丝期,做到"头花不空,主期击中,尾花有用",即母本吐丝盛期(60%植株吐丝)与父本的散粉盛期(60%的植株散粉)出现在同一天,确保父母本盛花期相遇。③用双亲的总叶片数确定播期:调节的原则是在生育期间母本比父本领先1~2片叶。若母本比父本的总叶片数少1~2片,则父、母本同期播种;若父、母本的总叶片数相同,则先播母本。

(2)密度调控法。种植密度的大小,对花期是否相遇也有影响,合理的种植密度,即能保证花期相遇,又能提高产量。确定合理的密度用下例公式估算和确定 $667m^2$ 株数:

$$株数/667m^2 = 合理的叶面积指数 \times 667m^2/单株叶面积$$

不论多少密度,在田间管理时,一定要父、母本同等对待,不可偏废,否则,调节好的花期也可能不良好相遇。

(3)苗期调节法。种子田父、母本花期是否相遇,在苗期就要及早预测,及早调节,保证花期万无一失。调节技术措施是:对父、母本生长快慢不一致时,可采用“促慢控快法”,对生长慢的亲本采取早疏苗,早间苗,适当稀留苗,早施肥,早松土,提高地温等措施,促其生长;对生长较快的亲本可采取迟间苗,留小苗,晚施肥,晚松土等措施,控制其生长。

(4)中耕断根法。对生长偏快的亲本可采取深中耕或断根法,断根应在 11 ~ 14 片叶时进行,方法是:用铁锹在靠近植株 6 ~ 7cm 的一边上下直切 15cm 深,断掉部分次生根,控制生长发育。

(5)快速促进法。玉米在拔节孕穗期,生长速度快,对水肥反应非常敏感,对发育较慢的亲本,除偏施肥浇水,加强田间管理外,同时可用 0.3% 磷酸二氢钾 +0.7% 尿素肥料水灌根部,或叶面喷施,3 天 1 次,促进较晚亲本的生长,一般可提前花期 3 ~ 4d。

(6)剪叶割除法:据试验,对生长过快的父母本,将心叶以上叶片剪成整齐状,可以调节花期 2 ~ 3d;在 5 ~ 7 片叶期割除地上展开部分,可使玉米花期推迟 3 ~ 5d;10 片叶时割除半截,可使玉米花期推迟 5d;在 13 ~ 15 片叶时从上部展开叶开始,每剪 1 片叶可使花期推迟 0.5d;在父本偏弱偏晚时,可在父本孕穗后期抽雄前期将顶部 2 片叶子去掉,有利于早散粉。

(7)超前摸苞去雄法。在抽雄前,如果发现母本的花期比父本晚时,可采取母本摸苞超前去雄或多带叶去雄的方法,可减少雄穗在体内对养分的消耗,有利于通风透光,这样可促使母本早吐丝 2 ~ 3d。其方法是在母本雄穗未抽出前,把手伸到雄穗处,摸到发软的雄穗,根据相遇情况,即带顶叶 1 ~ 2 片与雄穗一起拔出,以不超过 4 片叶为准,对于拔除的雄穗应带入安全区或就地深埋。反之，晚去雄苞（雄穗不能露出苞叶散粉），可推迟吐丝1~2d，达到花期相遇的目的。

(8)剪苞叶法。抽雄开花期，对于父本雄穗已抽出或已散粉，母本雌穗苞叶过长，吐丝迟，偏晚的母本，可提前将苞叶顶部剪掉1/3~1/2，以不伤果穗为度，这样可使花丝早吐2~3d，并且吐丝整齐，有利于授粉。

（四）严格去杂去劣

玉米制种过程中严格去杂是提高制种质量，保证种子纯度的有效措施。该工作一般在3个时期分5次进行。

1. 播种前去杂

播种前结合晒种，根据种子的颜色、大小、粒型等，去除种子中的杂、秕、霉、病虫蛀粒。亲本种子分发给制种户以后，要求制种户人工将"大板粒"挑检剔除，可有效降低田间杂株率。

2. 田间去杂

分3次进行：第一次结合间苗定苗，根据父、母本苗期特征严格细致去杂。留苗标准：母本留苗要大小一致，一般不提倡补苗，谓之"宁缺不补"，反对留双苗、多苗。父本留苗也要大小一致，第二次拔节后去杂去劣，根据双亲的株高、株型、叶色等特征拔除杂株。第三次在抽雄散粉前，按照自交系的典型性状进行关键性的去杂去劣，保证杂株花粉绝对不在隔离区内扩散、传播。父本去杂依据父本雄穗的分枝数、花药颜色，做到逐株检查。母本去杂依据雌穗的花丝颜色进行，凡是杂株必须连根拔除。国家标准规定，若父本的累计散粉杂株率超过0.5%，制种田予以报废。

3. 收获后脱粒前去杂

根据穗型、粒型、粒色、轴色等性状对母本果穗认真进行穗选，去除杂穗劣穗。经技术人员检查杂穗率在1.5%以下时，方可脱粒。

（五）母本去雄

母本去雄是配置玉米杂交种的中心环节，是获得高质量杂交种子的重要手段。国家标准规定，在授粉期，若母本散粉株率累计超过1%时制种田报废。

去雄的技术要求是：做到及时、彻底、干净，摸苞带叶超前去雄，即去雄不见雄。

方法:在制种田母本雄穗尚未露出顶叶时,将顶叶剥开或连同顶叶(带1~2片叶)一起将雄穗拔除。要求第一次去掉全田90%的雄穗,第2次全部去完,第3次清除三类苗。抽出的雄穗装入随身袋子,当日带出制种区外妥善处理,以免后来散粉串花。

(六)人工辅助授粉

为了获得制种高产,必须加强人工辅助授粉。特别是在花期未能良好相遇或在气候不良的情况下,更应做好这项工作。授粉方法有两种:

1. 采粉授粉

在父本花粉量不足,母本吐丝持续时间过长,母本行比例太大时,采用人工采集花粉给母本授粉的方法。

2. 晃株授粉

在父、母本花期相遇良好时,一般应在父本花粉量较大的开花盛期连续进行2~3次,时间最好在上午8~11点进行。用一细棍拨动茎秆的中上部或由2人用绳子拉动植株,促进散粉,达到授粉目的。

(七)割除父本

在杂交制种中,父本的作用是提供花粉,散粉后即完成其历史使命,其种子没有收获的必要性,保留易造成混杂,应予割除。通常去雄结束10d内,即授粉后种子形成期及时割除父本,可提高母本的田间通风透光条件,减少空秆率,提高制种产量。

(八)分收分藏,严防混杂

制种田种子达生理成熟后要及时收获。运回的果穗要严格分堆、分晒,去杂穗劣穗后脱粒。北方一般先穗藏自然干燥,在杂交种水分降到17%以下时,脱粒、晾晒、贮藏,脱粒后要进行筛选或粒选,尽量除去瘪粒和破粒。种子装袋入库时,袋内外都要有种子标签,注名质量等级、生产年份、数量和制种单位,登记后专库存放,专人保管,定期检查。

(九)晾晒防冻

北方地区无霜期短,收获后果穗极易受冻,丧失发芽力,因此果穗晾晒防冻是关键。晾晒的技术要求是:及时剥去苞叶,搬上屋顶或打碾场,摊开晾晒。地势低洼,没有打碾场的制种户,收获前及早动手造场。晾晒时先铺一层地膜(黑色膜最好),然后将剥皮的果穗摊成条垄形,每5d垄顶垄沟交替翻动一次。同时,准备好苫盖物,遇阴雨天、降温,晚盖早揭。盖苫时,先撒一层玉米秸秆,然后再盖上防雨布,防冻效果最好。

四、北方玉米制种冻害的发生与防治(以河西走廊为例)

近几年,北方地区玉米制种面积增大、新品种增加,但由于灾变预警系统不健全,预报能力弱、调控技术滞后、应急措施不到位,使冻害给制种业带来不可估量的经济损失。如 2003 年 10 月 12 ~ 15 日,一次突如其来的强降温天气使甘肃河西地区酒泉、张掖等地区大部分玉米制种遭受严重冻害。据气象部门测报,连续 4 天气温降到 -6 ~ -8℃,造成酒泉市玉米制种面积 9800hm^2 中受冻害面积达 6080hm^2,占全市玉米制种面积的 68.6%,损失惨重,教训深刻。为此,我们在调查研究的基础上,结合甘肃省敦煌种业股份有限公司王大和等人实践总结,分析了冻害发生的原因,提出防治措施,供参考。

(一)玉米生育期气候条件变化及冻害情况分析

甘肃河西地区酒泉、张掖制种区域 2003 年 4 ~ 9 月气温与历年平均值相比属正常年份,其中 4 月偏低,6 月、9 月偏高,5 月、7 月、8 月正常。但与 2001 年、2002 年相比明显偏低(各月平均气温偏低 1 ~ 2℃),≥10℃活动积温接近多年平均值。发生冻害的因素有以下几点:

1. 播种期推迟

2003 年 4 月份玉米播种期气温普遍偏低,并伴随阴雨天气,使大部分玉米制种推迟播种,正常年份一般在 4 月 15 ~ 25 日播种。但 2003 年有些制种田推迟到 5 月 1 日以后,加之 5 月初气温回升较慢,出苗延迟,使整个生育时期推后 5 ~ 7d。

2. 干旱缺水

2003 年酒泉市沿山大部分玉米制种区域河水来量少,玉米制种田不能按时浇水,头水推迟到 7 月份以后,最迟的 7 月 17 日才浇头水。张掖市部分玉米制种区域也发生干旱缺水现象,延缓了玉米制种植株生长发育进程,成熟期推迟。

3. 品种布局不合理

河西往年相对偏高的气温条件,使各种子公司和制种农户滋长了侥幸心理,没有重视品种布局和适时收获。按照玉米早熟、中早熟、中熟、中晚熟、晚熟品种对积温的要求,一般≥10℃的积温在 2600℃以下的地区适宜安排中熟品种；≥10℃的积温在2600～2800℃的地区适宜安排中晚熟品种；≥10℃的积温在2800℃的地区，种植晚熟品种制种风险较大。2003年河西各种子公司将部分中晚熟品种安排在沿山冷凉区域，加之播种与灌水推迟、拔节起身推后，在种子正常收获期没有达到正常成熟，10月1日国庆节过后仍未达到完全成熟，在田间收获未结束就受到严重冻害。部分品种如登海9号、登海11号、鲁单981等品种在正常年份虽勉强达到成熟，但由于脱水较慢，同样遭受冻害，发芽率降低。

4. 未适时收获

河西走廊玉米制种适宜收获时期应在9月20～25日左右，10月1日前必须收获完毕。这样可利用9月底到10月上旬这10多天气温相对较高的天气，加速脱水，气温逐渐下降之前使种子含水量降到18%以下，可以免遭冷冻危害。由于2001、2002年相对偏高的气候条件及早霜来得迟，使大部分玉米制种田间达到充分成熟，并且脱水较快，在10月份没有遇上气温急剧下降的天气过程，使各种子公司和农户产生侥幸心理，没有严格执行制种规程，适时收获。致使大部分玉米制种田收获在10月5日以后，有部分制种田在10月12日～15日受冻害时仍未收获，种子未及时充分脱水就遇到了气温急剧下降带来的冷冻危害。如张掖登海品种由于没有适时收获，加之该品种脱水较慢，在10月12～15日遭受到不同程度的冷冻危害，脱水更加缓慢，水分始终未降到冻害临界线以下，致使后期受到更为严重的冻害，使全部种子发芽率降到85%以下。

（二）防治玉米制种冻害的措施

1. 科学规划，合理布局

根据品种熟性对积温和生态条件的要求，因地制宜安排制种品种。如在酒泉沿山区域公路沿线只能安排要求≥10℃的积温在2600℃以下的中早熟品种；在酒泉泉水片，兰新公路沿线，嘉峪关新城乡、嘉峪关乡，玉门市柳河、黄闸湾、玉门镇，安西东半县铁路以北只能安排要求≥10℃积温在2600～2800℃的中晚熟品种；酒泉下河清由于特殊的生态条件，可适当安排要求≥10℃的积温在2800℃左右稍晚熟一点的品种。生产实际中，科学界定杂交组合的生育天数，应以品种生育所需有效积温为依据，划分生育期的长短，严禁以品种介绍中生育天数来衡量品种的早晚。

2. 掌握引种规律和品种特征特性,建立严格的制种制度

玉米是典型的短日照作物,品种适应性较广,对生态区选择不很严格,但甘肃河西制种区域处在干旱内陆地区,气候干燥,在气候特别湿润的西南、华中、华南等地育成的品种因其不能抗大气干旱造成叶片干枯或植株生长不协调而导致花期不遇,不宜在河西制种区域制种。东北、华北、中原和西北育成的品种在河西普遍适应性较好,但由于个别品种亲本血源关系复杂或差异大,也会出现不适应的情况。因此,对引进的新品种、新组合制种前,必须安排1~2年的观察试制,详细了解亲本血源关系,在取得第一手资料的基础上方可进行大面积制种,这样可大大降低制种风险,做到万无一失。

3. 严格适时收获

关于玉米种子生理成熟问题,有关试验资料和当地试验表明,玉米种子授粉后25d左右,即乳熟中期,胚根、胚芽、胚茎都已分化完成,虽然粒重只有成熟时的8.5%,但此时发芽率可达到85%以上。授粉后35~40d左右,即乳熟末期,籽粒和种胚的大小都已达到最大值,籽粒迅速增重,为成熟期的60%~80%,含水量稳定在40%~70%之间,此时种子生理已完全成熟,发芽率可达到100%。所以,生理成熟期适时收获不会影响发芽率。

根据气象资料,甘肃河西地区9月中下旬气温降到零度左右,10月中旬气温降到-5℃以下属正常年份,如不严格提早适时收获,在气温急剧下降之前,水分降不到一定程度,受冻害的风险相当大。2000年部分公司有个别组合遭受冻害,2003年在10月12~15日气温急剧降到-6℃~-8℃时,有些玉米制种田还未收获。因此,按照气象条件及制种要求,河西玉米制种田在9月20~25日左右必须收获,对成熟不够理想的品种(组合)割倒后熟3~4d,充分利用植物的后熟特性,使茎、叶中的养分大部分转移到籽粒中,可大幅度提高种子的千粒重。收获后及时搬穗晾晒,争取利用前期较高的气温使水分快速降到20%以下,注意气象预报和天气变化情况,指导农户利用盖苫或秸秆覆盖等措施做好冻害预防。改革传统晾晒方法,探索搭架、悬挂和简易通风干燥等晾晒方式,最大限度地加快脱水速度,才能做到防患于未然。

五、生产实践范例

范例一　沈单10号杂交种优质高产制种技术

沈单10号是辽宁省沈阳市农科所用K12作母本，137作父本，杂交育成的中晚熟玉米单交种。该品种在高水肥条件下增产潜力大，一般夏播产量6000～9000kg/hm²，春播产量10500～12000kg/hm²，最高产量可达15000kg/hm²以上。在河西走廊制种实践中探索出其主要制种技术如下：

（一）选地隔离

最好选择≥10℃的积温在2700℃以上地区，且地势平坦、土壤肥沃、灌溉方便、集中连片、便于检查、四周隔离300m以上的地块。为确保优质高产，选茬以豌豆茬、麦茬、洋葱茬为好；不宜选用两年以上重茬地、盐碱地、漏沙地、园林地种植。

（二）种子处理

亲本种子最好用经套袋自交繁殖过的，纯度在98%以上，发芽率达85%以上的亲本种子。播前将亲本种子进行严格精选、包衣，剔除小粒、病粒、破损粒和杂粒，选择大而饱满无伤损的种子在太阳下晾晒6～8h，确保播种出苗达到苗全、苗齐、苗匀、苗壮的要求。

（三）播种与密度

制种田要求地膜覆盖宽窄行种植，宽行50cm，窄行40cm，父、母本行比1∶5。母本株距25cm，父本株距24cm。要求播深4～5cm，平均密度75000～90000株/hm²。

（四）父、母本错期播种

根据父、母本特性，为使父、母本花期相遇并延长父本散粉，应先播第一期父本（每播10穴留10穴）。隔7d播母本和第二期父本（在预留空穴中播种）。第一、二期父本各占50%。

（五）施肥、灌水

播种前施农家肥6万～7.5万kg/hm²，优质复合肥300～625kg/hm²。玉米整个生育期灌水5～6次，并结合灌水追肥3次。每次追施尿素或硝铵225～300kg/hm²。追肥要早攻秆，重攻穗，轻攻粒。遵循头次追肥一尺高（拔节期攻秆）、二次追肥正齐腰（大喇叭口期攻穗）、三次追肥出毛毛(雌穗吐丝攻粒)的原则,把握好每次追肥的时期。追量分别占全生育期施肥量的30%、50%和20%,同时还要喷施一定量的磷酸二氢钾、丰收素等叶面肥,施肥一定要坚持父、母本并重的原则。

(六)田间去杂

田间去杂要严格,一般分两次进行。苗期结合间苗定苗,在3~5叶期根据幼苗叶色、叶型、叶鞘色、生长势等性状区分父、母本杂株并去除。大喇叭口期是田间去杂的关键时期,父、母本植株特征特性已充分显现出来,要根据各自的特征特性一次性将杂株彻底拔除干净(包括可疑株),以保证种子质量。

(七)喷玉米健壮素

喷玉米健壮素可以显著降低株高,提高去雄效率,便于监督检查,提高种子质量和产量。在母本叶龄指数6~7叶时,即抽雄前5~7d(喇叭口下7~10cm处能摸到雄穗主轴),每亩用玉米健壮素一支对水15kg,均匀喷于母本上部叶面,做到不重不漏,并尽量避开父本。

(八)摸苞抽雄

去雄是保证种子纯度的关键措施。要求在母本雄穗未露出苞叶时摸苞带一、二片叶超前去雄,做到及时、干净、彻底。去雄结束时要将无效株一次性拔除(亦可在大喇叭期结合去杂及早去除无效株),以防散粉,影响种子质量。

(九)病虫防治

玉米制种要获得优质高产必须及时防治病虫。大喇叭口期防治玉米螟发生。抽雄结束,立即用丰收菊酯、三氯杀螨醇、快杀灵或螨克星等,防治蚜虫和红蜘蛛。若已发生危害,隔5~7d再喷一次。

(十)割除父本

母本授粉结束后要及时割除父本,以增强制种田通风透光能力,提高光合效率,减轻病虫危害,增加千粒重,获得高产。

范例二　玉米单交种豫玉22制种高产栽培技术

玉米杂交种豫玉22在我区的制种中,由于其父本植株较矮、母本偏高而授粉不良,结实率较低,制种产量一般仅4500~5250kg/hm^2,直接影响了农民的经济收入和制种单位的效益。2000年在酒泉市清水镇中寨村一组、十一组繁制8.55hm^2豫玉22玉米单交种,种子平均产量为 7774.5kg/hm^2，最高产量达 9652.5 kg/hm^2，创杂交玉米制种高产水平。现将程万珍等人的实践经验介绍如下，供参考。

（一）选地，隔离

选择地势平坦、地力均匀、土壤肥沃、保水性能较好的地块，制种田全部秋翻，及时耙耱。保证制种田四周 500m 内不得种植其他玉米。

（二）规格种植，增加密度

1. 种子处理

制种亲本选用纯度 98%、发芽率 85% 以上的种子。播前将亲本种子进行严格挑选，选择大粒、饱满、无损伤的种子晒种 3～4d，然后包衣，促使出苗整齐，确保一次播种出全苗。

2. 严格掌握父、母本播期

父本分两期播种。第 1 期父本比母本推迟 4d，播完父本量的 50%，4d 后再播第 2 期父本，与第一期父本隔穴交错点播，播种深度 3～5cm。

3. 严格控制母本密度

父、母本播种比为 1∶5，父本株距 70cm，行距 100cm，保苗 1.4 万株/hm^2，母本株距 25cm，行距 55cm，保苗 7.2 万～8.25 万株/hm^2，从而达到了母本增行、增株、增粒的目的。母本密度绝不能大，否则空秆多。

（三）科学施肥，合理用水

1. 采取前期轻、中期重、后期补的施肥方法

在投入肥量相同的情况下，采用前期轻、中期重、后期补的施肥方法，即不施或少施底肥、种肥，重施拔节肥，补施穗粒肥。播种前结合春耕，施优质农家肥 75t/hm^2、硫酸锌 15kg/hm^2、硫酸钾 75～150kg/hm^2。玉米整个生育期追肥 3 次，结合灌头水、二水、三水分别追施尿素 150～250kg/hm^2、270～330kg/hm^2、225kg/hm^2，达到壮秆增粒的目的。

2. 促控结合

根据豫玉 22 母本植株偏高、父本植株略低的特征，对母本除进行前期蹲苗外，在拔节期用玉米健壮素 375～450mL/hm^2 对水 600～750kg 叶面喷洒，抽雄灌浆期用喷施宝 75mL/hm^2 对水 675kg 进行叶面喷洒。对父本结合浇水偏施硝铵或尿素，在拔节期用丰收素 150mL/hm^2 对水 675kg 叶面喷洒，以达到促控结合，平衡株高的目的。

（四）严格把好去杂去雄质量关

1. 去杂

田间去杂一般分2次。苗期结合间苗、定苗，根据幼苗色、叶色、叶形，叶鞘色、生长势等生物特征去除与亲本性状不相一致的杂株；大喇叭口期是田间去杂的关键时期，必须根据父、母本各自特征特性一次性将杂株彻底拔除干净。

2. 超前去雄

在母本雄穗未露出苞叶时摸苞带1～2片叶去雄，做到及时、干净、彻底。去雄时将拔出的雄穗带出田间集中压土处理，以防母本雄穗后熟散粉，影响种子纯度。

3. 人工辅助授粉

河西地区玉米开花期常遇到高温干旱天气，影响正常授粉，使果穗秃顶、缺粒、产量下降。多年的实践经验证明，人工辅助授粉简单，易行，效果好。可在母本吐丝后5～7d内，每天9:00～11:00或者15:00～17:00用一根细棍轻轻拨动一下父本植株，让其花粉充分散开，以增加母本授粉率。

4. 割除父本

在授粉结束后，立即割除父本，改善母本生长环境，使日间通风透光，提高光合效率，减轻病虫危害，增加产量。

（五）适时收获，及时晾晒

田间收获一般在蜡熟末期为宜，这时果穗苞叶松散，籽粒已完全硬化，籽粒表面有鲜明的光泽。制种玉米收获中应及时剥去苞叶，清除有穗腐病感染的果穗，进行晾晒，严禁堆放，水泥晾台摊晒。采取高挂晾晒、装尼龙网袋晾晒均可。但应注意天气变化，注意防雨、防冻，当种子水分降低到15%以下时，要及时脱粒，脱粒精选后，按种子质量标准检验收购。

范例三　杂交玉米郑单958制种技术规范

针对杂交玉米郑单958的特征特性，近几年在河西走廊张掖市制种实践中摸索出一套高产、优质、高效制种技术规范，介绍如下，供同类地区参考。

（一）选地、整地、施基肥

选择远离林带无遮荫、地势高燥、土质沙粘适中、墒情良好的地块作为制种田,碱潮地、二阴地不能制种。在覆膜播种之前,拾净田块内残留的碎地膜、玉米根,放火焚烧沟边、田埂上的枯草,起到消灭病虫害的作用。深翻地,施足底肥,每公顷施农家肥 45000 ~ 60000kg,磷二铵 300 ~ 625kg,尿素 225 ~ 300kg,硫酸锌 30kg,将耕层表面整平,做到上虚下实。

(二)划线、覆膜

4 月上旬,用 1.0m 的划行器在地块内划线,要求沿直埂划线,做到线直行匀。然后依线覆膜,地膜膜面达到 50cm,空沟 50cm,膜面绷紧,拉直,每隔 2m 打一小土结,作为第一期父本的点种位置,整块地土结对成直线,膜两侧压实,以防大风揭膜。

(三)选种、播种

在播种前须进行晒种和选种工作,将破碎粒、霉变粒,尤其是大板粒由人工挑选干净,留整齐一致的籽粒,以保证出苗整齐,减少杂株数量。

在地温达到适宜播种温度,由技术人员通知后方可播种,在精细整地,墒情适宜的情况下,常用穴播机("滚葫芦")播种,这样播种规范,出苗整齐一致。播种规格:先播母本,行距 50cm,株距 20cm(株距绝不能任意缩小),深度 3cm,每穴 2 粒,种子点在膜侧边上的位置,用绳子拉线标直母本行,父本采用满天星种法,母本播后 3d 点第一期父本,株距 100cm,母本播后 6d 在第一期父本中间点种第二期父本,株距 50cm,父本播深 3cm,每穴 3 粒。

(四)苗期管理

以下管理措施对父、母本同等重要,不能偏废任何一个亲本。

1. 破除板结,及时放苗。全田有 80% 的幼苗出土后,就开始破除板结,将出土幼苗全部放出地膜,然后用细土封口,不能只放苗不封土。

2. 适时间苗和定苗,严格去杂去劣。5 叶期间苗,7 ~ 8 叶期定苗,每穴留单苗,严禁留双苗、补种或移栽。结合间,定苗拔除杂苗、弱苗、病苗、徒长苗、杂色苗(叶鞘色不同)、扭曲苗,留整齐一致的典型壮苗。

3. 中耕除草,防治病虫危害。间苗至拔节前这一期间,中耕 2 ~ 3 次,先浅后深,提高地温,促进玉米根系发育。本阶段重点防治的病虫是:玉米瘤黑粉、玉米矮花叶病、玉米螟、棉铃虫、红蜘蛛。在技术人员的指导下，统一供药，连片集中防治，红蜘蛛和瘤黑粉的防治要早动手。在5月中旬、6月上旬，分别喷两次药，间隔6~7d，第一次施药重点在沟边、地埂的杂草上喷洒，将病虫害的发生控制在最低程度。

4. 制种田竖牌：为便于技术指导，所有制种田块在5月15日前要竖上标志牌。写清：社队、农户姓名、门牌号、面积。统一规格：高150cm，牌子长宽：35cm×25cm。

(五)拔节后水肥管理

1. 适时适量灌水：控制在5月底灌头水，然后在大喇叭期、抽雄后、穗粒期分别浇水。

2. 经济合理追肥：掌握的原则是"氮磷搭配追头肥，大喇叭期重施肥，速效碳铵攻粒肥"。三次追肥的用量分别为：头肥，磷二铵225 kg/hm^2，尿素225 kg/hm^2；二肥，尿素300kg/hm^2；三肥，碳铵300kg/hm^2。(特别注意：第一次追肥不能忽略父本)

(六)去杂抽雄，确保纯度

1. 清除杂株

在苗期去杂的基础上，拔节以后，要多次割除杂株。抽雄前，一次性彻底清除杂株、矮小株、病劣株、异型株、双株，保持田间整齐度，做到父、母本都要去杂，要求田间目测不能有杂株存在。为快速、干净、彻底去雄，保证纯度，提高产量打下基础。

2. 严格抽雄

(1)抽雄时间：母本雄穗出顶叶前3~5d摸苞带2~3叶去雄。去雄初期，全天进行，去雄后期的检查扫尾，必须在每天上午9点以前逐块地进行一次。

(2)抽雄方法：严格执行摸苞带叶超前抽雄，抽雄不能露雄。准备充足的人力，第一次抽掉全田80%的雄穗，第二次全部抽完，以后加强清理检查。抽雄时采取1人1行的作业方法，不论植株大小，逐株进行，不漏抽，不重抽。真正达到节省劳力，提高工效的目的。

(3)抽雄要求：第一，抽雄一旦开始，必须做到风雨无阻，中途不能停顿；第二，抽出的雄穗用袋子拿到田外集中深埋，不准散落在田间地头；第三，适期摸苞抽雄，防止抽掉一半留下残枝。

(4)抽雄质量标准：若母本散粉株率低于0.1%，出现散粉株，则对该散粉株周围3m内的母本全部砍除或者去除雌穗；如果母本田间散粉株率超过0.3%，则全田报废，相邻地块也报废或降级。

(5)抽雄质量检查：村社领导和技术员分片检查，每天巡回检查，逐户逐地块进行，发现问题按轻重程度，依照《合同》约定执行。

(七)人工授粉

母本抽雄结束，当50%母本抽丝，父本开始散粉时，即开始人工辅助授粉。用绳拉或用长竿拨打父本雄穗，上午10时最佳，共进行3次，每次间隔3d。人工辅助授粉可有效提高结实率，增加制种产量。

(八)割除父本

授粉结束后，8月10日前，将父本植株全部砍除，清理出制种田，改善田间通风透光条件，促进母本生长发育，促使种子加快脱水，尽早成熟，增加粒重。本品种父本割除后可提高产量8%左右。

(九)适期收获，及时晾晒，剔除杂穗

一般9月20日~25日即可收获，在田间就地剥去苞叶，运回后立即上房或上场晾晒，严禁堆放。晾晒时将果穗摊成条垄形，每隔5d沟垄的位置翻动交替一次，若遇雨雪天气，即时盖覆。

六、实现《合格证》制度

在去杂、去雄、割父本、晾晒四个环节中，技术员分别检查验收，在《合格证》上签字盖专用章。四次盖章签字齐全的，即是合格种子，收购期间，凭证交售。

第三节 大豆种子生产

大豆[*Glycine max*(*L.*) *Merrill*]是我国北方地区广泛栽培的主要豆类作物。搞好大豆的良种繁育对推广大豆新品种，保持大豆品种的优良种性，提高大豆产量和品质，促进大豆生产的发展意义重大。

一、大豆良种繁育的生物学基础

(一)大豆的花器构造

大豆的花序为总状花序，着生在叶腋间或茎顶端。一个花序上的花朵通常是簇生的，俗称花簇。不同品种花簇大小不同，通常分为长轴型、中长轴型、短轴型三种类型。大豆的花较小，长约3~8mm，花色分紫色和白色两种。花为典型的蝶状花，由苞片、花萼、花冠、雄蕊和雌蕊组成。每朵花有两个苞片，成管形，很小，其上生有茸毛。花萼位于苞片的上部，由 5 个萼片组成，下部联合成管状。花萼绿色，上面生有茸毛，能进行光合作用。位于花萼内的花冠为蝴蝶形，由五枚花瓣组成。外面最大的一枚叫旗瓣，未开花前包围其他 4 瓣。旗瓣两侧有两枚大小形状相同的翼瓣，如蝴蝶的两翼。另两枚为龙骨瓣，其下侧方连在一起。在花冠的最里面有雄蕊十枚，雌蕊一枚。其中九枚雄蕊的花丝连一起成管状，将雌蕊包围，另一枚雄蕊单独分开。花丝顶端着生花药，花药四室，其中约有 5000 粒左右花粉粒。雌蕊由柱头、花柱、子房三部分组成。柱头为球形，在花柱顶端。花柱下部的子房一室，内含胚珠 1 ~4 个，以 2 ~3 个居多。

(二)大豆的开花习性

大豆从出苗到开花大约需要 50 ~60d，夏大豆 30 ~40d。从幼蕾到开花大约需 3 ~7d。大豆一般在上午 6 ~11 时开花，午后很少开花，每朵花开放的时间依品种和气候条件而异，长的可达 4h，短的则仅 30min，平均 2h 左右。每株开花所需时间为 14 ~58d，无限结荚类型和晚熟品种开花时间较长。

大豆的开花次序也与结荚习性有关。有限结荚类型开花由上、中部开始，然后向上向下开放，花期短；无限结荚类型开花次序是由下部向中、上部，从内向外开放，花期长，结荚分散。

大豆开花的适宜温度为 20 ~26℃，相对湿度 80% 左右，超此范围对开花不利。大豆的花粉生活力，正常条件下可保持一昼夜的时间，雌蕊的生活力可保持 2 ~3d。

大豆是典型的自花授粉作物，雌蕊具早熟特性，在开花前 24h 就有授粉能力，故自然条件下常闭花授粉，在开花前几分钟完成。所以大豆天然异交率很低，一般为 0.5% ~1.0% 。

二、大豆品种的混杂退化及保纯措施

(一)大豆品种的混杂退化及其原因

一个优良的大豆品种，在生产上种植几年之后，常常出现成熟期不一致，植株高矮不齐，结荚习性不同，花色、叶形、粒色、脐色、粒重等失去原有品种的典型性，品质变劣，产量下降，这种现象就是大豆品种的

混杂退化。造成大豆品种混杂退化的原因归纳起来有以下几点:

1. 机械混杂

即人为造成的混杂。在大豆种子生产、运输、贮藏、种子处理等过程中,由于不按良种繁育的操作规程办事,随时随地都可造成品种的机械混杂。对混杂的植株如不及时拔除,使混杂程度逐年积累,致使产量严重降低。这是大豆品种混杂退化的主要原因。

2. 生物学混杂

即天然杂交造成的混杂。大豆虽为典型的自花授粉作物,但仍有一定的天然异交机会(异交率为0.5% ~1.0%)。若将不同品种相邻种植,不注意适当隔离,就可能发生品种间天然杂交,而使后代分离出不同类型的植株。机械混杂后若不及时去杂,又会增加生物学混杂的机会,使不同类型株逐年增加,使原来品种失去原品种的种性。

3. 不正确的选择

在大豆的种子生产过程中,采用了不正确的选择方法和选择标准,不注意原品种典型特征特性的选择,任其留种,必然导致原品种的混杂退化。

(二)大豆品种的防杂保纯措施

1. 建立严格的种子生产规程,防止人为的机械混杂

从大豆种子生产的种子准备、播种、收获、脱粒、晾晒、运输直到贮藏,都要对不同品种或不同等级的种子给予分别处理,进行单种、单收、单脱、单运、单贮,严格按大豆的良种繁育体系供种,并严格执行大豆的种子检验制度,保证生产所用良种的纯度和质量。

2. 采取隔离措施,严防生物学混杂

不同品种的大豆品种留种田不要相邻种植,若必须相邻种植时,应采取相应的隔离措施,如高秆作物隔离或两品种留有一定间隔,收获时,两品种相邻处各去掉1m宽作商品粮处理等措施。

3. 建立种子田,创造良好的种子生产条件

建立种子田制度,区别于大田管理,创造良好的环境条件,在大豆的生育期间进行严格的去杂去劣,是大豆品种防染保纯的又一措施。

4. 在良种繁育中,消除不正确选择的影响

在大豆的良种繁育和原种生产过程中,严格按原品种的典型特征特性进行选择,以保证生产的种子长期保持品种的纯度和原有的遗传

特性。

三、大豆良种繁育技术

(一)原原种生产

原原种也称超级原种,只能由品种的育成者或引进者提供或生产。在新品种确定推广时,一般要求育成单位或引进单位向品种推广地区的种子管理部门提供一定量的原原种,以供组织生产原种和良种之用。

(二)原种生产

大豆原种生产根据 GB/T17318—1998 规定采用三圃制、二圃制或用育种家种子直接繁殖的方法。为避免种子混杂,保持优良种性,原种生产田周围不得种植其他品种的大豆。“三圃制”法生产技术要点如下:

1. 单株选择

可在原种圃、株行圃、株系圃或纯度较高的种子田进行单株选择,也可单独建立选择圃供单株选择。选择分三步进行,即初选、复选、决选。在大豆开花以后,根据原品种的典型性状选择生长健壮、无病虫的单株,并做好标记,待大豆成熟时再根据成熟期、丰产性等性状表现进行复选,将符合要求的入选单株分别收获脱粒,并进行室内考种,最后根据籽粒性状再进行决选,决选单株的种子分别编号保存。所选单株的数量根据株行圃的面积来确定,一般每公顷株行圃需 6000 ~ 7500 个株行,田间初选的单株数量应比决选出的数量增加一倍。

2. 株行比较

将上年入选的单株种子按编号种成株行圃,即每株种 1 行,每隔 19 行设 1 行对照,对照应是同品种的原种。株行的长度要一致,行长 5 ~ 10m,行距 60 ~ 70cm,株距 6 ~ 10cm,单粒等距点播。田间鉴定分三期进行,苗期根据幼苗长相、幼茎颜色;花期根据叶形、叶色、花色、感病性等;成熟期根据株高、成熟度、株型、结荚习性、茸毛色、荚型等鉴定各个株行的典型性和整齐度,对典型性不强、有分离的或病虫害较重的株行予以淘汰。对入选株行及时按行单收、单脱,并通过室内考种进行决选,选出符合原品种典型性状的株行,单独装袋保存。若采用二圃制,入选株行的种子可混合装袋保存。

3. 株系鉴定

将上年当选的株行种子各种1小区，建立株系圃。每小区种2～3行，行长5～10cm，每隔9个或19个小区设一原品种小区作对照。田间鉴定方法同株行圃，生育期间注意观察、比较、鉴定各个小区的典型性、丰产性、抗病性等，成熟时进行田间决选，将符合条件的株系入选，按株系小区收获脱粒测定，最后根据生育期和产量表现及籽粒性状等进行综合评定决选，将入选各株系种子混合保存。

4. 混系繁殖

将上年混系种子种成原种圃，进行高倍繁殖。为提高繁殖系数，常采用早播、稀植的方法，行距50cm，株距10～15cm，单粒等距点播，加强田间管理，以提高原种产量。原种圃也要进行田间鉴定，严格去杂，成熟时单独收获、晾晒、脱粒，严防机械混杂。原种圃收获种子及原种。

(三)良种生产

1. 生产程序

良种繁殖程序有两种，即一级种子田制和二级种子田制。

一级种子田：是用良种繁殖单位提供的原种在种子田生产良种，下代用株选法从种子田中选择典型单株，混合脱粒作为第二年种子田用，余下的采用片选法去杂去劣，供第二年大田生产用种。

二级种子田制：是在一级种子田中采用株选法所获种子供下一年一级种子田用种，余下的采用片选法所得种子作为下一年二级种子田用种，二级种子田去杂去劣后的种子才应用于大田生产。

生产中要注意一级种子田的种子不能无限期地繁殖下去，必须在使用一定年限后用上级提供的原种进行更换，以保证生产的良种的纯度和种性。

2. 种子田选优提纯

方法有株选法和片选法：

(1)株选法

也称混合选择法。即在大豆成熟时，选择生长健壮、结荚多、无病虫，具有本品种典型特征特性的单株，混合脱粒，供下年种子田用，选择单株的数量视下年种子田的面积而定。

(2)片选法

也称去杂去劣法。即在大豆成熟前在田间进行去杂去劣，然后进行混收混脱，其种子留作下年种子田用或直接应用于大田。

第四节　油菜种子生产

一、油菜制种的原理及生物学基础

油菜的核不育系具有独特的遗传特点，一般找不到稳定的保持系。这种核不育系与品种杂交得到的子一代，育性的分离比例为可育株与不育株各半。因为这种不育株既是不育系，又是保持系，故叫两用系。

用核不育系配制油菜杂交种需用三块隔离区，第一块隔离区或网室繁殖两用系。核不育系分离出一半不育株和一半可育株，开花时逐株检查后，用布条或绳子给不育株做标记，成熟时只收不育株上的种子留种。收下的种子下一代的一部分仍当两用系用，另一部分种子用于配制油菜杂交种。可育株上收的籽粒仅供食用。第二块隔离区或单独的网室繁殖恢复系，恢复系在隔离区内通过株间传粉得以繁殖，所得种子一部分供下代配制油菜杂交种，另一部分种子供本身繁殖用。第三块隔离区配制杂交种，小面积制种也可在塑料大棚内进行。

油菜为异花授粉作物和常异花授粉作物，花粉量大，借助风力和昆虫传粉，常可与其他十字花科作物串花，引起生物学混杂。故不论是亲本繁殖，还是杂交制种，都需要进行严格隔离。在无自然隔离的条件下，不同品种间要求相距2000m，在地形复杂而有自然隔离条件下，相隔至少300～500m，严防非父本的花粉传入制种区，影响核不育两用系配制油菜杂交种。

我国在油菜细胞质雄性不育（XME）系应用方面居世界前列，1986年11月正式通过国家级鉴定的秦油2号是我国育成的第一个有利用价值、增产显著的杂交油菜，1992年全国播种面积达127万hm^2。另外，郑杂油一号等一批杂交油菜在生产上也表现突出。

利用质不育系生产杂交油菜种子与利用核不育系生产种子，有些基本技术是相同的。

二、杂交油菜亲本繁殖技术

三系杂交油菜种子生产分三级：亲本原种生产、亲本原种扩大繁殖和隔离区制种。其亲本繁殖技术要点如下：

（一）选地隔离

选择肥力较高、灌溉方便、土质疏松的田块或苗床，且3年内没种过油菜及其他十字花科作物。繁殖区的隔离要严格，不育系繁殖区要求在1500～2000m内不能种植其他油菜品种或十字花科植物，恢复系繁殖区要求隔离1500m以上。

（二）适期播种，培育壮苗

北方采用阳畦育苗，一般于12月下旬封冻前做好阳畦，12月下旬播种前半个月喷施除草剂进行苗床处理，各地根据杂草类型选择除草剂。苗床面积与移栽用地之比以1：4为宜。不育系与保持系要分区育苗，做好记载。出苗后加强肥水管理，培育壮苗。

（三）规范移栽

3月下旬至春风前移栽，要先栽完一亲本后，再移栽另一亲本，以免栽错。移栽密度为12万～15万株/hm^2。移苗时，过大过小的苗均要淘汰。

（四）去杂去劣

不育系和恢复系繁殖区，均需严格去杂去劣。其措施贯穿播种、移栽、花期、收获和脱粒等各个环节。由于保持系与不育系苗期极为相似，所以一定要仔细，不要搞混。苗期除去特殊苗、杂种苗和弱苗；花期特别注意除去不育系行中的有花粉植株；成熟时，去掉病害严重的植株。

（五）收获

繁殖不育系，在终花时，要将保持系彻底拔除。一定要待母本充分成熟才能收获。脱粒后要充分晒干，种子含水量不得超过8.5%～9.0%。收获时所用工具一定要清理干净，不得有别的种子，包装袋内外均要挂种子标签。

三、杂交油菜制种技术

（一）选地隔离

选择安全的制种隔离区是保证获得优质杂交油菜种子的关键措施。隔离的方法一般有空间隔离、时间隔离和自然屏障隔离。在隔离区内，一要选择土壤肥沃、肥力均匀、旱涝保收、畜禽不易侵入的田块作为繁殖制种区。二要选择2～3年内没有种过油菜或其他十字花科蔬菜作物的田块，避免上年落地种子重新发芽而造成混杂，同时减少菌核病的发生。

(二)适时播种，培育壮苗

1. 适时播种

适时播种能使油菜充分利用温光资源，减少母本微量花粉的出现，保证制种质量。因此，一定要根据当地的温光条件、品种(组合)特性、栽培方法和生产条件综合考虑，统筹安排，达到适播、适栽、壮苗、早发的目的。北方地区春播一般在4月中下旬。

2. 培育壮苗

油菜育苗移栽，是保证制种质量的重要措施，能克服前后作季节矛盾，促使制种高产，其关键是培育壮苗。①选好苗床：苗床应选择在2～3年没有种过油菜等十字花科植物，排灌方便，肥力适中的沙质壤土，苗床地与大田的比例为1∶4。②精细整地：油菜种子细小，加之不育系种子发芽势弱，顶土能力差，苗床必须精细整理，要求土壤细碎疏松、表土平整、干湿适度，为种子发芽、根系伸展和幼苗生长创造有利条件，结合整地施足底肥，增施磷肥、硼肥，为一播全苗打下基础。③均匀播种：保证苗床植株有一定的营养面积是培育壮苗的重要条件，苗床密度以105万～120万株/hm^2为宜。④加强管理：关键是做到及时定苗，原则是去弱苗留壮苗，去小苗留大苗，去密苗留匀苗，去病苗留健苗。适时浇水，适量追肥，及时防治病虫害。

(三)合理密植，科学施肥

1. 合理密植

在中等土壤肥力状况下，制种田密度一般为12万～15万株/hm^2，父、母本行比为1∶2～4。移栽时要先栽完母本，再栽父本，以免栽错。

2. 科学施肥

制种田氮、磷、钾肥的适宜比例为1∶0.64∶0.8。在施肥方法上以基肥为主，磷、钾肥一次性基肥施完。氮肥基肥施50%、苗肥施30%、薹肥施20%。同时增施硼肥，用量为15kg/hm^2(15%含量)与基肥一同均匀混施。此外，可在薹期再喷施一次0.3%的硼砂溶液，可防止油菜华而不实的现象，增产效果十分明显。

(四)精细管理

目前生产上推广应用的优质杂交油菜组合，其亲本多为半冬型，作冬油菜制种时，表现出苗期长、花芽分化期长、花期短和成熟期短的特点，因而夺取制种高产的关键是要加强田间管理。

1. 化控结合，因苗管理

很多组合的父、母本，生长强弱不同，一般而言，杂交油菜组合的父本长势弱，因此，必须加强对父本的精心管理。可视苗情偏施氮肥，还可根外喷施九二〇等植物生长调节剂促进其生长。实践证明，在油菜生长的苗前期喷施多效唑（MET），可有效防止高脚苗和缩茎延伸，增强植株抗寒耐旱能力，提高制种产量。方法是在苗床或大田3叶期喷施浓度为150mL/L的多效唑水溶液750kg/hm^2（15%的多效唑粉剂750g，兑水750kg），则可达到上述效果。

2. 砍除父本

授粉完毕后，要及时砍除父本，改善母本的通风透光和肥水供应条件，增加母本粒重和产量，又可防止收获时的机械混杂而保证制种质量。

3. 及时防治病虫害

制种田苗期要防治蚜虫和菜青虫，后期要防治菌核病。

（五）调整花期，促花期相遇良好

父、母本花期相近，不必分期播种，但父本往往开花提早2～3d，谢花也早。为满足母本对花粉的需求，可隔株或隔行摘除父本蕾薹，以延长开花时间，保证花粉供应。有的组合如华杂3号，母本开花比父本早4～5d，则可将母本打薹，以延迟其花期，促使花期相遇。

（六）采取辅助措施，提高授粉效果

在油菜盛花期可采取人工辅助授粉和蜜蜂传粉的方法。方法是在晴天上午10点至下午5点，用拉绳法或竹竿追赶花粉或用机动喷雾器吹风，提高异交率。最好能在制种区播后5d左右，在保护区播父本采粉区，供人工辅助授粉用。隔离区面积大的地块，可采用蜜蜂辅助授粉，放蜂2箱/hm^{2}即可达到理想的效果。

（七）防杂保纯，提高种子质量

1. 打顶保纯

雄性不育系因花药发育时期遇到不适气温，在初花期易出现微量花粉，集中表现在主花序上早开的1～10朵花蕾上，持续时间为5～7d，影响制种质量，可采取打主花序的方法保证质量。注意在父、母本花期相同的情况下，母本打蕾，父本也要同时打蕾，确保花期相遇。

2. 去杂去劣

由于油菜靠昆虫、风传粉，花龄长，花器外露，极易串粉，亲本纯度不易保证，因此去杂去劣必须贯穿制种全过程。在苗期、蕾薹期、花期，可根据亲本品种的特征将杂株、劣株除去。成熟期，于收割前对母本行的植株全面清理一次，对结角不正常(如萝卜角)、分枝特多、开反花的杂株全部拔除干净。

(八)单收单藏

当母本行角果75%左右变黄时即可收获。在终花期没有割除父本的田块，可先收父本，运出田外后再收母本。收获的母本要单堆、单脱、单晒，清选后单独贮藏。

四、生产实践范例

范例一　河西走廊春油菜杂交制种技术

河西地区油菜栽培历史悠久，主要分布在高寒阴湿区和温凉灌区及走廊中部的绿洲区。在海拔2200m以上的沿山地区主要以白菜型早熟品种为主，如门油1号、门油3号、青油3号等。在海拔2200m以下的一熟制地区以晚熟丰产的甘蓝型品种为主，如陇油1号、杂油59、奥罗油菜等。近几年，当地优越的制种条件，促进了油菜杂交种的利用。在生产实践中探索出油菜杂交种云油3号、杂油59、蓉油3号等品种的制种技术，总结如下：

(一)选好制种基地

为了保证落实油菜制种技术规范，油菜制种田块必须连片。制种地应选土壤肥力中等、地块平坦，具有灌水条件的甘蓝型油菜高产区，以确保统一播种、辅助授粉、水肥管理、收割运拉等作业的顺利实施。制种区四周3km范围内不得种植其他任何油菜和十字花科作物(如油菜、芥菜、萝卜、白菜等)。前作油菜田不得作制种田。

(二)亲本选择

河西地区属于春播区，应主要选用春性、偏春性及弱冬性亲本，根据气候特点，海拔高度，亲本特征特性综合分析，确定适宜组合。科研育种部门提供的亲本雄性不育系不育率应达100%，发芽率在90%以上,否则不能作制种亲本。

(三)精细整地,施足底肥

油菜种子小,幼苗顶土力弱,为保证全苗,制种田要求精细整地,耕作层做到深、细、碎、平,墒足细绵。结合整地旋足底肥,在中上等肥力田块上,氮、磷比例为1∶0.75,一般施农家肥6~7.5kg/hm^2,过磷酸钙600kg/hm^2,硝铵尿素300kg/hm^2,硼肥7.5kg/hm^2撒施,浅播作底肥,耙耱整平,镇压待播。

(四)播种技术要求

1. 适时早播,合理密植。一般于四月中旬进行(地表开始解冻),父、母本均采用统一机播,严格按专机,分专人管理。生产上采用种肥配法播种,即每公顷用过筛的干羊粪75kg与225kg磷二铵(或复合肥)充分混匀后,四分之一掺父本种子,四分之三掺母本种子。因种子量有限,做到计划用种,播种量父本为1.5kg/hm^2,保苗6万株/hm^2,母本为6.0kg/hm^2,保苗18万株/hm^2。播种前必须彻底清理干净播种机,以防掺进杂种。

2. 行比:父、母本统一按2∶6比例种植,即2行父本,6行母本,相间种植,播前按80cm,100cm统一划线种植。

3. 行距:父本行距20cm,母本行距20cm,父本与母本间行距25cm,播种时为了避免父、母本串行,要严格要求父、母本播行要直,播深1寸,覆土均匀。

4. 标记:为了区分父、母本,每播完父本的两头要点种小麦作标记,以出苗后察看父本是否串行,否则拔除串进母本中的父本。

(五)田间管理

1. 中耕、定苗:在4~5叶期结合中耕锄草进行干耧湿锄,疏松土壤,增温保墒,同时间苗、定苗;一般每行1m内留18株,即株距5.5cm,密度为75万株/hm^2左右。土壤肥力较高的制种田块,密度可适当减少。

2. 分期追肥:父本生长到7~8叶时,即封垄后,头水施硝铵300kg/hm^2,现蕾期二水施硝铵225kg/hm^2。在两次施肥中父本因长势较母本矮小,必须在两次施肥中对父本适当增加施肥量。这样可使父本增长较快,分枝多,有足够的花粉量,故能显著地增加母本结荚率,提高制种产量。

3. 除草防虫：生育期间，及时拔除田间杂草，不得因杂草而影响父、母本生长不良。若发现蚜虫、菜青虫等虫害，有虫株率达10%时，应及时用20%的甲基异柳磷或乐果进行统一连片防治。

4. 叶面喷施微肥：父、母本终花后3d，立即用3kg/hm^{2}磷酸二氢钾兑水70kg，对母本进行叶面喷施，结荚期再用1.5kg/hm^{2}硼砂叶面喷硼，有助于保花、保粒，提高千粒重和产量。

5. 严格去杂：苗期、蕾薹期和花期，组织人力彻底清除制种区和隔离区的全部非制种父、母本中的杂株，包括父、母本行的变异株，混杂株，再生或野生油菜以及其他十字花科植物。隔离区和制种区内及非制种地内的去杂应在制种地父、母本开始开花前结束，制种地除苗期和蕾期去杂外，还应特别注意父、母本花期的严格去杂。

6. 调整花期，促花期相遇良好。父、母本花期相近，不必分期播种，但父本往往开花提早2～3d，谢花也早。为满足母本对花粉的需求，可隔株或隔行摘除父本蕾薹，以延长开花时间，保证花粉供应。有的组合如华杂3号，母本开花比父本早4～5d，则可将母本打薹，以延迟其花期，促使花期相遇。

7. 采取辅助措施，提高授粉效果。在油菜盛花期可采取人工辅助授粉和蜜蜂传粉的方法。方法是在晴天上午10点至下午5点用拉绳法或竹竿追赶花粉或用机动喷雾器吹风，提高异交率。最好能在制种区播后5d左右，在保护区播父本采粉区，供人工辅助授粉用。隔离区面积大的地块，可采用蜜蜂辅助授粉，每公顷放蜂2箱，即可达到较理想的效果。

（六）后期管理注意事项

1. 适时收获、脱粒

田间80%的株、荚成熟时应及时收割，收割时逐行检查，若发现父本及其他混杂株彻底清理后再收割。随收割拉运并码垛，这样使其后熟十余天，使种子后熟更好，以提高粒重。打碾后晒干扬净，不得有烂种、瘪种、石块土块等杂物混入种子，在打碾过程中还应特别注意因场上或机械中留有的其他油菜种子而造成的混杂。

2. 收购

收购前对农户的种子用水分测定仪逐户检验，种子含水量以国家规定的安全标准含水9%以下执行，实行分户装袋，内外标签，并在其上注明户主姓名和种子重量，合格一户收购一户，否则不予收种。同时对各交种户的种子当场取样两份，注名户主姓名各保存一份以待鉴定纯度，若出现问题，扣留全部种子款以作处罚，并通报全村，取消下年的制种资格。

范例二　山东省杂交油菜制种高产技术

山东省沂水县气候适宜，是理想的油菜种子生产基地。1996 年 $6hm^2$ 杂交油菜制种，总产达到 9945kg，平均单产达到 $1657.5kg/hm^2$。近几年，制种面积逐年扩大，现将采取的技术措施简介如下：

（一）播种育苗

1. 建畦播种：选择没有种过白菜的肥沃土地，于 11 月下旬封冻前将风障、阳畦做好（要求东西向，$1hm^2$ 制种田需苗床 $450m^2$）。阳畦内土地要经常刨、翻、晒，播前每 $15m^2$ 阳畦要均匀施入腐熟的优质圈肥 250kg，三元复合肥 1～1.5kg，使肥土充分混合，整平畦面并镇压。12 月下旬播种前先于畦面浇透水，水渗下后撒上一层 0.5～1 cm 厚细土，然后均匀地撒上种子，种子上面再撒上一层细土，最后覆盖薄膜，膜四周用土压实。

2. 苗期管理：重点是温度控制和改善光照。播后夜间要盖草苫保温，白天揭掉草苫接受阳光。薄膜要保持清洁，以利透光。待苗全部出齐后，白天要透风，降低畦内温度，进行幼苗锻炼。这时畦内温度要控制在 4～5℃，锻炼五六天后保持 17℃左右，使其正常生长，阴天要保持 13℃左右。

3. 分苗移栽及管理：幼苗长到 2～3 片真叶时分苗一次。分苗用的阳畦同播种畦，分苗前先在畦内浇透水，以便起苗并防止起苗时伤根，分苗的行株距为 10cm×10cm，先开小沟，浇上最适水，再把苗栽上，然后埋平并适当用土压实。分苗阳畦要边分苗边盖薄膜，要求畦内保持 20～25℃，夜间要盖草苫保温，分苗后 3～5d 要喷浇一次缓苗水，水一定要浇透，待叶片晾干后再覆一指厚的细土。缓苗以后要求畦内温度保持在 17℃左右，阴天 13℃左右。定植前半个月要求逐渐降低畦内温度炼苗，使之逐渐接近露地气候条件，定植前 7～10d 要上水割坨，做法是：先在畦面上大水，水渗下后立即用快刀按株距割成土坨，刀口要深，否则起苗时会伤根。

4. 去杂去劣:定植前要对每个苗床进行严格检查,将苗床内杂株和可疑株彻底拔除。

(二)安全隔离、规范定植

为保证种子纯度,油菜制种田周围2000m之内必须确保没有苔菜、油菜、各种小白菜、大白菜等易串花蔬菜的留种田。定植前精细整地、施肥、做畦、覆膜。要选择肥沃的沙质壤土制种,不要重茬。施肥要求采取"三沟施肥法"(施肥量为1: 2: 1),施土杂肥60~75kg/hm^2、三元复合肥(15: 15: 15)750kg/hm^2、硼肥15~30kg/hm^{2}作底肥,一次施足,并做成1m宽的畦面(包括畦埂),定植前覆盖地膜,切忌使用除草剂。

定植时间为3月中旬至春分前。每畦栽2行,株距50~60cm,密度3.3万~3.9万株/hm^2。父、母本栽植比例为1: 1,边行隔株栽植,里面隔行栽植。为防止混杂,可分期定植。

(三)加强大田管理

1. 合理用水:缓苗前一般不浇水,缓苗后浇一次大水,抽薹前后适当控制水分,以免营养生长过旺。进入盛花期后,要求供水比较充足,收获前逐渐减少供水。

2. 防治病虫害:搞好病虫害防治是获得高产的保证。蚜虫采用进口15%铁灭克药剂,防治效果极佳。具体方法是:油菜进入初花期,在离植株10cm处挖深5cm左右的穴,每株施药0.2~0.3g,埋好后浇水,一次性用药,药量7.5~9kg/hm^2,药效可维持40d之久,但铁灭克为剧毒农药,必须安全使用。菜蛾用1000倍的甲基1605防治;霜霉病用50%的甲霜灵500倍液防治,每周一次,连续三次。

3. 喷施微肥:油菜制种一定要注意不能缺硼,缺硼会导致"花而不实",可在油菜苗期、抽薹期、始花期、盛花期各喷一次0.10%~0.15%的硼砂液,增产效果显著。

4. 人工辅助授粉:为进一步提高油菜制种产量,在花期利用较长的竹竿绑上包袱,在两个亲本品种上来回摆动,可提高两亲本的授粉结实率。时间一般为每天上午9~10时和下午3~4时,盛花期每隔2~3d进行一次。

第五节　棉花种子生产

棉花(*Cossypium L.*)是重要的纤维作物,我国人民衣被的70% ~ 80%依靠棉纤维,食油的25%依靠棉籽油。西北内陆棉区包括新疆及甘肃的河西走廊,植棉面积约占全国的5%。这一棉区日照充足,昼夜温差大,自然条件有利于棉花高产优质栽培和良种繁育。

一、棉花制种的生物学基础

(一)花器构造及开花习性

棉花的花是两性完全花,单生。包括苞片、萼片(花萼)、花瓣(花冠)、雄蕊和雌蕊等部分。苞片3片,基部联合或分离,主要起保护作用,在果实生育中可以提供少量有机营养。花萼5片,联合成杯状,花萼内侧有一圈蜜腺。花冠由5片花瓣组成,陆地棉为乳白色,基部无红心;海岛棉为鲜黄色。雄蕊由花药和花丝组成,花丝基部联合成管状,称为雄蕊管,套在雌蕊花柱较下部分的外面。雄蕊管上着生花丝,花丝顶端生有花药,花药四室,每一花药里,含有几十至百余粒花粉,花粉球状有刺,含大量淀粉,遇水易破裂。使花粉易于被昆虫携带和附着在柱头上。雌蕊由柱头、花柱和子房等部分组成。柱头多露出雄蕊管之外,柱头的表面中央覆盖一层厚的、长形而略尖的单细胞柱头毛。花柱下部为子房,子房3 ~ 5室,发育成棉铃,每室中有7 ~ 11个胚珠,受精后,胚珠发育成种子。

棉株开花有一定顺序,由下而上,由内而外,沿着果枝呈螺旋形进行。一般情况下,相邻的果枝,同位置的果节,开花时间约相隔2 ~ 4d;同一果枝相邻的果节,开花时间约相隔5 ~ 8d。开花间隔日数的多少与温度、养分和棉株长势有关,温度高、养分足、长势强,间隔的日数就少些;反之,间隔的日数就多些。

就一个花朵来说,从花冠开始露出苞叶至开放约经12 ~ 14h,一般情况下,花冠张开时,雌、雄两性配子已发育成熟,花药即同时开裂散粉,也有花冠未张开花药已开裂的。

(二)授粉方式和受精过程

棉花以自花授粉为主,但部分是异花授粉,一般有2% ~ 12%的异花授粉率，称为常异花授粉作物。

现蕾后25d左右，花器各部分发育成熟，即行开花。当花药开裂，散出花粉粒，落在柱头上称为授粉。一般成熟的花粉在柱头上，经1h左右即开始萌发，生出花粉管，沿花柱向下生长，这时营养核和生殖核移向花粉管的前端，同时生殖核又分裂成为两个雄核。当花粉管进入子房，通过珠孔，到达胚囊时，即在先端破裂，放出雄核。其中一个雄核与卵核融合，成为合子；另一个雄核与两个极核融合，产生胚乳原细胞，这个过程即是双受精过程。棉花从授粉到受精结束，一般需24～48h，因品种和温度等环境条件而异。温度低于20℃，则花粉粒生活力下降，超过35℃，柱头生长异常，花粉败育率提高，影响结实率。

二、棉花原种生产技术

棉花是常异花授粉作物，在繁殖过程中较容易发生混杂退化。棉花原种生产是棉花防杂保纯的主要措施，多年来，我国一直采用三圃制原种生产法，效果较好。近几年，南京农业大学陆作楣等提出了自交混繁法生产原种，比三圃制更为简便易行，有很高的推广价值。现将两种方法介绍如下，供生产中参考应用。

（一）三圃制原种生产技术

基本程序如下：

1. 单株选择

田间单株选择可分初选、复选和决选三次，在棉花原种圃、株系圃或纯度较高的大田中进行，选择具有原品种典型性状的单株。第一次在结铃盛期，根据株型、铃型、叶形等主要性状选择，入选单株在单株顶端挂牌标记。第二次在吐絮后收花前，在第一次入选株中复选。最后，入选株统一收中部正常吐絮的5个铃，1株1袋，晒干贮存供室内考种，主要考查铃重、绒长、衣分、籽指、籽型等性状。选株数量根据下年株行圃的面积而定，一般每公顷株行圃需1500个单株，按淘汰50%计算，每公顷株行圃需选3000个单株。抗病品种应进行抗病性鉴定，选择抗病单株。决选单株分别轧花保种，下年种于株行圃。

2. 建立株行圃

将上年入选的单株种子按序号分别种于株行圃。根据种子量多少确定行长，株行圃的行长一般为5～6m，每隔9个株行设1行对照（本品种的原种)。每区段的行数要一致,区段间要留出 0.8 ~ 1m 的观察道。四周种本品种原种 4 ~6 行作保护行。生育期间分别在苗期、花铃期、吐絮期进行田间鉴定。苗期鉴定出苗期、出苗率、抗病性、茎色。花铃期鉴定生长势、开花早晚、典型性及抗病性。吐絮期是田间决选的主要阶段,一般分两次鉴定:第一次在吐絮始期,鉴定生长势、成熟期、结铃性、纯度、病虫害发生情况等;第二次在吐絮盛期,鉴定典型性、早熟性,进一步淘劣选优。对田间入选株行和对照行,每行先收中部果枝上吐絮完好的内围铃 20 个用于考种。根据考种和测产结果,决选出产量高、品质优的株行,分别轧花保种。株行决选率一般为 60%。

3. 建立株系圃

将上年决选的株行种子分别种于株系圃。每个株系种 2 ~4 行,行长 10m,间比法排列,每隔 4 个株系设置对照(本品种原种)。田间观察、鉴定项目和方法同株行圃。淘汰杂株率超过 2% 的株系,株系的决选率一般为 70%。入选株系混合采收、轧花,作为下年原种圃用种。

4. 建立原种圃

将入选株系混合轧花的种子,种植于原种圃,进行高倍繁殖。在始花前和收花前,认真进行去杂去劣。为不影响种子质量,霜前花和霜后花必须分摘,以霜前花留种。原种圃在第一、二次收花后各取 2.5kg 籽棉混合,随机取 100 粒籽棉,测绒长和纤维整齐度;以 5kg 籽棉轧花计算衣分;取 500 粒种子,计算籽指和杂籽率,作为原种当年的质量标准。原种圃生产出来的种子,即为原种。

对生产中退化较轻的或刚推广的棉花品种可采用二圃制生产原种,即所选单株只经株行圃的鉴定,淘汰杂劣株行后,把所选株行的种子混合,下年种于原种圃。

(二)自交混繁法原种生产技术

棉花"自交混繁法"制种就是在连续人工扎花自交的条件下,以系圃选择为基本手段,建立起一个纯度高、个体间整齐一致和性状优良的基础群体,并在严格隔离下进行繁殖,使后代具有高度的生产力和适应性。此法通过多代自交和选择,较容易获得纯合一致的群体,生产的原种质量高,生产程序也较简单,具有繁种系数高、缩短年限、降低成本的特点。

1. "自交混繁法"制种的基本程序

自交混繁法的原种生产，需设置保种圃、基础种子田、原种生产田，三者的比例约为1： 20： 500。其生产流程如图5－1。

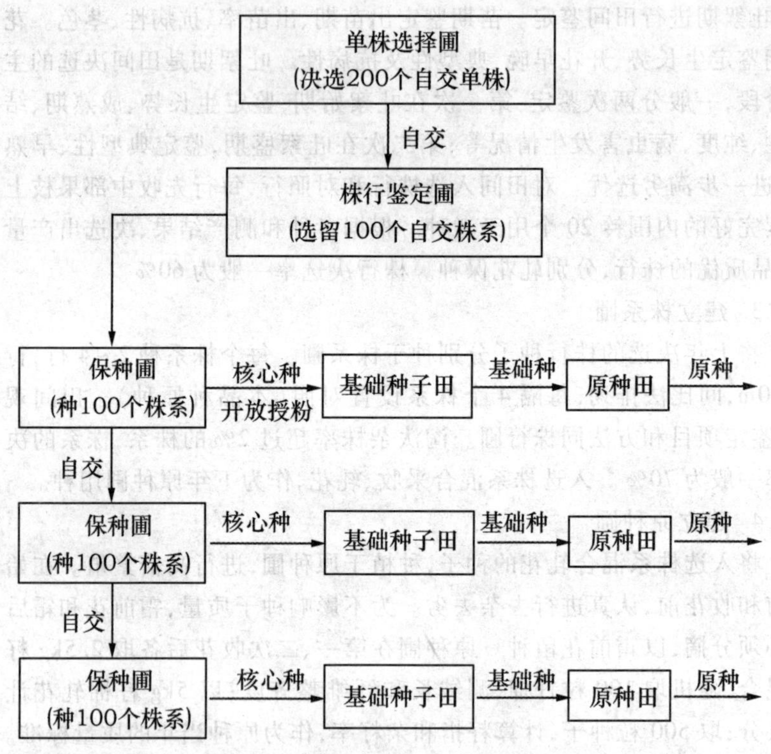

图5－1　自交混繁法原种生产流程图

(1)建立保种圃

通过单株选择、株行鉴定、株系繁殖确立。首先用育种单位提供的新品种原种建立单株选择圃，进行单株选择和自交。所选单株要强制完全自交，每个单株自交15～20朵花，并做标记。吐絮后选择优良的自交单株400个左右，每株必须保证有5个以上正常吐絮的自交铃。然后分株采收自交铃，装袋，注明株号及收获铃数，作室内考种。分株考查铃重、绒长、绒长整齐度、衣分、籽指等，选优淘劣，最后决选200个左右的单株备用。然后按序号分别种于株行圃，每个株行不少于25株，周围用该品种的纯种作保护行。在生育期间，继续按品种的典型性、丰产性、纤维品质和抗病性进行鉴定，去杂去劣。于开花期选株自交，每隔株行应自交30朵花以上。吐絮后分株行采收正常自交铃，并注明株号，经室内考种决选100个左右的优良株行。将入选的优良株行的自交种子，按编号分别种成株系，严格去杂去劣，并在每一优系内选一定数目单株进行自交。吐絮后，先收各系内的自交铃，分别装袋，注明系号。考种后决选，混合轧花留种繁殖，用这部分种子建成保种圃。另一部分自然授粉的棉株铃分系混收，经室内考种淘汰不良株系后，将入选株系混合轧花留种，即为核心种，供下一年基础种子田用种。保种圃建成后即连年不断地供应核心种。

(2)基础种子田选择

生产条件好的地块，集中建立基础种子田，其周围应为该品种的保种圃或原种田。用上年入选的核心种子播种，在蕾期和开花期去杂去劣，吐絮后，混收轧花保种即为基础种，作为下一年原种生产用种。

(3)原种生产田

将基础种子在隔离条件下继续种植，加强栽培管理，收获后轧花留种即为原种。下年继续扩大繁殖后供大田用种。

2.“自交混繁法”制种的技术要点

(1)合理设置规模

实践证明，每667m^{2}保种圃生产的种子，可供1.33~2.67hm^2(24~40亩)基础种子田，再扩大种植26.67~53.33hm^2(400~800亩)原种田，生产的原种可种植533.3~1066.7hm^2(800~1600亩)原种一代。每年可生产原种一代种子800~1600t，可供应1.07万~2.13万hm^2(16万~32万亩)大田用种。因此，棉花面积在20万亩以下的县(市)只需一亩保种圃就可实现一代种更新。如果供种面积较大，需要扩大保种圃，可以采取增株不增系的方法，例如200个系种一亩。每系种30株，如果扩大到2亩，则仍为200个系，而每系种植60株，即可满足生产要求。

(2)建立保种圃要与区域试验同步

在生产中建立保种圃最好与区域试验同步进行，即在品种参加区域试验的同时建立起一亩保种圃，使该品种通过审定的时候，育种单位即可培育出合格的自交系，使良种繁育和品种推广同步进行，可以及早为生产提供大量的原种和原种一代种子。而且通过保种圃的观察，可以进一步鉴定新品种的优良性状。

(3)保种圃的基础材料保持优良一致

保种圃建成后一般不再更换,一直用到品种淘汰为止。生产中可以从育种单位引进自交系或原种的单株,也可从原种场的株行圃中引种,然后一边自交,一边鉴定选择。

(4)严格隔离,防止混杂

混杂是造成棉花品种退化的主要因素。"自交混繁法"保种圃代代人工自交就是最大限度防止生物学混杂的手段。生产中无论保种圃,基础种子田,原种田都要注意隔离,实现一地一种,在收购和扎花时严防机械混杂。

(5)合理运用人工自交技术

生产实践证明,用棉线扎花冠的方法简单易行。做法是:用 30 ~ 40cm 长的棉线(黑线或鲜色线)两端连接成一个圈,拉直后将一端绕过花朵的花柄穿入另一端的线圈后再拉紧,即被固定在花柄上,然后再将另一端打结扎住花冠即可。成铃后,铃柄上有黑线的就是自交铃。自交时间一般在下午 8 时以后和早晨花开之前(约 6 ~ 11 时),当花冠伸长露出苞叶 1 ~ 2cm 进行。扎花时只需离顶端 0.5cm 即可,防止伤柱头,提高自交率。

(6)加强栽培管理

方法同大田生产基本相同。

三、棉花杂交种子生产技术

国内外棉花杂种优势利用的实践证明,杂交棉可增产 10% ~ 30%,对改进纤维品质,提高抗逆性也有明显作用。因此,利用杂种优势是提高棉花产量,改良棉花品质的有效途径。

我国 1990 年前后棉花杂交种大面积应用于生产。目前推广面积较大的杂交种有中棉 28、冀棉 18、苏棉 16 等。与之相配套的杂交种子生产方法有:人工去雄授粉法、雄性不育制种法、化学杀雄法、应用指示性状制种、利用长花柱品系制种等,其中以利用核雄性不育和人工去雄制种技术应用较广。

(一)利用雄性不育系制种技术

雄性不育制种法可以分为三系法和两系法。三系法是利用雄性不育系、保持系和恢复系“三系配套”的方法制种。此法由于恢复系的育性恢复能力不强,传粉媒介的问题也尚未完全解决,生产上还未得到广泛应用。

目前我国主要利用两系法,即利用核不育基因控制的雄性不育系制种。经多年试验,这种方法进行棉花制种,杂交种比当地原推广品种增产皮棉20%左右,可以免除人工去雄,降低制种成本,提高制种效率,便于生产上大面积利用。

1. 亲本繁殖技术

杂种优势利用中的一个突出特点就是要求杂交种的遗传纯度要高。杂交种的遗传纯度越高,则杂种优势越强。杂交种的遗传纯度主要取决于亲本的遗传纯度,保持亲本的遗传纯度是杂种优势利用中的一项重要工作。

(1)父本品种的繁殖

在隔离条件下,采用三圃制或两圃制的方法繁育,以保证父本品种的纯度和典型性。

(2)两用系原种的繁殖

在隔离条件下,将两用系种子混合种植或分行种植,一般采用分行种植法操作较为方便。以拔除可育株的行作母本行,以拔除不育株的行作父本行,选择农艺性状和育性典型的可育株和不育株授粉。以单株为单位对入选的不育株分别收花、考种和轧花,决选的单株下一年种成株行。将其中农艺性状和育性典型的株行分别进行株行内可育株和不育株的姊妹交,然后按株行收获不育株。考种后将全部入选株行不育株的种子混合在一起,即为两用系原种,供进一步繁殖两用系使用。

(3)两用系的繁殖

将两用系原种分行种植,以拔除可育株的行作母本行,母本与父本的行比一般为4～6∶1,利用父本行的花粉自由授粉或人工辅助授粉。母本行收获的种子即为两用系种子,供制种田使用。

2. 两系法制种技术

杂交种的配制可分为选择隔离区、确定种植方式、育性识别、拔除可育株、人工辅助授粉和种子收获与保管等几个工作环节。

(1)隔离区的选择

棉花是常异花授粉作物,为避免其他品种花粉的传入,保证杂交种的遗传纯度，制种田周围必须设置隔离区或隔离带。棉花的异交率与传粉昆虫(如蜂类、蝶类和蓟马等)的群体密度成正比，与不同品种相隔距离的平方成反比。因此，要根据地形、蜜源作物以及传粉昆虫的多少等因素来确定隔离区的距离。一般隔离距离应在100m以上，如果隔离区带有蜜源作物，要适当加大隔离距离。若能利用山丘、河流、林带、村镇或高大建筑等自然屏障作隔离，效果更好。

(2)父、母本种植方式

由于在开花前要拔除母本行中50%左右的可育株，因此就中等肥力水平而言，母本的留苗密度应控制在75000株/hm^2左右，父木的留苗密度为37500~45000株/hm^2。父、母本可以1∶5~8的行比进行顺序间种。为了人工辅助授粉工作操作方便，可采用宽窄行种植方式。宽行行距80~100cm，窄行行距60~70cm。父、母本的种植行向最好是南北向，有利于提高授粉率。

(3)育性识别和可育株的拔除

①蕾期进行：即在开花前1周，花蕾长到1.5cm时剥蕾识别。不育花蕾一般是基部大、顶部尖，显得瘦长，手摸感觉顶部软而空，剥开后可见柱头高、花丝短、花药中无花粉粒或只有极少量花粉粒、花药呈紫褐色。可育株则表现为花蕾粗壮、顶部钝圆，手捏顶端感到硬，剥开花蕾可见柱头基本不高出花药或高出不明显，即可拔除。此法可增大不育株的营养面积，使其充分生长发育，便于田间管理。②花期进行：可育株与不育株可通过花器加以识别。不育株的花一般表现为花药干瘪不开裂，内无花粉或花粉很少，花丝短，柱头明显高出花粉管和花药。而可育株则表现为花器正常。从始花期开始，逐日逐株对母本行进行观察，拔除可育株，对不育株进行标记，直到把母本行中的可育株全部拔除为止。

(4)人工辅助授粉

棉花主要在上午开花，授粉工作晴天一般在9:00~12:00进行，阴天气温低时，可延迟到下午3:00。授粉方法：可将父本的花粉收集到容器内，用毛笔或鹅绒粘取花粉，涂授在母本花的柱头上，也可摘下父本花朵，直接在不育株花的柱头上涂抹，一朵可育花可授8~9朵不育花。授粉时要注意使柱头均匀接受花粉，以免出现歪铃。如遇雨天，可在早上花未开放时摘下(防止花粉遇水破裂)，放在干燥处，待花冠开放后，将花粉装入麦管或塑料软管（长约2～3cm，一端封口），待雨停后，将植株水滴摇掉，然后把麦管或软管套在不育花的柱头上，将母本植株上的其他花全部摘除。为了保证杂交种的饱满度，在8月中旬应结束授粉工作。

(5)种子收获与保存

为确保杂交种的饱满度和遗传纯度，待棉铃正常吐絮并且充分脱水后才能采摘。采摘时先收父本行，然后采摘母本行，并应做到按级收花，分晒、分轧和分藏。由专人负责各项工作，严禁入户保存种子或籽棉，杜绝发生机械混杂。种子质量标准达到：含水量低于12%，发芽率90%以上，纯度98%以上。

(二)人工去雄制种技术

人工去雄制种，即用人工除去母本的雄蕊，然后授以父本花粉来生产杂交种的方法。这是目前应用最广泛的一种杂交种子生产方法。具有父、母本选配不受限制，配制组合自由，且无不育因子介入的优点。缺点是去雄过程费时费工，生产成本增加。但只要有强优势组合，结合营养钵育苗或地膜覆盖等技术措施，一位技术熟练工人一天可配制0.5kg种子，供667m^2棉田用种。在生产上充分利用杂种二代优势，经济效益将大大提高。技术环节如下：

1. 亲本繁殖

在隔离条件下，采取三圃制或二圃制方法繁殖亲本品种，以保持亲本品种的农艺性状、生物学和经济性状的典型性及其遗传纯度。

2. 杂交种配制

(1)隔离区的选择

制种田要求集中连片种植，选择地势平坦、排灌方便、水肥条件好的地块，与雄性不育制种法选择隔离区的标准相同。

(2)合理安排播期

播种时要注意调整父、母本的播期，使双亲花期相遇。当双亲生育期差异不大时，可同期播种；当双亲生育期差异较大时，可适当延迟早熟亲本的播种期。

(3)规格种植

播种前选择晴天将亲本种子（父、母本分开）晾晒3d，根据播种方式确定播量。由于杂交亲本贵重，提倡用营养钵育苗移栽，需要精量点播，用种量母本7.5 kg/hm^2，父本1.5 kg/hm^2，每钵下籽2～3粒，父、母本分开，以防混杂。若直播用种量母本22.5kg/hm^2，父本3.75kg/hm^2。

父、母本田间种植行比一般为1∶5～8。母本种植密度为3.3万～3.75万株/hm^2，因地力而定，肥水条件好宜稀，差则密。父本种植密度应保证5400～6000株/hm^2，行距120～130cm。为了去雄，授粉工作方便，一般采取宽窄行相间种植方式，宽行80～90cm，窄行距50～60cm。父、母本相邻行采用宽行，株距以下列公式进行计算：

株距：666.67m^2/（行距×每亩株数）

（4）严格去杂，加强管理

根据父、母本的特征特性，于苗期、开花期和收获期进行去杂去劣工作，确保亲本及杂交种的纯度。一般育苗田、直播田父本苗长到1叶1心时，用5000～6000倍的卡那霉素药液均匀喷洒在叶面上，7d后将有变黄叶片的植株拔除。育苗田在移栽前后，直播田在定苗时，拔除母本田间变异株。根据长势和需肥特点适时追肥、灌水，合理化控，塑造通风、透光的理想株型，及时防治棉田病虫害，确保稳产。

（5）人工去雄技术

①去雄时期：一般每天下午3:00至天黑前，选第二天要开的花去雄，并在次日清晨6:30以前再补找一遍，以防散粉造成自交，确保制种纯度。北方地区一般有效去雄授粉日期为7月上旬至8月上旬，通常7月5日前及8月15日以后的花蕾要全部去除，在此期间，当发现花冠即将开放或花药开始破裂散粉时，应将此花摘除。

②去雄方法：大面积人工制种宜采用“全株”去雄授粉方法。工具去雄虽然能够提高去雄速度，但不易掌握，容易造成剩余花粉粒，影响制种纯度，因而多采用手工去雄。方法是：选择第二天上午将开放的花苞用手指分开苞叶，将大拇指指甲从花萼基部切入，轻轻向右旋剥，把花冠连同雄蕊一起剥下，露出雌蕊，保留柱头、子房、苞叶和花托，随即将去雄花蕾做上标记，以备授粉时寻找。去雄时需注意：指甲不要掐入太深，以防伤及子房，防止弄破子房白膜和剥掉苞叶；扯花冠时用力要适度，以防拉断柱头；去雄时要逐株逐花进行操作，做到彻底干净，去掉的雄蕊要带出田外压埋。

（6）人工授粉技术

目前常采用的人工授粉方法主要有“小瓶法”和“扎把法”两种。小瓶法的具体做法是:①收集花粉。去雄第二天上午7:00~8:00取父本已开放的花的花粉,晾晒使花粉粒充分散开,装入瓶塞上有小孔的小瓶中。②授粉。选择前一天去雄标记的花蕾进行逐株逐花授粉。方法是左手轻轻握住已去雄的花蕾,右手倒拿小瓶,将瓶盖上的小孔对准柱头套入,并将小瓶左右移动一下或用手指轻扣一下小瓶,然后拿开小瓶,取下标记,授粉即完毕,注意授粉量必须充足。该法简便易用,授粉质量较好。扎把法也叫集花授粉法,是将多个从父本上剥下来的雄蕊扎在一起,然后用其在母本柱头上涂抹。该法省时省力,效果较好。人工授粉晴天一般在上午9:00~12:00进行,阴天可适当推迟。无论采用哪种授粉方法,均要求授粉及时、充分、均匀。

在棉花杂交制种期间,遇到异常天气,给人工去雄授粉带来诸多不便,可考虑采用下列方法解决:若遇持续高温、干旱天气,则通过灌水降温增湿的方法缓解旱情;若遇雨天,在下雨前将预先制作好的不透水塑料软管或麦管(长约2~3cm,一端密封)套在柱头上,授粉前套管可防止因雨水冲刷柱头而影响花粉粒的粘着和萌发,授粉后套管可防止雨水将散落在柱头上的花粉冲掉。由于棉花柱头生活力一般可保持2d左右,因而可等雨停后再次授粉,以挽回部分损失。

3. 种子收获与保存

同雄性不育制种法。

4. 组织管理

为保证种子质量和制种工作顺利进行,需做到以下几点:(1)亲本种子统一提纯、繁殖,按量集中发放;(2)根据各农户劳动承受力安排其制种面积;(3)安排专人监督去雄授粉质量,一般每8~10亩制种田1人;(4)各制种户制种开始和结束时间及采收时间,需按要求保持一致。

四、生产实践范例

河西地区棉花杂交制种技术

甘肃河西走廊植棉历史悠久,主要分布在安西、敦煌、金塔、临泽、高台等热量条件较高的地县,2002年棉花种植面积达3.8万hm^2。近几年，随着新品种的引进推广和制种产业的发展，棉花良种繁育成为农民增收的有效途径。在生产实践中探索出一套行之有效的棉花杂交制种技术。介绍如下，供同类地区参考。

(一)选地、整地、隔离

选地势平坦、盐碱含量低、肥力较高、土层深厚的地块做制种田。未灌冬水或土壤墒情较差的地块，应在播前5~7d灌足定根水，待地表发白时开始浅耕，结合耕作每亩用甲基异柳磷300~450mL掺细沙20kg均匀撒施以防地下害虫。用48%地乐胺乳油100m掺细沙50kg均匀撒施以防杂草。同时施足基肥，保证地力条件。春季温度回升快，土壤水分蒸发速度快，蒸发量也大，应做好保墒工作。

棉花是常异花授粉作物，为保证杂交种的遗传纯度，制种田周围必须设置隔离区或隔离带。一般隔离距离应在100m以上，如果隔离区带有蜜源作物，要适当加大隔离距离。

(二)适期规格播种，培育壮苗

春季及时耙耕，覆膜，选用145cm宽的地膜覆盖。不同的制种方法采用不同的田间种植规格。雄性不育制种父、母本一般按1：4~6行比相间种植，露地直播，大小行定植，相邻父、母本采用宽行(70~80cm)，母本用窄行(50~60cm)，同大田播期相同，河西约在4月中旬左右。人工去雄授粉法父、母本可分开播种，密度3.3万~3.75万株/hm^2。为了便于授粉，父本定植在母本邻近。生产中为了达到父、母本花期良好相遇，提高授粉质量，父本分二期播种，一期与母本同期露地直播，另一期在温室或大棚内播种，比一期提前10~15d。

(三)加强田间管理

1. 适期间苗定苗

4月25日至5月25日为苗期管理的关键时期。棉花播种后7~10d即可出苗，在出苗前应防土壤板结、风沙及晚霜的危害，待苗真叶出现可间苗，定苗，其原则是拔除小苗留壮苗。缺苗断垄处隔行或隔穴留双苗，全苗处只留单苗。

2. 植株调整

方法是：棉花现蕾后及时给棉株“脱裤腿”，即将第一果枝以下的侧枝、叶、芽全部抹掉；在授粉期间及时给棉株打顶尖，即棉株长至6~7果枝时将主杆与果枝摘心，有利于坐果。授粉结束后，棉田内要勤查勤看，发现前期“脱裤腿”不彻底的植株需将铃条、铃枝、果枝顶尖彻底清楚干净。

3. 化学控制

在棉株“脱裤腿”后，亩用缩节胺1~2g对水15~30kg进行第一次叶面喷雾，也可使用矮壮素以控制棉株高度。授粉期间对棉株进行第二次化控，亩用缩节胺3~4g对水30kg叶面喷雾，促进保花保蕾。生长旺盛的地块有必要在七月底进行第三次化控，亩用缩节胺4~6g对水40~45kg叶面喷雾，在棉花的整个生育期内不能用乙烯利。

4. 合理灌水追肥

棉田内零星开花时是灌头水的最佳时机，结合灌水可施用适量的磷钾肥，头水灌后须及时中耕，也可用亩用硫酸锌50g、硼砂25g，对水30kg进行叶面喷施，使棉株开花整齐。头水灌后，15d酌情灌二水，同时根据地力施用适量的磷钾肥，最后一次灌水必须在8月10日前结束。

（四）人工去雄授粉技术

1. 授粉期

河西地区人工去雄授粉时间以当地当年的天气及植株发育情况而定。正常年份在7月15日~8月10日之间，8月20日以前终止授粉。一般生产中棉田由80%的棉株开花时就可以开始去雄授粉，在距该区初霜期55d前终止授粉，确保棉籽发育成熟。

2. 去雄授粉要求

(1)检查自交铃

在决定开始去雄授粉的前一天，不论何种类型的制种田均应将棉株上已开的花、结的铃全部摘除。授粉结束后将棉株所有果枝的边心打掉，定时到田间检查并摘除自交花铃；吐絮后收花前要逐株逐果再检查一遍，将遗漏的自交铃及时摘除，以确保杂交制种质量。这一工作可在专业技术人员指导监督下，结合估产，以联保组为单位各户之间相互检查完成。

(2)去雄

去雄时间应选择在当天下午3时以后进行，去雄时应逐株逐果枝逐果节查出第2d将要开的母本花苞，从花基部撕开即可将花冠连同雄蕊一起剥净（切记不可留一点花粉粒）。去雄后此果结上用彩绳做上标记，第二天授粉时易于查找。剥花时要掌握好手劲，做到轻、准、稳，不可伤及子房、花柱及柱头，否则将影响杂交铃的成铃率或单铃的结籽数，易形成畸形铃。

(3)授粉

第二天早晨7时到制种田，首先检查母本田内是否有前一天遗漏未剥的花，若有则这朵花不管是否开放均应摘除，坚决杜绝清晨补剥花的现象。检查完毕，开始授粉，摘取父本已开放的花，将父本的花粉逐个涂抹到母本花的柱头上，每一父本花可抹5~7朵母本柱头，涂抹时手劲掌握适中，不可伤及柱头。

(4)去杂整技

去雄授粉的同时可结合打掉相应的边心，去掉杂株。一般下部1~3个果枝内围坐2~3个杂交铃，中部果枝坐4~5个杂交铃后，及时打掉相应果枝的边心。田间授粉结束后打掉所有果枝的边心，8月5日前后打去果枝顶心。

(五)砍除父本

制种田去雄授粉结束后应在3d内将田间父本砍除干净，任何农户或个人不能以任何理由留有1株父本植株，专职技术员应做好检查监督。

(六)采收与扎花、收种

一般棉铃吐絮后7~10d即可采收，一般7d收一次。摘后放在干净通风透光处晾晒，但需防好露水和霜冻，将种子水分晒到12%以下(即牙咬作响)后存放，防止种子霉变，降低芽率。对个别成熟不好的地块不可使用催熟剂催熟，以免影响种子质量。棉桃采摘结束并晾干后，便可进行扎花工序。扎花是利用专用的扎花机将籽棉分为毛籽和皮棉的过程，经区分后皮棉占籽棉总量的31%，毛籽占籽棉总量的69%。扎花前还需要对扎的籽棉进行检查，看是否干燥或混入其他棉品种、木屑、铁丝等杂物，以免影响扎花的质量和损坏机器。

第六节　高粱种子生产

高粱[*sorghum bicolor*(*L.*) *Moench*]是世界四大谷类作物，我国栽培历史悠久，具有较强的抗旱、耐瘠、耐盐碱、适应性强的特性。主要分布在辽宁、吉林、黑龙江、山西、河北、四川、贵州、河南、山东、陕西、甘肃、新疆等省区，北方春播区是主产区。随着高粱杂种优势的利用，搞好杂交种子生产，对提高高粱产量和品质，加快新品种推广意义重大。

一、高粱繁种的生物学基础

(一)花器构造

高粱属圆锥花序。着生于花序的小穗分有柄小穗和无柄小穗两种。无柄小穗外有两枚颖片，内有两朵小花，其中一朵退化，另一朵为可育两性花，有一外稃和内稃，稃内有一雌蕊柱头分成二羽毛状，三枚雄蕊。有柄小穗位于无柄小穗一侧，比较狭长。有柄小穗亦有两枚颖片，内含两朵花，一朵完全退化，另一朵只有三枚雄蕊发育的单性雄花。偶尔也具有可育的子房，产生籽粒。

(二)开花授粉习性

高粱是常异花授粉作物，圆锥花序的开花顺序是自上而下，整个花序开花 7d 左右，以开花后 2～5d 为盛花期。多在午夜和清晨开花，开花速度很快，稃片张开后，先是羽毛状的柱头迅速露于稃外，随即花丝伸长将花药送出稃外，花药立即开裂，散出花粉，每个花药可产生 5000 粒左右的花粉粒。开花完毕，稃片闭合，柱头和雄蕊均留在稃外，一般品种每朵花开放时间大约 20～60min。由于稃外授粉，天然异交率较高，一般为 3%～5%，最高可达 50% 左右。开花最适温度为 20～22℃，湿度在 70%～90%。

从花药散出的成熟花粉粒，在田间条件下 2h 后花粉萌发率显著下降，4h 后花粉渐渐丧失生活力。花粉粒落到柱头上 2h 后卵细胞就可受精。

二、高粱杂交亲本的混杂退化及提纯

高粱杂交亲本在长期的繁种过程中，由于隔离区不安全造成生物学混杂，或由于在种、收、脱、运、晒、藏等工作中不细，造成机械混杂，或由于生态条件和栽培方法的影响，造成种性的变异等，使杂交亲本逐年混杂退化，表现穗头变小，穗码变稀，籽粒变小，性状不一，生长很不整齐，严重地影响杂交种子产量和质量。因此，亲本的提纯是杂交制种的关键。

高粱杂交亲本包括不育系、保持系、恢复系。提纯方法较多，一般常用的是穗行提纯法。

(一)不育系和保持系的提纯

第一年，抽穗时在不育系繁殖田中，选择具有典型性的不育系(A)和保持系(B 下同)各 30 穗左右套袋，A 和 B 分别编号。开花时，按顺序 A 和 B 配对授粉，即 A_1 和 B_1、A_2 和 B_2 等。授粉后，再套上袋，并分别挂上标签，注明系名及序号。成熟时，淘汰不典型“对”，入选优良的典型“对”，按单穗收获、脱粒、装袋、编号。A 和 B 种子按编号配“对”方式分别保存。

第二年，上年配对的 A 和 B 种子，在隔离区内，按序号相邻种成穗行，抽穗开花和成熟前两次去杂去劣。生育期间仔细观察，鉴定各“对”的典型性和整齐度，凡达到原系标准性状要求的各“对”的 A 和 B，可按 A 和 A、B 和 B 混合收获、脱粒，即是不育系和保持系的原种，供进一步繁殖用。如果各“对”的整齐度尚差，某些主要性状不够标准，应继续从各“对”中选择典型的 A 和 B，再进行配对授粉，供继续穗行鉴定，下年仍按第二年方法选择处理。

(二)恢复系的提纯

第一年，在恢复系繁殖田中，抽穗时选择具有原系典型性状的单穗 20～30 穗，进行套袋自交，成熟时分单穗收获、脱粒。

第二年，将上年入选的单穗，在隔离区内，分别种成穗行，生育期间仔细观察、鉴定，选留具有原系典型性状而又生长整齐一致的穗行。收获后，混合脱粒，即成为恢复系原种种子，供下年繁殖用。

三、高粱杂交种子生产技术

高粱具有花粉量大、稃外授粉、雌蕊柱头生活力维持时间长的特点。生产中要因地制宜，抓好以下技术环节：

(一)设置隔离区

由于高粱植株较高，花粉量大且飞扬距离较远，为了防止外来花粉造成生物学混杂，不育系繁殖田要求空间隔离 500m 以上，杂交制种田要求 300～400m，也可利用房屋、林木和山岗等障碍物隔离，可缩短到 250～300m。

(二)确定父、母本行比

根据恢复系和不育系的性状表现、花器发育、所处环境确定父、母本行比。一般恢复系株高超过雄性不育系的情况下，父、母本行比采取1：5、1：6、1：7等方式。若恢复系植株比不育系矮时，可采用1：3、1：4的方式。另外，高粱不育系常有不同程度小花败育问题，小花败育即雄性不育系不仅雄性器官失常不产生有活力花粉，而且雌性器官也失常，丧失接受花粉的受精能力。不育系处于被遮荫的条件下，会加重小花败育的发生，这时加大父、母本的行比，可减少父本的遮荫行数，从而可减轻小花败育发生，提高制种产量。

(三)花期调控

在杂交种子生产中，调节好父、母本播期和做好花期预测是确保杂交制种成功的关键。

1. 花期预测

最常用的方法是计数叶片和观察幼穗。

(1)计数叶片法

一般来说高粱不育系和恢复系的叶片数是相对稳定的，通常不育系应较恢复系发育进程早1~2片叶，因此，通过定点分期观察不育系和恢复系发育动态，可以给出特定组合不育系和恢复系的叶片发育对应图，根据这种叶片发育对应标准模式进行预测。

(2)观察幼穗法

主要是比较不育系和恢复系生长锥的大小和发育时期来预测花期，一般以不育系的幼穗比恢复系大1/3~1/2的程度，花期相遇较好。

2. 花期调节

(1)调节播期

高粱不育系一般都较其恢复系发育迟缓。根据高粱不同组合的开花习性，不育系的花期应略早于恢复系。在调节亲本播期时，要首先确定不育系的最适播期，并且一次播完，然后根据恢复系播种后到达开花期的日数，来调节恢复系播期。生产上常将恢复系分为两期播种，当一期恢复系开花达盛花期，二期恢复系刚开花，这样延长了恢复系花期，达到双亲花期相遇，使不育系充分授粉结实，以提高制种产量。

(2)栽培措施调节

经预测，发现有花期不遇危险时，应早期发现，可对落后亲本采取偏水偏肥和中耕等措施加以促进。后期发现以采取喷施赤霉素或喷施叶面肥调控为好。

（四）严格去杂去劣

去杂去劣环节包括在不育系繁殖田中去杂去劣和在杂交制种田中去杂去劣。在不育系繁植田中为保证不育系行中植株百分之百是不育株，一定要在开花前把不育系行中混入的杂株和保持系进行一次去除，待开花初期再次进行彻底清除。在制种田中，要在苗期和开花前分别对不育系和恢复系中的杂株、异型株进行彻底清除。待开花初期再对不育系中混入的保持系进行认真的拔除，以确保杂交种的纯度。

（五）加强管理，适期收获

高粱是抗旱耐涝作物，需水特点是：苗期生长缓慢需水较少，拔节至抽穗需水较大，抽穗至成熟需水亦较多，约占总耗水量的42%，同时对土壤环境和营养条件反应敏感。北方秋季少雨，常因干旱造成缺粒秕粒，影响产量，因此要合理运作肥水。一般当土壤含水量低于田间持水量的70%时，必须及时灌水。

后期要及时收获，防止早霜危害。一般当田间有80%的籽粒失绿变硬，千粒重增加最大时即可收获。收获时清除杂穗，防止机械混杂，充分干燥后贮藏。

四、生产实践范例

新疆杂交高粱制种技术

史自强等人针对新疆伊利地区（地处北纬42°141′～44°50′，无霜期平均150d，积温3479～3700℃，春旱和春寒较少）中晚熟杂交高粱制种产量低，种子质量差的现状，从山西引种，经过多年的探索，制种产量不断提高。1993年制种23.75hm^2，平均产量达4668.5kg/hm^2，1994年制种33.4hm^2，平均产量达5891kg/hm^2，种子质量均达一级标准。现结合生产实践将制种技术要点介绍如下，供参考。

（一）选地隔离

高粱制种忌重茬，最好选择土层深厚、土质肥沃、地势平整、排灌方便的田块。四周设置隔离区，800m以内不能种植其他高粱品种。

（二）蓄足底墒，施足基肥

高粱制种地当地进行秋耕较理想，结合耕翻施足农家肥并加施尿素和过磷酸钙各357kg/hm^2，封冻前完成冬灌。3月上旬及时顶凌耙地和播前整地，以确保耕层土壤上虚下实，蓄足底墒。尽可能不采用春灌春翻，以免降低气温延误播期。

（三）做好种子处理

播种前晒种3d，清除杂物。按85%赤霉素2g溶解于50mL白酒中，兑水8kg后分别加入75%敌克松可湿性粉剂500g、磷酸二氢钾300g、60%甲拌磷乳油300mL，混匀溶解后再加食醋50mL或冰醋酸5g混匀后在塑料薄膜上拌种子100kg，堆闷24h左右播种，可防治苗期病虫，防止低温烂种，提高幼苗顶土能力和抗寒性。

（四）适期规格播种，力争全苗

当10cm地温达到12℃左右时，抢在2d内播完，采用57～60cm行距条播，每播幅按母：父：母为3：1：3的比例，用隔板分离，父、母本同期播种，并在晚熟亲本行上覆盖地膜或父本各行覆膜、分期揭膜等方式调节花期，确保父、母本花期相遇。播种深度3～4cm。播种量22.5～30kg/hm^2，保证种子质量。

（五）早管勤管，促壮苗早发

播种后待地表发白时镇压1～2次。播后遇雨及时破除板结，苗齐后中耕松土，深度15cm左右，防除杂草。4叶期定苗，行距10cm，单株留苗，确保密度15万株/hm^2，定苗时注意清除杂株。采用糖浆诱杀，黑光灯和喷药方式防治地老虎。

（六）适时调控，促成大穗

高粱拔节始期，用50%矮壮素900g/hm^{2}兑水675kg叶面喷雾，高温干旱年份加50%辟蚜雾300g/hm^{2}叶面喷雾，不仅可以增强抗倒伏能力，增加花序分枝数，而且能降低田间蚜虫基数。

高粱拔节期追尿素450kg/hm^2，并深开沟，高培土，根据天气及墒情分别在拔节期、挑旗期、开花期、灌浆期，细流沟灌一次，蜡熟期以后不能灌水，避免降低土温，延迟成熟。

（七）早预防，减少败育

当50%母本抽穗时，用尿素9kg/hm^2，多元微肥1.5kg/hm^2，兑水450kg/hm^{2}叶面喷雾，可预防小花败育和提高柱头生活力。

（八）辅助授粉，降低空秕粒

父本散粉盛期选无风天或雨天待叶面晾干后,用机动喷雾器或手摇喷雾器将父本花粉吹到母本行上,以提高花粉利用率和母本结实率。

(九)加强后期管理,严格去杂

在父本散粉结束 3~5d 内割除全田父本和大草,清除无效分蘖和晚出的穗,以改善田间通风透光条件,提高母本净光合生产率。要定期多次进行去杂去劣,严防生物和机械混杂,确保种子纯度。

母本灌浆期,用尿素 $9kg/hm^2$ 兑水 540kg 加 40% 乙烯利 2.25kg 喷雾,以防早衰,提高灌浆强度,延长灌浆时间,争取在较短的时间内达到止常千粒重。

(十)适期收割、脱粒、贮藏

当田间 80% 左右籽粒失绿变硬,即可收获,此时种子发芽率最高,千粒重增加最大。脱粒后要翻晒 3~5d,待种子含水量降到 14% 以下时,再用机器清选,彻底清除杂物、秕粒,然后定量包装,入库贮藏。

第七节 谷子种子生产

谷子(*Foxtail millet*)又称粟。起源于中国,是我国北方地区广泛栽培的优质杂粮作物。

一、谷子品种的退化现象

谷子在生产中随着利用年限的增加,由于自然变异、品种布局不合理、隔离条件差,或因生产的机械混杂,引起种性退化、抗病能力明显下降、品质变劣、产量降低的现象,我们称为谷子品种的退化现象。

目前谷子产区普遍存在品种混杂退化现象。由于没有采取防杂提纯措施,混杂退化较快,个别田块杂株率上升到 10% 以上,严重影响了谷子生产。

二、谷子良种防杂保纯技术

在良种繁育过程中,首先是防杂保纯,而后是提纯保纯。如果在良种繁育时只种不选,只繁不保,待到良种发生严重的混杂退化时再去进行提纯,会延长提纯的时间,缩短良种的使用年限。因此,在谷子良种繁育时应遵循“防杂重于去杂,保纯重于提纯”的基本原则。

（一）防杂保纯

1. 制订严格的良种繁育体系，防止机械混杂。从种子准备到收获贮藏的全部过程中，切实按照良种繁育操作规程，做好各项技术工作，从各个环节上防止混杂的发生。

要合理安排繁种田的轮作，避免连作，以防止上季残留种子在下季出苗而造成混杂，并注意耕翻，以消灭杂草，防止草谷串粉。播种前要注意种子的接收和发放，严格检查种子名称和等级，即种子的纯度、净度、发芽势、发芽率和病虫危害状况，一旦发现问题，则必须彻底澄清后方可播种。

播种前的种子处理，如选种、浸种、拌种等，必须做到不同品种、不同等级的种子分别处理，专人负责。

繁种田必须单收、单脱、单晒、单藏。在种子的运、脱、晒、藏等过程中要注意操作规程，防止机械混杂。

2. 采取隔离措施，防止生物学混杂。谷子是常异花授粉作物，如隔离不严格，也可以发生异交。因此，不同品种间要严格隔离，一般间隔 10～20m 即可，或中间加播其他高秆作物，如玉米、高粱等。

（二）良种的提纯

目前生产上采用的提纯方法有块选法、穗选法和穗行提纯法等。

1. 块选法

块选法又称为片选法，是在谷子生长良好、纯度高、无病虫害的种子田或大田里，分别于苗期、抽穗期和成熟期等几个关键生育阶段，拔除杂株，成块收获，混合脱粒，作为大田使用种子。

2. 穗选法

穗选法是在生长正常而混杂株较多的大田选种时采用的方法。根据本品种的特征特性选出生长良好、无病虫害，而且性状一致的优良单穗，晾晒后进行单穗鉴定，淘汰杂穗和不良的单穗，然后将所选出的穗子混合脱粒。脱粒后用风选法除去发育不良的种子，妥善贮藏，以备下年种子田或生产田播种之用。

穗选较块选的效果好，可以得到比块选更好的种子。但因选出的单穗上还有可能存在天然杂交的种子，性状分离后会造成更严重的混杂。同时，如果要为生产田选留种子，穗选的数量较大，费工费时，且不易保证质量。所以穗选法多用于建立种子田，但选择时要仔细鉴别，严格去杂去劣,才能供大田用种。

3. 穗行提纯法

穗行提纯法又称改良混合选择法。由于谷子用种量小,繁殖系数高,所以单穗选择、分系比较、混系繁殖的穗行提纯法比较简便易行。采用这种方法提纯生产良种用于大田生产,要经过单穗选择、分系比较和混系繁殖3个步骤。

(1)单穗选择

一般是在谷子成熟收获前,在种子田或生产田内根据原品种的特征特性,选收比较典型的穗子,经过复选,淘汰不纯和不良的穗子,单穗脱粒,单穗贮藏,次年种成穗行。

(2)分系比较

将上年选择的单穗种成穗行圃,生长期间经过比较鉴定纯度高、性状优良、生长势强、抗病性好的穗行,成熟后混和脱粒,即可以获得又纯又好的原种。

(3)混系繁殖

将上年选择的优良穗行混合播种,严格去杂去劣,经繁殖后用于大田生产。如果经一次分系比较,效果不理想的话,可再进行一次。下面用图7-1说明其过程。

(三)去杂去劣

原种生产过程中要认真贯彻"防杂重于去杂"的原则。注意消除一切可能造成机械混杂和生物学混杂的各种因素,以保持原种的纯度。在品种安排上,原种场或原种繁殖基地只能一地一种。

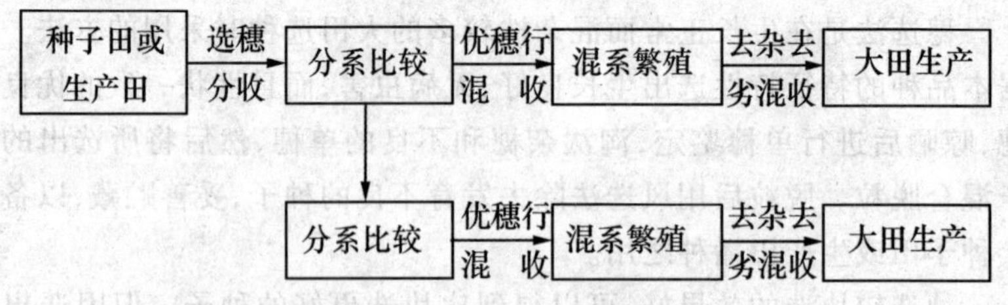

图7-1　谷子穗行提纯程序示意图

生育期间分期分次进行田间检查,严格去杂去劣。去杂时应熟悉和掌握本品种的特征特性,仔细观察,将杂株、病株、劣株整株拔除。去杂去劣应结合农田管理进行，一般在苗期、抽穗期和成熟期进行。苗期观察苗色和长相，表现异常的均可拔除。抽穗期可根据抽穗的早晚、穗形、穗色、秆子高矮区分杂株和劣株，详细观察后拔去杂株或变异株。成熟期可以根据穗色、成熟期早晚、对病害反应等，拔除杂株劣株。

（四）提高繁殖系数、加速良种繁殖

提高良种的繁殖系数是加速良种在生产上应用的重要手段。谷子的繁殖系数高于玉米、小麦和水稻等其他禾本科作物。目前提高谷子繁殖系数的方法主要有稀植法和南繁法。

1. 确定原种基地

原种基地的确定应由省、地、县种子部门统一安排，列入计划。要选择一些条件较好的县级良种场或乡良种场，集中繁殖、生产原种或良种。要明确各繁种基地的任务，并负责落实。上级部门定期检查，保证种子的质量标准和数量标准，以满足大田用种的需要。

2. 集中繁殖、统一供种。优良品种要集中繁殖、统一供种。并以此为基地，生产辐射大部分地区的用种。

第八节　向日葵种子生产

向日葵（*Helianthus annuns L.*）是世界四大油料作物之一，2002 年我国向日葵种植面积 113.09 万 hm^2，居第三位。北方向日葵分布广，面积大，产量高。随着市场需求的多样化，向日葵品种改良向杂交优质、专用、高产、环保等综合利用方向发展。为此，搞好良种繁育工作对加速新品种推广意义重大。

一、向日葵原种生产技术

向日葵原种生产是良种繁育的重要环节，是品种保纯提纯的有效措施和进行优良种子生产的前提条件。

原种生产是一项技术性较强的工作，除了必须有一套严密的繁育体系外，还应采取科学的选择方法。现介绍几种方法，各地可因地制宜地采用。

（一）混合选择法

在隔离条件下设置原种选择田，即在良种繁殖田自行选择优良单株,也可以从育种单位引入。生育期间严格去杂去劣,在收获前根据品种特征特性,初选单株,数量根据需要而定,一般以200株以上为宜。将选好的植株花盘割下,单盘脱粒、编号。然后每盘取100粒,测百粒重和皮壳率,有条件的可测定含油率、粗蛋白及粗纤维含量。从中选择占田间选择单株的5%左右,性状优良一致单株的种子混合即为原种,供下年繁殖。

不育系和保持系繁殖时,按3∶1行比间隔种植,在不同生育期间去杂去劣,还应在开花期每天早晨散粉前,逐株检查育性。拔除不育系中的可育株,保持系中的不育株,根据花的形态特征拔除杂株,使优良株间自由授粉。在开花末期,初选典型性状好,不育系的完全不育和保持系的完全可育并且花粉量多的单株,做上标记。保持系开花期应比不育系晚1~2d,不可相同或早于不育系。收获前再根据株型、抗病性等决选单株,按系和单株分别割下花盘,分别脱粒,装入纱袋晒干,按系编号,不育系用*A*表示,保持系用*B*表示。根据考种结果,将入选保持系和不育系分别混合,即为原种。

品种或恢复系提纯时,应在苗期严格去杂去劣,在开花期拔除非典型花盘,并初选综合性状好的植株,做上标记。收获前再行决选,其余方法均同上述。

此法简单易行,但需多次连续进行,才能收到较好效果。不育系和恢复系在混杂不严重时,一般可以利用这种方法。

(二)株行半分法

此法分三个步骤进行:

1. 原种选择

首先在该品种的良种繁殖或纯度比较高的生产田中,选优良单株混合脱粒作为原种选择田用种,播种在隔离条件下的原种选择田里。在生育期间去杂去劣,开花时使本品种优良群体间进行自由授粉,成熟时选择单株盘。入选单盘顺序编号、脱粒、装袋、晒干,然后考种,根据考种结果决选,数量不少于200盘,供株行鉴定和原种生产。

在选择田中选择的不育系和保持系单株,按系和单株分别脱粒保存,恢复系也将选择的单株分别脱粒保存,供株行鉴定,其余均与品种相同。

2. 株行鉴定

将上年入选单头，每头提出部分种子，按顺序编号播种在试验田中。品种、恢复系每盘种1行；不育系和保持系的单头依顺序号分别各种1行，每隔9行或19行种原品种作对照（不育系和保持系各种1行），进行株行鉴定。要求地力均匀，株行距一致。在生育期间记录物候期、整齐度和生育状况，以及不育系的不育率，保持系和恢复系的花粉量。收获前考种，从中选出优良单系，翌年再从仓库中提取其原系种子，继续以上法再进行一年鉴定。综合两年鉴定结果，将入选单系的原保存种子，从仓库中提出混合（不育系、保持系按系进行），供下年混系繁殖。

3. 混系繁殖

将上年株系鉴定入选行的原种，在隔离区繁殖。品种或恢复系混合播种，不育系和保持系按2：1或3：1间隔种植。要保证足够的营养面积，提高单株产量。生育期间严格去杂去劣，开花期根据花色、花盘形状拔除非典型单株，对典型性不明显的单株，可用纱布袋套上，待管状花开放后，根据花色辨别真伪，再行取舍。不育系繁殖时，要拔除半不育株和散粉株，同时拔去保持系中的不育株和花粉量少的植株。经去杂后，优良株间自由授粉，如发现繁殖田内蜜蜂不足时，应进行人工辅助授粉，成熟时去劣株后收获。脱粒时，要根据籽粒大小、粒色、粒型等淘汰非典型单头，其余混合即为原种，供原种繁殖用（见图8-1）。

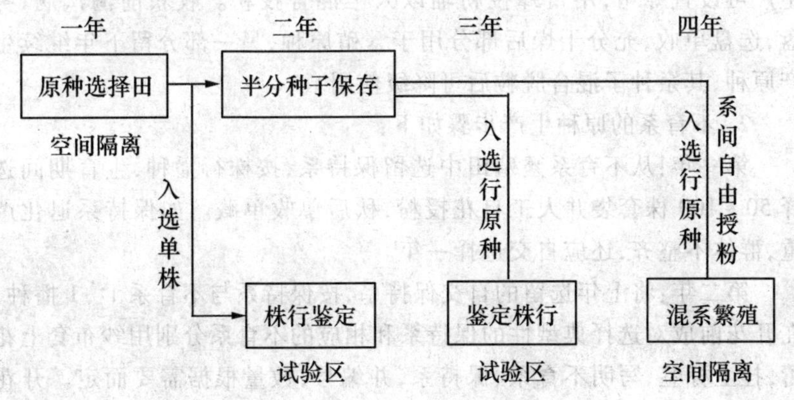

图8-1 株行半分法程序图

这种方法的优点，一是轮回进行，选择效率高；二是在人工控制下，使优良群体间自由异花授粉，既保持了丰富的遗传基础，又使优良性状、优良品质逐渐积累而改善提高。

（三）套袋选择法

在向日葵栽培面积大，不易选择标准隔离区，或品种、不育系及恢复系混杂退化严重的情况下，可采用此法提纯生产原种。

1. 品种的原种生产步骤如下：

第一年：将提纯的品种播在选择田或良种繁殖田里，选标准单株套袋，最少200盘，人工自交授粉，收获前淘汰病、劣及杂盘，单盘收获贮藏。

第二年：进行株行鉴定，每盘一系，播2行为1区，每10区设一对照，对照为相应品种的原种。生育期间以对照为标准，分别在苗、蕾、花和成熟期分4次进行，鉴定各株行的典型性、整齐一致性。入选株系保留1行作产量测定；另1行选株套袋，人工自交。收获前淘汰病、劣盘，然后单盘收获，按株系编号。测产后的种子进行室内品质鉴定。最后根据田间鉴定、品质分析和产量测定结果综合评定，决选株系留种，其余淘汰。如果要提纯的品种纯度不高，此项鉴定应再进行一年。

第三、四年：上年选留的株系在防虫网或隔离区内进行生产，隔离距离要达到5km以上。利用网室生产可实行人工混合授粉；隔离区内生产可设置蜂箱，用蜜蜂授粉辅以人工混合授粉。收获前淘汰病、劣盘，选盘单收，充分干燥后部分用于繁殖原种，另一部分留下年继续生产原种，其余种子混合脱粒后可降级使用。

2. 不育系的原种生产步骤如下：

第一年：从不育系繁殖田中选留保持系，按株行播种，生育期间选择50～100株套袋并人工自花授粉，秋后单收单藏。如保持系退化严重，群体不整齐，还应自交选择一年。

第二年：将上年选留的自交保持系，按保持系与不育系1∶1播种，在开花前成对选择典型性的保持系和相应的不育系分别用纱布套上花蕾，挂上标签，写明不育系、保持系，并编号，数量根据需要而定。开花后检查育性，选优良单株成对杂交，可育株进行自交授粉。成熟后按对分别收获脱粒、装袋、晒干，然后考种。根据籽粒大小、粒色和皮壳厚薄，淘汰非典型单株，成对入选保存。

第三年：将上年成对保存的种子(A)与(B)按2∶1行比种植，生育期间鉴定不育株(A)与可育株(B)的形态特征是否一致，不育性是否稳定，不育株行中是否有散粉株。符合标准的株系套袋隔离，人工授粉。收获时将入选的保持系和不育系分别混脱留种。

第四年：将上年选留的种子放在隔离区繁殖，采用4∶2或6∶2行比。开花前严格去杂，并检查不育系是否有花粉，有则除掉。开花期实行蜜蜂和人工辅助授粉，成熟时再次去杂，将不育系和保持系分别混收。留下一部分下年继续生产原种，其余部分交种子部门扩繁，并作为制种亲本。

3. 恢复系原种生产

当年在恢复系的选择田或制种田中，根据主要性状一致的原则，在开花前按需要选择约100～200个典型单株套袋自交授粉，收获前淘汰病、劣盘，然后单盘收获、编号、脱粒、干贮。

第二年：将上年收获的自交系，播于3行区内，其中2行播自交的恢复系，另1行播种不育系，小区行长5m，每行10株。开花前选株分组，每组3株，1株为不育系，另2株为恢复系。将其中一株恢复系去雄，即为去雄中性株。3株花盘全部套上纱布袋，防止昆虫串粉。开花期用不去雄的恢复系分别给不育系和中性株授粉，收获时按组编号，单盘收获脱粒，然后从每组中的取粉盘取出一部分种子做品质分析，其余种子和另外两盘种子分别装袋留种。

第三年：将上年留的种子按组设区，各种1行，即不育系1行，恢复系1行，去雄中性株1行。在生育期间进行优势和恢复性鉴定(这项工作如果在上年各季温室进行能缩短恢复系原种生产年限)。

(1)观察去雄中性株以鉴定恢复系的纯度。如果去雄中性株生育表现与恢复系相同，说明该恢复系是纯合的，则该小区的恢复系可套袋人工授粉；如果去雄中性株表现出明显的杂种优势，则说明该小区恢复系不纯，应淘汰。

(2)观察不育系(杂交种)以鉴定恢复系。开花期间观察恢复率是否达到标准，如果恢复率降低了，则该区恢复系不能留种。如果经鉴定小区恢复性良好，优势显著，则该区恢复系可套袋人工混合授粉。年终根据品质分析、纯度及恢复性鉴定结果综合分析，把品质好、恢复性强的纯恢复系选出，其套袋授粉后全部留种。

第四年：将上年选留的种子在隔离条件下按区播种繁殖，所得种子即为恢复系原种。其中一部分下年继续生产原种，剩下的大部分种子供种子部门扩繁并作为制种亲本。

二、向日葵杂交种子生产技术

(一)选地与隔离

1. 选地轮作

向日葵生长对土壤的适应性比较广，为提高种子的质量和产量，选择地块相当重要，一般制种田选择地势平坦、地块整齐、易于排灌且具中性或略偏碱性的中上等地力水平的地块。同时要合理轮作，轮作可大大减轻向日葵的主要病害(菌核病、霜霉病等)和寄主植物(列当)的发生危害，轮作周期一般为 3～4 年。向日葵不宜与豆科作物、油料作物及马铃薯等茄科作物连作，前茬以麦类和玉米为好。

2. 严格选定隔离区

向日葵是典型的虫媒异花授粉作物，由于花粉粒大，而且粘在一起，微风吹不动，因此花粉主要由昆虫(蜜峰、蝶类等)传播，小部分由风来完成。所以，在选择隔离区时，必须考虑远距离飞行的昆虫，如蜜峰中的工蜂通常在 2km 以内活动，有时可飞出 4km，有效飞行距离为 5km，超过 5km 及不能返回原巢。因此为安全起见，向日葵制种空间距离比其他作物远很多。首先考虑空间隔离，在找不到合格的空间隔离区(向日葵集中产区)，也可采用时间隔离。隔离是制种成败的关键，要慎重处理。

(1)空间隔离：以制种田为圆心，3km 为半径，在此范围内不得种植其他品种，“裸生”的杂株要拔除干净，隔离距离达到 3km 以上。

(2)时间隔离：向日葵制种田与其他向日葵生产大田错开播种时间，使其开花时间先后错开，达到时间隔离的目的。一般要求花期相隔 30d 以上。这种隔离在对当地气候条件及变化和制种亲本生育特性把握准确的情况下宜采用。常用在生育期较短的油葵制种组合上。

(二)亲本行比与播种期调整

1. 亲本行比

父本与母本行数的比例要依父本花期长短、花粉量多少、母本接受花粉能力的强弱、植株的高低、传粉昆虫多少和当地气候条件等综合考虑。一般在食葵上多采用父、母本行比2∶4或2∶6,油葵上多采用父、母本行比2∶8的比例。如果当地蜜峰稀少,需进行多次人工授粉时,可按1∶2、1∶3、1∶4的父、母本行比种植,便于授粉操作。

2. 播种期调整

花期是否相遇,以及相遇良好与否,是制种成败的关键之一。要根据父、母本出苗到开花所需的日数来调节各自的播种期,最好是母本先开花于父本2~3d,父本终花比母本晚2~3d较为理想,也可以采用父本分期播种的方法。目前生产上,食葵父本分期播种先后错开3~5d,油葵父本二期播种时间是一期父本子叶露土,相隔约7d左右。

(三)播种施肥与病虫、草害防治

1. 播种施肥。播种前应检查育种单位提供的亲本种子是否包衣,如未包衣应及时包衣或药剂拌种。播种时进一步剔除烂秕等个别不合格的种子,采取露地或覆膜播种模式。1粒、2粒相间种植,播深5~7cm,播后覆土压实,保墒出苗,以达到全苗的目的。出苗后在3~4叶期开始间苗定苗。为了增加花粉量,父本株距可适当缩小,以增多株数,播后在父本行头种植一穴标识作物。据试验表明,每生产50kg种子需消耗氮3kg、磷1.3kg和钾9.3kg,除合理轮作倒茬防止钾肥缺乏外,应增施磷钾肥。一般在播前施用农家肥的基础上,667m^{2}施入15kg磷二铵和25kg的磷肥作底肥,现蕾期追施碳铵15kg、硫酸钾10kg,终花期追施碳铵20kg,已满足生育期间对营养的要求。

2. 病虫,草害防治。向日葵的病虫危害与当地的气候条件密切相关,不同的地区发病情况不尽相同,主要病害是菌核病、霜霉病、褐斑病、黑斑病、锈病。虫害主要是向日葵虫螟、金龟甲、地老虎,草害主要是列当,此外危害向日葵的还有鼠和鸟,这些都不允忽视,在制种田发生时,应抓住有利时机防治。

(四)适期收获

向日葵种子成熟的特征是:茎秆变黄,叶片黄绿或黄枯下垂,花盘背面发黄,边缘微绿,托叶变为褐色,舌状花瓣凋萎或干枯,筒状花一触即掉,葵子壳坚硬,种皮形成该品种特有的色泽。此时为向日葵的收获适期,应及时收获和晾晒,严防发热霉烂,降低发芽率。要充分干燥,待种子含水量在10%以下时,方可装袋。

第九节　马铃薯种子(薯)生产

马铃薯(*Solanum tuberosum L.*)是粮菜兼用型作物,又是世界四大作物之一。在我国北方是主产区,面积约70% ~80%,是一种用途广、营养全面的作物,在国民经济中占有重要地位。

一、马铃薯良种繁育的生物学基础

(一)主要繁殖器官构造及特征

马铃薯为自花授粉作物。花序为聚伞花序,花柄细长,着生在叶腋间叶柄上。每个花序有2 ~5个分枝,每个分枝上有4 ~8朵花。花冠合瓣,基部合生成管状,顶端五裂,并有星形色轮。花冠有白、浅红、紫红及蓝色等,雄蕊5枚,雌蕊1枚。子房上位,由两个心皮构成,中轴胎座,胚珠多枚。

块茎既是马铃薯的经济器官,又是繁殖器官。是由地下匍匐茎顶端膨大而形成。它具有地上茎的各种特征,有明显的顶端优势,在良种繁育中可利用顶端优势培育健壮芽,提高繁殖系数。

(二)对环境条件的要求

1. 温度

马铃薯性喜冷凉,不耐高温,生育期间以日平均气温17 ~21℃为适宜。块茎萌发的最低温度为4 ~5℃,芽条生长的最适温度为13 ~18℃,茎叶生长的适温为20℃左右,块茎形成最适温度是20℃。块茎膨大适温为16 ~18℃,昼夜温差大,有利于块茎膨大。对花器官的影响主要是夜间温度,12℃形成花芽,但不开花,18℃时大量开花。

2. 光照

马铃薯喜光,光照不足时,茎叶徒长,结薯延迟。长日照促进茎叶生长和开花,短日照有利于块茎形成。一般在每天11 ~13h日照下,马铃薯生长良好。总体讲,马铃薯各个生育时期,对产量形成最有利的条件是:幼苗期短日、强光和适当高温,有利于促根、壮苗和提早结薯;块茎形成期长日、强光和适当高温,有利于建立强大同化系统;块茎增长及淀粉积累期短日、强光、适当低温和较大的昼夜温差,有利于同化产物向块茎运转,促进块茎高产。在高原高纬度地区,光照强、温差大,适合马铃薯的生长和养分积累,有利于获得较高产量。

3. 水分

马铃薯是需水量较多的作物,每形成 1kg 干物质,约需水 300 ~ 500kg。整个生育期间,土壤湿度保持田间最大持水量的 60% ~80% 为最适宜。萌芽和出苗,可以靠种薯自身所含水分,故有一定的抗旱能力。幼苗期间,需水量少,约占一生总需水量的 10% ~15%,土壤保持田间最大持水量的 65% 左右为宜。块茎形成期,需水量显著增加,该期需水量占全生育期总需水量的 30% 左右,土壤保持田间最大持水量的 70% ~75% 为宜。块茎增长期,需水量最大,亦是马铃薯需水的临界期,土壤保持田间最大持水量的 75% ~80% 为宜。淀粉积累期需水量减少,占全生育期总需水量的 10% 左右,土壤保持田间最大持水量的 60% ~65% 即可。后期水分过多,容易造成烂薯,影响产量和品质。

4. 土壤及养分

马铃薯对土壤要求不十分严格,但以表土层深厚、结构疏松、通气良好和富含有机质的沙壤土最为适宜。土壤酸碱度以 pH 5.5 ~6.0 最为适宜。马铃薯对肥料三要素的需求量,以钾最多,氮次之,磷最少。据试验,每生产 500kg 块茎,需吸收氮 2.5 ~3.0kg,磷 1kg,钾 4 ~5kg。一般氮、磷、钾的比例为 4: 8: 12。在一生中,幼苗期需肥较少,占全生育期需肥总量的 25% 左右,块茎形成至块茎增长期需肥最多,约占全生育期需肥总量的 50% 以上,淀粉积累期需肥又减少,约占全生育期需肥总量的 25% 左右。另外,马铃薯还需要适量的微量元素,如硼、铜等,缺硼会使块茎变小,发生龟裂。增施硼、铜可提高抗旱能力,延缓衰老,增加产量,改善品质。马铃薯又是忌氯作物,不宜用氯化钾。

(三)种性退化

马铃薯用块茎繁殖,植株长势逐年削弱、矮化,叶片卷起皱缩,分枝变小,结薯小,产量逐渐下降,该现象称为种薯退化现象。

马铃薯退化是由综合因素造成的。现代科学研究证明:病毒浸染和被浸染的马铃薯连续无性繁殖是引起良种退化的根本原因,高温、高湿、蚜虫是加重退化的外界因素。防止退化的措施主要有:选育推广抗退化品种;利用茎尖组织培养的方式生产无病毒种苗;创造提高马铃薯种性,削弱病毒浸染与致病力的栽培条件;用种子繁殖等。

(四)繁殖方式

马铃薯是茄科植物,有两种繁殖方式:

1. 无性繁殖

即用营养器官块茎繁殖。这种繁殖方式在农业生产上有2个明显的优点:一是避免了有性繁殖导致的后代性状分离问题,保留了杂种优势;二是用块茎作为生产用种子,种薯的生活力强,植株生长旺盛,有利于产量的提高和品质改善。

2. 有性繁殖

即用种子繁殖后代。这种繁殖方式在农业生产上有两个致命的缺点:一是种子小,直播时,覆土深了出不了苗或出弱苗,覆土浅了又常常因表土缺水而出不了苗;二是马铃薯为四倍体作物,其种子本身是杂合体,用种子播种无法解决群体不整齐,特别是块茎性状也不整齐而导致的产量低、商品性差的问题。

二、马铃薯种子(薯)生产技术

马铃薯种子(薯)生产的根本问题是防止退化。根据马铃薯病毒浸染、传播和为害的特点,只有在控制退化、消除毒源、杜绝病毒再浸染机会、增强品种抗性等环节上采取综合性防治措施,才能生产出无病毒或少病毒种薯。具体有三种技术途径:

(一)选择优良单株扩大繁殖

这是一种传统的留种方法,具体做法是:在田间选择遗传性状一致且无退化表现的优良单株混合收获,在冷凉和无传毒媒介的条件下扩大繁殖种薯。如进行秋播留种,高山地区留种,可有效降低病毒为害,保持种薯的优良种性,延长品种的使用年限,是解决马铃薯退化的有效方法,我国北方在没有脱毒种薯繁种条件下常选用这种方法。如东北、西北、内蒙古、河北的海拔较高地区,无霜期短,一年只能种一季,可选用生长期较短的品种,把播期推迟到夏末或秋初,使植株在凉爽的条件下生长、结薯,收获后留作下一年用种。如北方一季作地区的无霜期较短,一般采取秋播留种,即在当地初霜期前70~80d播种,使马铃薯的结薯期进入冷凉的秋季,避开有利于病毒浸染、增殖和积累的高温条件,这种方法的留种程序如图9-1。技术要点有:①选用脱毒的一级种或二级种作种薯,前作禾本科(冬春麦、青稞)及豆类作物茬为好。

切忌用茄科作物或马铃薯为前茬进行播种。②要适时播种，这是秋播留种防止退化的关键。播种过早、结薯期温度高、蚜虫多，容易传染和积累病毒，达不到防止退化的目的；播种过晚，产量低，经济效益差。③及时防止蚜虫，减少病毒传播。④及时拔除退化病株，减少毒源和传毒途径。⑤加强田间管理，提高种薯产量。

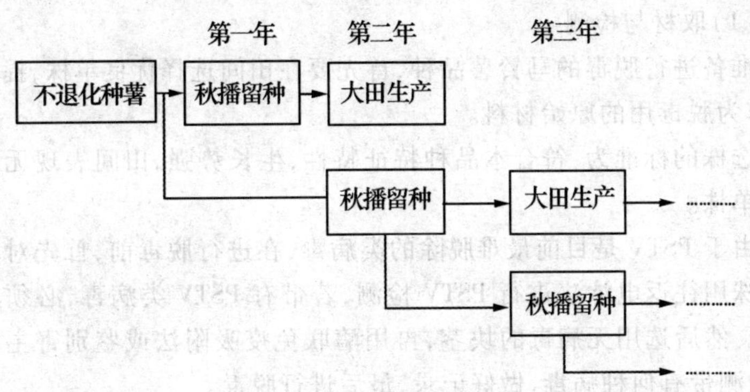

图 9－1　单株扩繁留种程序

(二)用种子生产无毒薯，培育健康种薯

研究表明，除马铃薯纺锤块茎类病毒（PSTV）外，其他种类的病毒都不能浸染马铃薯种子，因此，可以采用马铃薯的种子生产无毒薯。应用这一方法可走两条途径，一是选择杂交或自交后代性状分离小的品种生产种子，用种子生产马铃薯。在尽可能隔离和杜绝病毒浸染的前提下去杂去劣，使群体表现相对一致，则繁种速度快一些。二是在种子生产的群体中选择表现型一致的优良单株混合收获，在冷凉和无传毒媒介的条件下扩大繁殖种薯，则脱毒效果好，但繁种速度慢一些。

(三)利用茎尖组织脱毒技术生产无毒种薯

1. 茎尖组织培养脱毒的原理

研究表明，病毒在其浸染的植株体内分布不均匀。老叶、老茎及成熟的组织和器官中病毒含量较高，而幼嫩的和未成熟的组织和器官中病毒含量较低，生长点部位一般无病毒。这是因为病毒的繁殖、运转速度低于茎尖分生区的细胞分生和分化的速度。此外，处于分生区的组织，维管束尚未形成，病毒进入伸长区后只能通过胞间连丝缓慢移动，故分生区细胞中病毒很少，生长点部位基本无病毒。马铃薯植株有突出的发育可塑性，其游离原生质体、单细胞、愈伤组织和植株任何一部分作外植体都可能再生完整植株。马铃薯的 X 病毒和类病毒感染分生组织和维管束，其余病毒却仅存在于维管系统组织。因此，利用茎尖分生组织培养获得无病毒植株，进而繁殖无病毒种薯，可从根本上解决马铃薯退化的问题。

2. 脱毒苗的培养技术

(1)取材与检测

准备进行脱毒的马铃薯品种，首先要在田间选择优良单株，提早收获，作为脱毒用的原始材料。

选株的标准为：符合本品种特征特性，生长势强，田间表现无病毒病的单株。

由于 PSTV 是目前最难脱除的类病毒，在进行脱毒前，首先对入选的单株用往返电泳法进行 PSTV 检测，若带有 PSTV 类病毒，必须立即淘汰。然后选用无病毒的块茎，再用酶联免疫吸附法或鉴别寄主鉴定法，检测带有何种病毒，做好记录，最后进行脱毒。

(2)催芽及高温处理

提早收获的块茎，用 1% 硫脲 + 10mg/kg GA_3 浸种 1h，以打破休眠。然后用湿润细砂覆埋，置于 25℃ 黑暗条件下催芽。待芽长至 1cm 时转入培养箱，以 36 ~ 37℃ 高温处理 6 ~ 8 周。经高温处理后，进行茎尖分生组织培养，可脱除 PLRV、PVX、PVY、PVS、PVM、PVA 等病毒。

(3)茎尖培养，获得试管苗

具体方法如下：

①接种材料的处理：在无菌室内，把高温处理后的发芽块茎的茎尖取下 1 ~ 2cm，清水漂洗，剥去外面叶片进行表面消毒。先用 75% 的酒精浸 30 ~ 40s 消毒，无菌水冲洗 2 ~ 3 次，随后用 5% ~ 7% 次氯酸钙溶液浸 10 ~ 20min(不能用次氯酸钠和氯化汞)，再用无菌水冲洗 3 ~ 4 次，置于无菌滤纸上吸干水分，然后在实体显微镜下剖取带有 1 ~ 2 个叶原基(约 0.2 ~ 0.5mm)的茎尖生长点，将其迅速置于茎尖培养基上进行离体培养。未经高温处理的芽接种茎尖时按照：流水冲洗块茎芽条→吸干水分→75% 酒精浸 30s→0.1 升汞处理 5min→无菌水洗 5 次，实体显微镜下剥取 0.2 ~ 0.3mm 茎尖接种的程序进行。在操作过程中，所用器具都应浸泡于 70% 的酒精中，使用前在酒精灯上烘干，注意针刀不能太烫，以免伤害组织，每剥离一个茎尖，都应以消毒棉球擦拭，

手也应经常擦拭，在超净工作台上完成。

②茎尖培养与成苗：茎尖培养时一般选择的培养基是：MS + GA_3 0.2mg/L + BAP 0.5mg/L + *D*—泛酸钙 0.2mg/L，蔗糖 2%，琼脂 0.7%，pH 5.8。

③培养条件：25℃恒温，每日光照 10h，光强 2000Lx。

实践证明，在分生组织诱导培养基中加入一定量的生长素和细胞分裂素，可诱导成苗。

其中 6—BA 是诱导茎尖产生丛芽的主要物质，将茎尖培养于 MS + 6—BA 2mg/L + NAA 0.1mg/L 的培养基上（pH 5.8），在 25℃ ±1℃，光照 2500 ~ 3000Lux，每天光照 12h 下，其茎尖生产的丛生芽个数多，速度快，可提高繁殖倍数 5 ~ 8 倍。此外，在诱导丛生芽生根和带芽茎段的快速成苗时，用 MS + NAA 0.5mg/L 培养基最好，生根速度快、条数多、比率大、小苗生长快。

(4) 病毒检测

由茎尖分生组织培养的试管苗，需经病毒检测后，确认是不带病毒的株系，才能进一步扩繁。试管苗检测一般采用 ELISA 血清检测，配合指标植物检测。

3. 脱毒试管苗快繁

(1) 材料处理

获得无病毒的试管苗后，在严格隔离、消毒的条件下，将试管苗切成每节带一个叶片的小段，接种于快速培养基上进行快繁。

(2) 选择快速培养基

马铃薯是一种再生能力很强的植物，对培养基的要求不太严格，通常用 MS 培养基不添加任何物质就能生长。但若要获得壮苗，仍需要在培养基中添加一定量的激素并给予合适的外界条件。下例方法供参考：

快速培养基：MS + GA_3 0.2mg/L + BAP 1mg/L + NAA 0.1mg/L，食用白糖 3%，活性炭 5%，琼脂 0.7%，pH 5.8。

培养条件：白天 25 ~ 27℃，夜间 16 ~ 18℃，光照 16h，光强2000 ~ 3000Lx 以上。

在快繁培养基中加入 BAP、NAA 合理配比时，对培养壮苗有利。培养基中加入活性炭，可大大提高培养苗的生长速度，有利于试管苗叶片伸展和形成壮苗。试管苗出现徒长时,可在培养基中加入 10mg/kg 的 CCC 或 B_9 能使培养苗茎加粗、节间变短、叶片增厚。新培养的无毒苗还可继续切段快繁,方法同上。据内蒙古农业科学院马铃薯研究所经验,1 株无毒苗每次可切为 6 段,可切繁 3 次,则 $6^3=216$ 株。因此,如生产需要,只需加大无毒苗基数,就可迅速实现快速繁殖苗的目的。

(3)试管苗切转保存

脱毒后的试管苗一般每 25d 切转一次。快繁过程中,特别是多次继代后,由于操作及其他一些原因,苗子有可能再次染上病毒,只有经过再次茎尖脱毒才能复壮更新。因此,为延长脱毒后的试管苗使用寿命,可采取在初次脱毒的苗中分出一部分苗转入保存用的培养基,并给予有利的保存条件,每 6~8 个月转一次苗,从而大大降低污染几率。等快繁苗继代 2 年后,再用保存苗代替之。这样可由每两年更新脱毒一次,延长到每 6~8 年甚至更长时间再更新脱毒一次,有效地减少费用,提高效率。

保存苗培养基:MS + 甘露醇 4%,蔗糖 3%,琼脂 0.7%,pH 5.8。

保存条件:每日 8h 光照,光强 500Lx,温度 10~15℃。

4. 试管薯诱导

诱导试管薯首先要培养健壮试管苗。将带有 4-5 个茎节的苗去掉顶芽,打破顶端优势,接种在液体培养基上进行浅层静止培养。3~4 周后,每个腋芽发育成具有 5~7 个节的健壮苗。之后换成诱导培养基,3~4d 后便有试管薯产生,6 周后试管薯长至 5mm 以上时即可收获。具体方法是:

壮苗液体培养基:MS + BA 1mg/L + NAA 0.1mg/L + 活性炭 0.15%,食用白糖 3%,pH 5.8。

壮苗培养条件:昼温 25℃,夜温 16℃,光照 16h/d,光强 2000Lx 以上。

试管薯诱导培养基:MS 基本培养基(去除有机成分及琼脂部分)+ 肌醇 100mg + 维生素 B_1 0.42mg/L + BA 5mg/L + CCC 500mg/L + 蔗糖 8% + 活性炭 0.1%~0.2%(引自国际马铃薯中心),pH 5.8,18~20℃条件下黑暗培养或每日光照 8h 的条件下培养。

5. 原原种生产

(1)温室、网棚扦插生产脱毒小薯

在日平均温度低于20℃的季节，可利用温室或网棚扦插生产脱毒小薯，这样生产的小薯比试管薯（微型薯）大，可直接用于田间种植。具体做法如下：

①基础苗培养。快速切繁的试管苗用来培养基础苗。在无菌条件下，将试管苗切成带有一个芽的茎段，插入生根培养基中培养，10d后小苗长成带有4～5个叶片及3～4条小根的健壮小苗，就可往温室或网棚中的苗床上移栽。移栽前先去掉试管封口，在自然光下锻炼5～7d，即可移栽。

A. 生根用培养基：MS＋食用白糖2%＋琼脂0.7%，pH 5.8。

B. 基质的选择与处理：脱毒马铃薯试管苗的移栽基质要求疏松、透气性良好，且需经消毒（高温或甲醛、硫酸薰蒸）处理，以防病虫为害、杂菌感染、杂草滋生。一般用泥炭土：蛭石1：1作为基质，每立方米蛭石草炭混合时，加入1kg磷酸二铵为基肥，苗成活后浇营养液。有报道认为可不用浇营养液的基质，即蛭石（珍珠岩）17%＋灰渣2%＋无土羊（马）粪1%＋1～2kg/m^3 复合肥（N：P：K＝15：15：15）。或采用厢底粗沙5cm、中层用营养腐熟土（羊粪或鸡粪＋土＋K_2SO_4＋磷肥＋尿素）10cm、表层用菜园土＋磷肥＋腐熟桔杆，厚度达10cm，混合基质过筛高温消毒后，栽前1～2d浇透水，使土壤沉实，保持栽时土壤湿度达60%左右。具有管理方便，提高产量的显著特点。

移栽初期应覆盖塑料薄膜及遮荫网纱，以保持温度及防止强光直射，保持散射光有利于移栽苗缓苗。1周后，幼苗长出新根，就可逐渐去掉薄膜及遮荫网纱，待苗长至5～8片叶时，即可进行第一次剪切。剪切苗用于定植，繁殖小薯。以后每隔20d可剪切一次。

基础苗管理：每次剪切后需喷施10mg/kg GA_3 一次，平时每隔一天浇一次水，每两次水之间喷一次营养液（营养液为MS基本培养基中的无机盐）。

②扦插繁殖小薯（原原种）。由基础苗上剪切的苗，一般带有2～3片叶，在生根剂中浸2min，扦插于苗床上，扦插用的苗床基质和插后初期管理与基础苗移栽时相同。当扦插苗长至10片叶以上时，苗基部加一次基质土，以利结薯。扦插后约60d左右即可收获。

③扦插苗的管理。抓好保温、保湿、防病虫四个环节。保持日均温20℃左右；插后立即浇足水，前期空气湿度保持95%以上，以后逐步降

低;扦插前要搭好遮阳网,至直下生根、上生长为止;经常检查插条基部是否有霉烂及虫害,做好补苗和病虫防治工作,可用瑞毒素、甲霜灵锰锌 600 ~ 800 倍液每 7 ~ 10d 喷雾一次,同时用敌敌畏、速灭杀丁、乐果等药交替使用,防蚜虫、红蜘蛛等为害。

(2)汽雾法生产微型薯技术

马铃薯脱毒试管苗在根际黑暗的条件下,采用汽雾法,每隔一定时间喷雾,供给养分,在日光温室内均可生产马铃薯核心小薯(原原种)。技术要点如下:

将脱毒试管苗定植在长 1.25m,宽 0.45m,高 0.30m 的玻璃钢育秧槽的苗板上,按 25cm × 22cm 密度定植。脱毒试管苗定植前用生根营养液浸泡 15min,幼苗期用生长营养液,块茎生长期应用结薯营养液。幼苗期喷雾间隔时间为 400s,喷雾时间为 30s;块茎成长期喷雾间隔时间为 200s,喷雾时间为 30s。同时,保证试管苗根际黑暗,15d 更换营养液一次,适时收获。

植株吸收养分多少由营养液配制比例、喷雾时间及间隔时间共同调控。定植后分别在 14d、21d、28d、49d、70d 对根系、地上茎、地下匍匐茎、结薯个数、株高、晚疫病抗性等进行调查。

一般在定植 28d,主匍匐茎达 23cm 左右时,结薯个数明显增加。汽雾法生产马铃薯核心小薯同传统基质栽培在结薯部位有所增加,不但主匍匐茎可结薯,在主匍匐茎再生的次生匍匐茎也可结薯,而且占有较大比例。

汽雾法生产马铃薯核心小薯的营养主要靠营养液供给,营养液的配制是根据马铃薯不同生育期需肥特点而进行浓度调整,并依据其养分吸收特性制定配方,从而使马铃薯的根系生长,植株生长,匍匐茎条数及结薯个数达到最理想。

马铃薯营养液的消毒也是关键,因为植株养分全靠营养液的循环供给,所以必须对回流的营养液进行消毒,一般在更换营养液后用紫外线照射 4h 即可。注意紫外线照射不易过长,因为容易发生合铁、锰的沉淀而发生铁、锰缺乏症。这样处理后对马铃薯青枯病、晚疫病等都有很好的防治效果。

汽雾法生产微型薯不受土壤条件、自然环境条件的制约,可以科学地对马铃薯生育期进行温、光、水、气、肥的监测和调控,彻底防止由于土壤连作而发生的病害。在管理过程中省去了中耕、除草、施肥、土壤消毒等作业,节约劳力,避免了传统栽培模式的不利因素,发挥了马铃薯生产的增产潜力。不但提高了微型薯的结薯个数,而且增加了单粒重,比一般传统方式栽培提高 3 ~ 5 倍以上,单株粒数提高达 15 倍以上。

(四)建立规范的三级良种繁育体系生产脱毒薯

所谓种薯的三级良繁体系,即指原种、一级种、二级种的良种繁育体系。目的是提高马铃薯种薯生产的科学性,防止马铃薯退化。黑龙江省大兴安岭地区马铃薯科研中心的做法值得借鉴,他们的种薯繁殖程序如图 9 - 2。

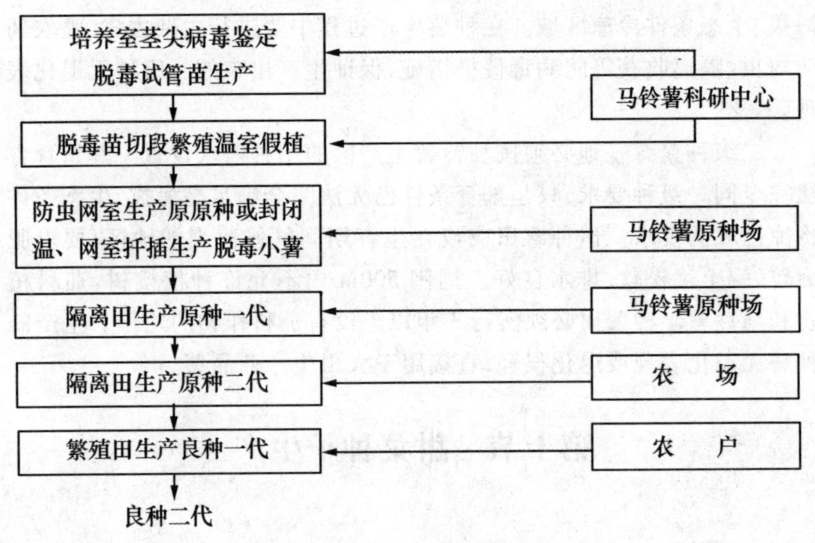

图 9 - 2　马铃薯脱毒种薯繁殖程序图

在马铃薯脱毒种薯繁育体系中,一般把从防虫温、网室中繁育出来的脱毒小薯叫做原原种;把原原种播种后生产出来的种薯叫原种或原种一代;把原种播种后生产出来的种薯叫一级种或原种二代;把一级种播种后生产出来的种薯叫二级种或良种一代。图 9 - 2 中的良种二代就应是商品薯,生产中再作种薯使用,产量和品质会有所下降。

1. 原种生产

原原种由于个体较小,成本较高,不宜直接用作生产用种,因此,需要进一步繁殖原种。

原种生产不可能全在温、网棚内进行,因此,需要选择适当的地点繁殖原种。生产基地应当具备的条件是:海拔或地势较高,气候凉爽;蚜虫少;风大雾大有翅蚜虫不易飞迁、降落的地方;天然隔离条件好,如林中的空地、四周环山的平地等;无传播病毒和细菌性病虫害的土地;种薯田不能和茄科植物连、间、套作,且必须远离蔬菜地、油菜地等。

由于原原种的生产力较低,因而原种的生产量只能供繁殖一级种使用。

2. 良种生产

良种来自一级原种和二级原种。一级种繁育基地应尽量选择在高海拔、生态条件冷凉区域。在种薯生产过程中要进行去杂去劣、喷农药防蚜虫、隔离收获等防病毒侵染措施,保证生产出来的一级种无退化表现。

二级种繁育基地必须按马铃薯主产区的用种需求设置。其繁育方法完全同一级种要求,只是繁育条件已无法完全满足高海拔、生态条件冷凉区域的要求。但种薯田应设在生育期间气候凉爽的地区,要求肥力较好、土壤松软、排水良好。周围 500m 内不允许种植桃树、茄科植物和马铃薯。种薯田必须实行 3 年以上没有茄科作物的轮作。生产的种薯无退化表现或退化很轻,直接用于大田生产商品薯。

第十节　甜菜种子生产

一、概述

甜菜(*Beta uulgaris L.*)是二年生糖料作物。第一年为营养生长,播种出苗后形成肥大直根,并在根体内积累养分;第二年为生殖生长,母根栽于采种田,生根、长叶、抽薹、开花、受精、结成种子,从而完成一个生活周期。20 世纪 70 年代初,我国糖料甜菜从超级原种到生产用种普遍采用两个世代三级种子繁育制度,即母根优选(超原)、普选(原种)到生产用种。饲用甜菜与糖料甜菜的制种程序基本相似,但二者在栽培生产中获取产品的目的不同,且利用的途径也不一样。糖料甜菜是制糖工业原料,母根培育要进行田间选择,而且还要进行检糖选择,兼顾产量和含糖量,使之符合制糖原料标准。饲用甜菜是畜禽喜食的一种青鲜饲料,生物产量高、蔗糖含量低,并且含有促进动物生长发育需要的各种营养物质。其在生长期间可以打叶直接喂养畜禽,收获后的茎叶可青贮,块根可冬贮或制成千丝、干粕,能随用随取,从而可解决冬春季饲料不足的问题,其母根培育以根、茎叶的高产为主要选择目标。因此,在栽培、制种措施上,应根据品种特性及其利用途径,创造适合该品种特性的农艺措施。

二、甜菜采种技术

甜菜采种栽培,与甜菜原料块根的栽培环节大同小异。但在选地、播种、管理、收获、贮藏等方面比原料甜菜要求严格。

1. 采种田选择

甜菜采种田,应选择地势平坦、水源充足、土质疏松、有机质多、土壤肥力高、管理方便的地方。由于甜菜开花期自花授粉能力很低,若同株同花授粉时几乎不能结实。靠风力和昆虫传粉,天然杂交率高,一般可达 90% ~100% 。为保持良好的种性,在良种繁育时,需在不同品种间进行 2000m 以上的隔离。

2. 培育母根

在营养生长期,管理上要合理使用水肥,谨防灌水过多或施氮量过大,引起叶丛徒长,影响块根的冬季贮藏效果。在整个生长发育过程中,要做好去杂去劣,发现个别植株长相异样(过于高大或过于瘦小)、当年抽薹的、病害严重的,做出标记,予以淘汰。其他植株在收获过程中,还要进行精细选择,把根型整齐,主根直,没有较大分叉根的块根留下,将空心根、多头根、多叉根,有机械损伤的根和有病根全部淘汰,确保留种母根种性优良。在母根切削,贮藏方面,要求做到精细、安全。切削时,顺根头将叶片从叶柄基部像削铅笔一样削去,留叶柄2 ~3cm,根尾部留 0.5cm 以上,根沟中的侧根不要削去。

北方地区,因冬季寒冷,母根贮藏地点应选背风向阳,土质紧密,土层深厚,地下水位在 2m 以下,距第二年移栽地块较近的地方。采用活窖保藏法,根据收获母根数量的多少规定窖长,一般宽 1m,深 1.8m。窖底挖一条 20cm 宽,20cm 深的通风道,上面盖上树枝,两边通到窖的侧壁上,离地面 50cm 处。然后堆放母根,厚度不宜超过 50cm,顶部盖

30cm 厚度湿土,勿盖两边的通气孔。天冷时在窖上面覆盖树枝、草苫等物,盖土压严为止,中间留 50cm 见方的通气孔,以利调控窖内温湿度,确保安全越冬。

母根入窖后,要加强管理。窖内放温度表,定期观测温度变化,保证入窖初期的气温逐渐下降,稳定窑温在 3~5℃,中期保持 0~3℃,后期 2~4℃。当窖温在 -1℃时即可盖严通气孔,防止受热或受冻,避免烂窖。

3. 母根栽植

第二年早春气温回升后选择具有本品种特性的母根移栽于大田。西北地区 3 月下旬至 4 月上旬为移植适期。出窖时去除病根、腐烂根、没有发芽能力的根,全部淘汰,保持所栽母根健壮,提高出苗率。母根栽植,以 1.8 万~3.6 万株/hm^2 为宜,春播大母根,行、株距为 80cm×60cm,夏播小母根,行株距 70cm×40cm。

此外,冬暖地区栽培甜菜母根时,可在夏收作物收获后及早播种,露地越冬,能减少收获贮藏的技术环节和春季移栽的工序,又能提早返青,提早成熟,值得大力推广。

4. 加强田间管理

母根移栽后,及早追肥灌水,中耕除草,防虫治病。形成种球后,要视其有效生育天数的多少,适时打主薹,摘主薹尖的适宜时期是:主薹长到 5~10cm 时,可用手摘去主薹生长点,不宜摘得太长,一般 2~3cm 为宜,既能控制主花枝的无限生长,打破顶端优势,又能促进侧枝生长,减少营养物质的消耗,形成丰产株型。

5. 适时采种

种株一般于 7 月底到 8 月初进入成熟期,当全田种株上种球呈现红色,1/3 的黑黄色时,立即收获。

三、生产实践范例

河西走廊饲用甜菜繁种技术

饲用甜菜是畜禽喜食的一种青鲜饲料,在北方地区推广种植,可有效解决冬春季饲料不足的问题。在制种措施上,其母根培育以根、茎叶的高产为主要选择目标。因此,应根据品种特性及其利用途径,创造适合该品种特性的农艺措施。现参考骆爱基近年来饲用甜菜在河西繁育工作的实践，将其繁种技术总结如下：

1. 培育母根

(1)选地、整地

选择排灌方便、肥力较高、前茬为早熟大麦或小麦等作物的地块。前作收后及时灌水，结合耕地施入腐熟农家肥 45000～60000kg/hm²，磷酸二铵 250～300kg/hm²，尿素 250kg/hm²。耙耱 1～2 遍，清除地表杂物，再镇压 1～2 遍，要求达到地平、土碎。

(2)适时播种

在河西川水区采取夏茬复种方式。实践证明，在前茬作物收获后 7 月中旬抢时播种，均能形成繁种所要求的种根，过晚则苗小根弱，对种子产量有影响。播种采用人工手锄开沟点播法，行距 30cm，株距 10～15cm，播深 3cm，播种量 15kg/hm²，播后盖沙灌水。

(3)田间管理

当植株长出 1～2 片真叶时间苗，4～6 片真叶时定苗，选留壮苗，剔除弱苗、病苗、杂苗。保苗 33 万株/hm²。定苗后可用 90% 灭多威可湿性粉剂 2000～3000 倍液或 50% 辛硫磷乳油 1000 倍液在傍晚喷洒，以防治地老虎、甘蓝夜蛾等害虫。8 月中旬灌水一次，结合灌水，视苗情追施尿素 75～150kg/hm²，并及时中耕除草。

(4)选择母根

生物学选择是培育母根，提高繁种质量的重要手段。生长期间对田间母根植株形态、叶形、长势和抗病力等进行观察记载，随时拔掉异形、感病等植株；起收后，根据根形、重量、色泽、感病程度再次选择，淘汰多头根、分叉根、空心等畸形根。据试验，一般选留根重 40g 以上、根茎直径 2.0cm 以上的母根进行修削窖藏，若母根过小，体内营养物质少，则窖藏时易萎蔫失水，对种子产量有影响。

2. 采种田的栽培与管理

(1)选择地块

饲用甜菜种株要在较短的生育期里(90～120d)形成高大的株丛和较高的种子产量，其需要的氮、磷、钾量分别较一年生植株多 2.0～2.5、20、1.0～1.2 倍，因此应选择地势平坦、土壤肥沃和有灌溉条件的地块。前茬以小麦、玉米、豆类等作物为最好。严禁重茬和迎茬地繁殖种子,否则会使病虫害加重,影响种子的产量和质量。

(2)整地施肥

前茬作物收获后,及早进行翻耕、晒垡,耕深20cm以上,初冬时进行深灌,以利保墒。翌春结合整地,基施农家肥4.5~6.0t/hm^2、尿素225kg/hm^2、过磷酸钙900kg/hm^2,耙耱1~2遍,然后用石磙镇压,达到土碎、地平。

(3)母根出窖选择

母根经冬季贮藏后有长芽、腐烂现象,因此,母根出窖之前应进行选择,淘汰丧失栽植价值的腐烂根,对完好的新鲜健壮母根应在栽植的当天将其装入袋内备用,以防风吹日晒失水萎蔫而影响出苗。

(4)适期栽植,合理密植

当气温升到5℃、土壤解冻15cm以上,即可栽植。河西地区一般3月下旬到4月上旬是母根栽植的适宜期。栽植之前,先用划行器或测绳按栽植方向规范划行,然后按行定植,行距70cm,株距40cm,密度3.57万株/hm^2。栽植深度以根头顶部略低于地平面或与地平面持平为宜,并在根头表面覆2~3cm厚土,以防早春干旱、刮风使根头失水。

(5)田间管理

①查苗补苗

在种株田出苗时,要及时进行查田。对因覆土过薄而根头局部裸露的母根,应挖取湿土覆盖;对因栽植过深而迟迟不出苗的母根,宜用手轻轻扒去表土,使其露出顶芽,然后再覆盖一层湿土;对根头已腐烂的种根,则需挖出重新补栽。

②适时灌溉

饲用甜菜种株对水分反应敏感,一般在正常年份需灌水3次。种株抽薹之前的叶丛期(5月上旬)是追肥和灌水的最佳时期,应结合灌第一次水,追施尿素113~150kg/hm^2,及时中耕除草。现蕾至开花(6月上旬)是种株需水的关键时期,此期灌水既可调节田间温、湿度,防止干热风危害,又可保证种株开花受精所需水分。第3次水应在盛花后期(7月上旬)灌溉,对形成饱满种子、增加产量和改进品质有重要作用。

③花序摘尖(打顶尖)

打主薹是调节种株体内养分均衡分配和创造早热丰产枝型的重要

技术措施。当种株主薹长到 5 ~ 10cm 时进行打尖(即割主薹),其方法是用镰刀或手工除去主薹 2 ~ 3cm,促使其侧枝发育,形成多枝型。种株盛花后期即可摘去花序顶尖,人工摘除主、侧枝顶端花序,摘尖长度在 2cm 以内。也可用 0.1 ~ 0.2g/kg 青鲜素(马来酰肼)或 5% 矮壮素 500kg/hm^2 液喷洒种株,抑制主、侧枝延长和无效蕾丛的形成,减少无效消耗。据试验,摘顶尖较不摘顶尖可增产种子 16.6%,千粒重增加 0.9g。

3. 收获种子

(1)收获时期

饲用甜菜是无限花序,由于不同部位的种子成熟存在一定的时差,因此要适时分期收获。当地一般在 8 月上旬是种子收获的适宜期,当单株果穗上有 1/3 左右种球呈杏黄色、采种田种株 1/3 变黄时进行收割。

(2)收获方法

种子收获之前,要准备好堆放、脱粒、晾晒的场地,以水泥地面为好。收割时,先将种株间相互缠绕的枝、穗轻轻分开 6 ~ 8 株,切勿用力撕拉,以免种子脱落,然后用镰刀自种株基部割下茎秆,捆成一捆,边收边运回场地,以减少种子脱落损失。每 10 捆码成一垛,晾晒 2 ~ 3d,即可脱粒。脱粒后进一步晾晒,干燥后装袋,并在袋内外贴好标鉴,注明品种名称、年份、产地等,即可入库。

第四章　蔬菜种子生产技术与实践

第一节　蔬菜种子生产特点及分类

一、蔬菜种子生产特点

蔬菜作物与粮食作物相比，种子生产有以下特点：

（一）蔬菜种类多，种子类别多

目前我国栽培的主要蔬菜有 80 多余种，每个种内又有许多变种，每个变种又有各式各样的品种，生产上使用的蔬菜种子有常规种子、杂交种子。常规种子有自花授粉的纯系品种，异花授粉和常异花授粉的群体品种，无性繁殖的无性系品种。杂交种子根据制种方法和途径不同又分为：人工去雄配制杂交种；化学杀雄配制杂交种；利用雄性不育系配制杂交种（二系和三系制种）；利用自交不亲和性配制杂交种；利用雌性系配制杂交种等。

（二）种子生产周期长

由于多数蔬菜作物对光温反应敏感，完成其生命周期必须通过春化阶段和光照阶段才能进入生殖生长，开花结实，所以蔬菜种子生产周期较长，有的需要一年，有的需要两年甚至三年才能采收种子。这样，一方面使制种成本增高，另一方面增加了自然灾害影响产量的机会。

（三）种子生产技术性强

蔬菜制种属于技术密集型产业，如茄果类蔬菜种子较小，直播发芽困难，难于全苗，必须育苗移栽，需要掌握设施工程技术，育苗技术等；蔬菜杂交制种时要求严格隔离，甚至利用保护地（大棚、温室）制种；有的蔬菜采用人工去雄配制杂交种，需要掌握杂交技术，有的蔬菜异交结实率低,杂交制种时必须人工辅助授粉。因此,蔬菜良种繁育工作量大,要求高。

(四)易利用杂种优势

根菜类、茎菜类、叶菜类主产品为营养器官,杂交种只要生长势强,营养器官大多利用,无需追求种子产量,所以很容易利用杂种优势。

(五)生产投入多,效益高

由于蔬菜种子生产周期长,技术性强,在种子生产过程中投入的人力、物力、财力比较多。例如:蔬菜作物需水肥较多,对土壤要求严格,生产上要选择上等地块制种,水肥投入较多。许多蔬菜要求管理精细,杂交制种采用人工去雄的方法,比较费工。但是蔬菜作物种子繁殖系数高、销售价格高,所以制种经济效益可观。

(六)品种更新换代快

蔬菜种子用途单一,绝大多数蔬菜种子除了作种子外没有其他用途,故一旦种子积压或失去种用价值,都将造成极大的经济损失。因此,必须加强种子生产的预见性,才能达到产、销平衡。

二、蔬菜分类与种子生产

我国栽培的蔬菜有230多种,其中普遍栽培的有70~80种。这些蔬菜的食用部分有的是柔嫩的叶子,有的是新鲜的种子和果实,有的是膨大的肉质根或块根,还有的是嫩茎、花球或幼芽,其种子生产技术各有不同。为了便于学习和研究利用,科学家们对蔬菜进行了系统分类。分类方法大致有:植物学分类法、农业生物学分类法和食用器官分类法三种。其中与种子生产关系最为密切的是植物学分类法,这种分类方法不但可以了解科、属、种在形态方面与生理方面的关系,而且可以了解它们在遗传上、系统发育上的亲缘关系,对于蔬菜病虫害防治、杂交育种、安排种植制度以及制定科学的管理措施等有较好的指导作用。

植物学分类法是根据植物学的形态特征和亲缘关系,按照科、属、种、变种来分类,是种子生产上隔离方式和授粉方法的重要依据。我国的蔬菜分别属于30多个科,其中主要科目分类如下:

(一)十字花科

主要包括白菜、萝卜、甘蓝、芥菜、花椰菜、球茎甘蓝、青花菜等。

（二）茄科

主要包括西红柿、茄子、辣椒等。这三种蔬菜的生物学特性及栽培技术都很相似，为喜温性蔬菜，主要在冬前或早春育苗，气候温暖后定植，为春夏季的主要蔬菜。

（三）葫芦科

主要包括黄瓜、甜瓜、番瓜、西葫芦、西瓜、冬瓜、苦瓜等。雌雄异花同株，要求较高的温度及充足的阳光，栽培季节与茄果类相同，为种子繁殖，在低温短日照的条件下可以促进雌花的分化和形成。

（四）伞形科

主要包括芹菜、胡萝卜、茴香等。

（五）豆科

主要包括菜豆、豇豆、豌豆、扁豆、蚕豆、刀豆等。除豌豆、蚕豆要求冷凉气候外，其他都要求温暖气候，这类蔬菜根部有根瘤菌，可以固氮，为种子繁殖。

（六）菊科

主要包括莴苣、茼蒿、牛蒡等。

（七）百合科

包括大葱、洋葱（园葱）、大蒜、韭菜、金针菜（黄花菜）、芦笋（石刁柏）等，也称鳞茎类蔬菜，以秋季和春季为主要栽培季节。这类蔬菜可用种子繁殖（大葱、洋葱等），也可用营养体繁殖（如大蒜、韭菜）。

此外还有藜科（如菠菜）、苋科（苋菜）、禾本科（甜玉米等）、睡莲科（莲藕）、姜科（生姜）、天南星科（芋）等。

第二节　叶菜类种子生产

一、大白菜种子生产技术

大白菜[*B. campestrisssp. pekinensis*（*Lour*）]又称结球白菜，属十字花科芸薹属。原产于我国，是我国北方地区的主要秋冬菜，其种植面积占秋播菜总面积的50%～60%，产品供应期长。大白菜良种繁育是保证大白菜提高产量，改善品质的先决条件。种子生产分常规品种和杂交种两种类型。

(一)大白菜制种的生物学基础

1. 开花结实习性

大白菜为复总状花序。其开花顺序为主枝先开,然后是一级侧枝和二级侧枝,就一个分枝讲,开花顺序是自下而上的。在一般露地栽培条件下,每天每个花序上开2~3朵花,有时开5~6朵花,单株花期约20~30d,一个品种的花期可达30~40d。一株可开花1000~2000朵,主枝花量占全株开花总数的3%~5%,一级侧枝花量占总花数的35%~40%。愈晚开放的花受精结实率愈低,所以在种子生产时可采用"打尖去围"法去掉晚开的花枝和花蕾。由于每个一级侧枝的着花数较每个二级侧枝着花数多,而且开花坐荚率高,所以单株种子产量主要取决于一级侧枝的发育状况和花数的多少。因此,合理密植,抑制二级侧枝的发生,对单株种子产量影响不大,反而能提高单位面产量和种子质量。

大白菜是异花授粉作物,具有自交不亲和性和自交生活力衰退现象。雌蕊在开花前3~4d至花后2d都有受精能力,但以开花当天受精能力最强。花粉成熟与开花同步,开花后第二天花粉生活力明显降低,授粉后40d左右种子成熟。

2. 对温度和光照条件的要求

大白菜属于喜低温、长日照、虫媒异花授粉、二年生结籽蔬菜作物。正常生长发育过程是:第一年秋季进行营养生长,形成发达的叶球,第二年种株经冬季低温窖藏度过春化阶段,翌春栽植进行生殖生长,使之抽薹、开花、结实。大白菜属于萌动种子低温春化型,即从种子萌动开始到长成叶球后,都可通过春化。一般在10℃以下(2~4℃效果最好),经过10~30d即可通过春化阶段。萌动种子若经低温春化后春播,当年即可抽薹、开花、结实。在春化过程中,低温处理的时间越长,处理时植株的年龄越大,花芽分化越早,长日照及高温会促进抽薹开花。但在通过春化阶段时,如果低温的时间很短,或虽经低温春化,但春化后生长在短光照条件下,就会发生各种各样的畸形花,或者花而不实,形成所谓半营养状态,大大影响种子产量。此外,不同品种对低温的敏感程度有差异,如耐抽薹的早春栽培品种,经过长期冬季贮藏才能正常抽薹开花,而一些抗热的早热品种不经过明显的低温处理也能抽薹开花。

大白菜属喜冷凉作物，营养生长期的适宜温度范围为10～22℃，高于25℃时生长不良，5℃以下生长缓慢，遇到短期零下2～5℃的低温后仍可恢复生长，能耐轻霜不耐严霜。种子在8～10℃下开始发芽，在20～25℃时发芽最快，幼苗期生长最适温度22～25℃。一般品种的种子萌动后，在2～10℃低温条件下，15d就可完成春化阶段。幼苗期可耐-2℃的长期低温，-5℃的短期低温。大白菜抽薹期适温为12～16℃，开花结荚期适温17～22℃，最高不要超过25℃，超过30℃则结实不良；日均温低于10℃开花极少。

(二)大白菜常规品种的种子生产技术

1. 原种生产技术

原种生产采用成株采种法，即秋季播种，种株于初冬形成叶球，选择典型优良的种株贮藏越冬，翌春混合栽于采种田中，使之抽薹、开花，任其自然授粉产生种子。这种采种法由于秋季对种株进行严格选择，从而能保证品种的优良种性和纯度，甚至逐代提高。生产技术如下：

(1)母株培育

大白菜采种的母株培育技术基本上与秋播商品菜的生产技术相似，但应注意以下几点：

①播种期应适当推迟：一般早熟品种比商品菜晚播10～15d，中、晚熟品种晚播3～5d。播种太早，种球形成早，入窖时生活力已开始衰退，不利于冬季贮藏，春季定植时又易感各种病害；若播种太晚，到正常收获期叶球不能充分形成，会给精选种株带来困难，使原种的纯度下降，如河西走廊商品菜一般在7月15日～20日播种，采种栽培时早熟品种7月20日播种，中、晚熟品种7月10日～15日播种。

②合理密度：留种用大白菜的种植密度一般较商品菜增加密度10%～15%。一般出苗后间、定苗2～3次，拔除病、弱、杂苗，选留健壮苗，留苗密度为：中、晚期品种60000株/hm^2左右，早熟品种65000～70000株/hm^2。

③加强水肥管理　施肥的原则是：以基肥为主，增施磷钾肥、减少氮肥用量。一般施有机肥45000kg/hm^2，过磷酸钙375kg/hm^2作基肥，生长期间的氮肥用量要低于菜田用量，一般尿素控制在150～300kg/hm^2。结球中期、后期要减少灌水量，收获前10～15d停止灌水，以提高母株的贮藏性。

④适期收获:为防止母株受冻,母株收获比菜田一般早 3 ~ 5d。

(2)种株选择

为提高原种纯度,常采用以母株培育田精选种株。种株选择标准和原则是:选择具有本品种典型特征、发育健壮、无病虫害感染、接球性良好的植株;对植株各主要性状进行全面观察比较,不可因某一性状的优越而忽视综合性状的选择。一般从收获至第二年春定植要经过 4 次正规选择:A. 田间初选:在种株收获前 10d 左右田间初选,选择株高、叶片形状、色泽、刺毛、叶球形状、结球性等具有原品种典型性状的无病虫害的植株插棍标记,一般初选株数是计划选株数的 2 ~ 2.5 倍;B. 收获时选择:在收获前,再根据选择标准进行复选,复选的株数是计划株数的 1.5 倍;C. 储藏期间和定植前的选择:随着储藏时间的延长,种株个体间耐储性差异就会表现出来,根据病情,脱帮裂球、腋芽萌发及球形、株高等性状的变化淘汰部分种株;D. 定植后的田将选择:根据种株分枝习性,叶、茎、花等性状,进一步淘汰非标准株。

种株收获最好在晴天的下午进行,以避免上午因露水大易伤帮叶现象。种株收获后就地分排摆放晾晒,用前一排的菜叶盖住后一排的菜根,以保证晒叶不晒根。每天翻动一次,夜间降温要及时覆盖,白天温度升高再揭除,直到外叶全部萎蔫时入窖贮藏。

(3)种株的贮藏及处理

①种株贮藏:种株贮藏的适温为 2 ~ 2℃,空气相对湿度为 80% ~ 90%,各地可视情况采用沟藏、埋藏或窖藏,北方以窖藏方式为多,贮藏注意防冻、受热。到贮藏后期,要淘汰伤热、受冻、腐烂、脱帮多、侧芽萌动早、裂球及明显衰老的种株。

②种株处理:种株定植前 15 ~ 20d 进行切菜头,即在种株缩短茎以上 7 ~ 10cm 处将叶球的上半部分切去,以不切伤叶球内花芽为度。处理后的种株移到向阳处,根向下、四周培土进行晾晒,使种株由休眠状态转为活跃状态,有利于定植后扎根。

(4)种株的定植及田间管理

①种株的定植。A. 采种田的选择:采种田应选择土壤肥沃、排灌方便,2 ~ 3 年内没种过十字花科蔬菜,其他品种的大白菜等。留种田要求空间隔离 2000m 以上。B. 定植的时间:第二年春季在确保种株不受冻害的情况下,尽量早定植,一般在耕层 10cm 深处,地温达 6 ~

7℃时即可定植。实践表明,华东、华北地区的定植期为3月中旬至4月上旬,西北为4月中旬为宜。C. 种株定植:采用起垄定植或做畦定植,利于排灌,防止软腐病。定植前一般沟施有机肥50000~60000kg/hm^2,过磷酸钙和草木灰各450~600kg/hm^2。在畦上挖穴定植,定植的深度以种株切口与垄面相平为度,定植后浇水,浇水后及时培土并踩实。定植密度一般为52500~75000株/hm^2。

②定植后的田间管理。A. 中耕与肥水管理:以"前轻、中促、后控"为原则。定植5~6d后如果干旱,可浇水一次,及时中耕,以提高地温。抽薹期追肥浇水一次,然后中耕一次,同时清除脱落的老菜帮及枯烂叶。始花后将抽薹过早及病、弱株拔除,然后再追一次氮磷钾复合肥300~450kg/hm^2。整个花期应浇水3~5次,并在叶面喷施2~3次磷酸二氢钾。盛花期后控制肥水,结荚期少浇水,黄荚期停水,以防贪青徒长,延迟种子成熟。B. 辅助授粉:大白菜是虫媒花,在采种田的花期放养蜜蜂可显著提高产量,放养密度以15箱/hm^2蜜蜂为宜。如果蜂源不足,应在每天上午9时、下午4时用喷粉器吹动花枝进行辅助授粉。C. 病虫害防治:常发生的病虫害有软腐病、霜霉病、病毒病、蚜虫等。用链霉素等喷施或灌根,可防治软腐病;在初花期用75%的百菌清可湿性粉剂500倍液喷施1~2次,可防治霜霉病;在开花前、中、后期各喷1~2次0.5%植病灵1000倍液可防治病毒病;在定植前、开花前、开花后期及结荚后各喷一次氧化乐果与敌敌畏800倍等量混合液可防治蚜虫。喷药时间最好避开开花期,以防伤害传粉昆虫,影响授粉。

③种株收获。在种株第一、二侧枝的大部分果荚变黄时,于清晨一次性收获,收获后晾晒、后熟2~3d脱粒。种子含水量降至9%以下方可入库贮藏。

成株采种方法生产的原种种子纯度高,但种子产量较低。为了提高原种产量,有的地方采用半成株采种法,此法由于秋收时无法对种株进行严格选择,所以种子纯度不及成株采种法。

2. 良种生产技术

良种生产采用小株采种法,即利用大白菜萌动的种子能在低温下通过春化阶段的特性,当年早春育苗采种。该法生产周期短、种株长势旺、种子产量高。但此法不能进行种株的选择,种子纯度不高。其生产技术如下：

(1)育苗

①设施、苗床准备：小株采种法通常采用早春阳畦育苗。阳畦选用土层深厚、土质疏松、有机质含量高的沙质壤土。一般畦宽1.5～1.8m，东西向延长，每667m^2的制种地需30～40m^2的育苗阳畦。并增施有机肥约15.5～20.0kg/m^2、磷酸二铵0.15～0.2kg/m^2，培肥地力。

②播种：阳畦育苗的适宜苗龄为60～70d，6～8片叶。各地的定植适期以10cm地温稳定在5℃为宜，由定植期前推60～70d即为适播期。如甘肃河西走廊一般在1月下旬至2月上旬播种为宜。播前种子用55℃左右温水浸种15min，期间不断搅拌，待水温降至30～35℃时浸种1～2h，然后于25℃条件下催芽24h左右，待种子刚露白即可播种。播种前1～2d将畦面浇透，待水渗后按8cm见方点播，随播种随覆0.5～0.8cm的沙土，播种后立即盖严薄膜和草苫。

③苗期管理：具体方法是：播种至出苗阶段，要尽量提高畦内温度，夜间覆盖草苫，甚至加双层草苫以保温。出苗后至定植前1周，是幼苗生长和通过春化阶段的关键时期，白天畦温控制在15～20℃，夜间4～17℃。定植前十几天，白天全放风，夜间逐渐加大放风量。定植前7d左右，昼夜全放风炼苗。在定植前5d浇一次透水，然后切割营养土方，并起苗成坨，就地囤苗3～5d，以利于缓苗和增加幼苗的抗寒、抗旱能力。幼苗生长期间，由于床土本身比较肥沃，一般不需追肥。但在特殊情况下，如小苗明显出现脱肥变黄现象时，可追施一次氮素肥，根据小苗缺水情况适当灌水，严禁大水漫灌，以免小苗徒长。

(2)定植

①选地、整地：采种田的选地与整地同成株采种法。

②定植：早春5cm地温稳定在5℃左右时为定植适期。北方地区多采用垄作或小高畦覆膜方式，定植密度为60000万～90000万株/hm^2。最好在晴天的上午开穴定植，定植深度以苗坨与垄面相平为宜，徒长苗可略深，以露出子叶节为度。

(3)采种田的田间管理

①追肥浇水：具体技术同成株采种法，仍采取"前轻、中促、后控"的原则。在定植前施足基肥、定植时浇足水后，一般在现蕾前不浇水、不施肥，采取浅中耕、多中耕来提高地温和提墒保墒，直到抽薹10cm

左右时开始追肥浇水。

②放蜂与病虫防治:同原种生产。

③种子收获:基本同成株采种法,只是小株采种的成熟期比成株采种法晚 10 ~15d,由于与菜田栽培播种期相距时间很短,需抓紧时间脱粒,以便及时为大田生产提供良种。

(三)大白菜杂交种子生产技术

目前大白菜杂交种生产主要采用自交不亲和系杂交制种技术。

1. 杂交亲本原种的繁殖

(1)自交不亲和系原种生产

自交不亲和系的原种生产与常规品种的原种生产技术基本相同,一般采用成株采种法。此方法成本高,但质量可靠。方法如下:

①严格隔离:在 2000m 以内不能种植能与大白菜发生天然杂交的其他品种和作物,也可采用网室、套袋、大棚等方法进行机械隔离。如同时繁殖若干个自交不亲和系,不同材料要由专人负责授粉。

②蕾期人工授粉:蕾期剥蕾授粉的最适蕾龄为开花前 2 ~4d,此时花蕾呈纺锤形,长约 5 ~7mm,宽约 3.5mm,花萼的顶端开裂,花冠微露出花萼。剥蕾时,用左手捏住花蕾基部,右手用镊尖轻轻打开花冠顶部或去掉花蕾尖端,使柱头露出,然后取当天或第二天开放的花朵中的花粉,涂在花蕾的柱头上。人工剥蕾授粉,全天均可进行,但气温低于 15℃,高于 25℃时,坐果率差。

③花期盐水喷雾法:为克服人工剥蕾的麻烦,可在自交不亲和系开花期的上午,用 3% ~5% 的食盐水喷花,要使柱头接触到盐水,盐水能克服自交不亲和性。待花朵上盐水干后,进行人工辅助授粉,从而获得自交种子。若在一个温室或大棚内只繁一个自交不亲和系,可在喷盐水后配合放养蜜蜂辅助授粉。此方法简便,成本低廉,适于生产自交不亲和系的制种亲本。

喷食盐水法繁殖自交不亲和系的结实率及产量因自交不亲和系不同而差异较大,所以繁殖某一种自交不亲和系时,最好先进行试验后再大面积应用。

(2)杂交制种用的亲本生产

杂交制种用的亲本种子生产与常规品种的原种生产技术基本相同,一般采用小株采种法。但隔离条件要与自交不亲和系相同,若用机械隔离时应采用人工放蜂和人工辅助授粉的措施，以提高种子产量。

2. 杂交制种技术

利用自交不亲和系生产杂种一代种子，一般采用小株采种法。杂种双亲的育苗、隔离、定植、田间管理等技术基本同常规品种的小株采种法，与之不同的技术环节如下：

(1)双亲行比确定

根据组合特点确定父、母本比例。①若双亲均为自亲不亲和系，而且正、反交获得的杂交种在经济效益和形态上相同，可采用父、母本为1∶1的比例播种、定植，父、母本上的种子均为杂交种，可以混合收获、脱粒、应用。②若双亲均为自交不亲和系，但正、反交的杂交种在经济效益上相同而性状不同，可仍采用父、母本1∶1的行比播种、定植。但父、母本行上的杂交种子应分别收获、脱粒、应用。③若双亲均为自交不亲和系，但正、反交的杂交种在经济效益上相差很大，则只采用正交，父、母本可按1∶2～4的行比播种、定植，只收母本上的杂交种子脱粒，用于生产，父本上的杂交种子视情况应用。④若母本为自交不亲和系，父本为自交系，则父、母本按1∶4～8的行比播种、定植，只收母本行上的杂交种子脱粒，用于生产。父本行的种子不作种用。

(2)双亲的花期调节

要注意利用播种期调节父、母本的花期，早开花的适当晚播，晚开花的适当早播。开花初期发现双亲花期不遇或相遇不好，可对开花早的亲本增施氮肥，并在初花期摘心，促其增加分枝，减缓开花；对开花晚的亲本要早施，增施磷钾肥或叶面喷施磷酸二氢钾促其早开花，达到花期相遇。

(四)生产实践范例

河西走廊大白菜杂交种繁育技术

通过多年的生产实践，总结出一套适宜河西走廊海拔1600m以下的川水灌区大白菜杂交种繁育技术。介绍如下，供同类地区参考。

1. 基地选择

制种地要求地势平坦、背风向阳、灌溉方便、土质肥沃、中性沙壤土。忌与十字花科作物连茬。为了避免不同品种间相互杂交，采种田必须严格隔离。要求制种田四周与不同品种的大白菜及小白菜、油菜，芥菜等十字花科作物间隔1000m以上,开阔地间隔2000m以上。

2. 优化育苗技术

(1)苗床准备　育苗床应选择土壤肥沃、背风向阳、便于管理及上年没有育过白菜的地方。灌足冬水,施足优质农家肥以及备好用的竹板支架、塑料薄膜等生产资料。一般苗床面积6~8m^2,可定植大田l亩,依此可确定苗床拱棚面积大小。

(2)建拱棚　拱棚应坐北向南,一般东西长30m,宽6m,高1.7m,中间架横梁一条,由东向西每间隔1~1.5m固定一根竹板,以增加棚的稳固性。棚北沿用麦草堆起　定高度的护墙。

(3)播种　当地在2月上旬左右进行,播种前3d先进行土壤消毒,棚内用多菌灵喷洒,然后翻地,将畦面整平踏实。播种前一天下午浇透畦面,把种子均匀撒上,上面盖1cm左右的沙土。

3. 苗床管理

苗床管理的原则是:高温出苗,平温育苗,低温炼苗。播种后棚内温度保持在20~25℃为宜,当苗齐后,苗床内温度应降至5~6℃,持续5~6d进行锻炼。定植前两周要逐渐降低床内温度,以适应外界环境条件。

4. 定植

一般在4月上中旬定植,采用地膜覆盖栽培,具体做法是:3月下旬进行整地,施足基肥,整地做畦,畦做成半高垄,垄高15cm,宽1m,盖上地膜后浇水。定植时用手或铲按行株距戳破地膜开穴定植。为保证杂交率,定植时父、母本配置比例应按不同品种要求严格执行(父、母本比例一般1∶1~4不等)。定植密度应根据不同品种的分枝习性和生育状况而定,株行距一般是45~50cm×30~40cm,定植45000~60000株/hm^2。

5. 田间管理

(1)合理灌水。灌水要看天、看地、看生长情况。种株整个生长期间不能缺水,定植缓苗期,气温和地温都很低,应少浇水,以利提高地温和促使根系生长。抽薹初期天气变暖,种株需水量增加,要注意浇水。进入结荚期后气温升高,光照增强,地面蒸发量加大,应结合追肥要充分浇水,以保证籽粒饱满。结荚后期停止浇水,控制种株生长,以防止贪青晚熟。

(2)施足底肥,及时追肥。定植前,结合整地,施农家肥 60000 ~ 75000kg/hm^2,并适当增施磷肥及钾肥。现蕾抽薹时,结合灌水追施尿素 150 ~ 225kg/hm^2,肥力较好的地块不必追肥。据试验研究,于苗期、薹期、初花期分别喷施 0.1% ~0.15% 的硼酸和 0.2% ~0.3% 的磷酸二氢钾混合液增产效果好。

(3)打顶摘心。在种株抽薹期,对种株主薹进行一次摘心,可促进侧枝萌发,提高单株产量。具体做法是:当主茎长至 10 ~ 20cm 高时,把主薹顶芽摘掉。

(4)人工组织放蜂。利用蜜蜂授粉可以提高一代杂交种的纯度和产量。制种田利用的蜂群,放蜂前要关箱净身一周,以防其身上存留的花粉对制种田造成污染。为了使蜜蜂对制种田的白菜花香建立条件反射,能集中在制种田范围内传粉,可采取诱导的方法。即在初花期采摘少量父、母本开放的鲜花,浸泡在 1∶1 的糖浆中约 12h,在早晨工蜂出巢采蜜前给每个群蜂饲喂 200 ~ 250g 这种浸制的花香糖浆,连续喂 2 ~3 次,就能引导蜜蜂积极的去采集制种田的花朵,提高授粉效果。

(5)病虫防治。当地大白菜制种田常发生的病害主要有霜霉病、软腐病。虫害主要有蚜虫、潜叶蝇、菜青虫等。霜霉病防治主要是加强苗床管理,避免苗床出现高温高湿,发现有发病迹象选用甲霜灵水溶液 500 倍液,72.2% 普力克水溶液 600 ~ 800 倍液喷施防治。用链霉素新植霉素喷施或灌根,可防治软腐病。可用 40% 氧化乐果 1000 倍液,1.8% 的齐螨素 400 ~ 500 倍液等防治虫害。防虫工作一定要在花前或花谢后进行,切不可在花期,以免杀死蜜蜂。为了避免花期用药,最好的方法是在定植开花前针对上述多种害虫连续打药 3 ~ 4 次。

6. 适期采收

种子黄熟期即可采收,不可采收过早或过晚,采收过早,种子的成熟度差,秕粒多,不仅产量低,而且质量差;采收过晚,种荚易开散落种子,造成浪费,影响产量。因此,根据当地情况,种株黄熟,籽粒由绿变黑时采收比较适宜。同一地块种株的成熟度不同,应采取分期采收的办法,或及早打花,促使成熟一致。

二、甘蓝种子生产技术

甘蓝(*Brassica oleraea L.*)是结球甘蓝的简称,俗称为洋白菜、卷心菜、包心菜、大头菜等，我国北方地区广泛种植，在蔬菜生产和供应中占有十分重要的地位。因此，搞好甘蓝的良种繁育意义重大。

（一）甘蓝制种的生物学基础

1. 花器构造与开花结荚习性

甘蓝的花为完全花，由花萼、花冠、雄蕊、雌蕊4部分组成。花萼4片，绿色；花冠淡黄色，由4枚花瓣组成；雄蕊6枚，4长2短，为4强雄蕊；每隔雄蕊顶端着生花药，花药成熟后自然裂开，散出花粉；雌蕊1枚，位于花的中央，由柱头、花柱、子房组成。

甘蓝为复总状花序。一般圆球型品种的主花茎生长势强、分枝数少；尖球型及扁球型品种的主花茎生长势较弱，但分枝发达。

开花顺序一般为主花茎先开花，然后是由上向下的一级分枝开花，再后是二、三、四级分枝依次开花。从一个花序讲，开花顺序由下而上。一个品种的花期为30～50d。雌蕊的柱头在开花前8d和开花后2～3d都能接受花粉授精，花粉在开花前1d和开花后2d都有较强的生活力，但柱头和花粉的生活力均在开花当天最强。

甘蓝为二年生异花授粉作物，采种田需严格隔离。生产原种或杂交亲本的原种需隔离2000m以上，生产良种或杂交制种需1000m以上。

2. 阶段发育

甘蓝为十字花科芸薹属，属于喜低温、长日照、虫媒异花授粉、二年生结籽蔬菜作物。甘蓝为绿体春化型植物，通过春化要求营养体长到一定大小，在一段时间内经受一定范围的低温。一般早熟品种需要45～50d才能通过春化；中熟品种需60～90d通过春化。尖球型及扁圆型的部分品种冬性较强，完成春化所需苗大、低温时间长；圆球型及大部分扁圆型品种冬性较弱，完成春化所需苗小，低温时间短。

甘蓝为长日照作物，但不同品种对日照要求不同。尖球型及扁圆型品种对光照要求不严格，种株在冬季埋藏或窖藏，翌春定植后可正常抽薹开花；圆球型品种对日照要求严格，冬季贮存必须有光照，否则翌春不能正常抽薹开花。

3. 对环境条件的要求

（1）温度

甘蓝属耐寒性蔬菜，喜温或冷凉的气候，不同生育期对温度的要求不同。种子在2～3℃时缓缓发芽,发芽适温为18～20℃。刚出土的幼苗抗寒力差,稍大的幼苗抗寒力增强。幼苗对高温也有一定的适应能力,可在25～28℃的条件下正常生长。外叶生长适温为20～25℃,叶球生长适温为17～20℃,高温影响结球,会造成叶球松散。开花授粉温度为20℃左右,超过30℃不利于受精,导致结实不良。

(2)光照

甘蓝属于长日照作物,在没有通过春化阶段的情况下,长日照有利于生长。甘蓝适宜强光照,但对光照强度要求不严格,长日照对分化后的种株抽薹、开花有促进作用。

(3)水分

甘蓝要求较湿润的环境条件,在80%～90%的空气相对湿度和70%～80%的土壤湿度中生长良好。土壤水分不足或受干旱胁迫,生长缓慢,叶球小而松散,甚至不能结球。

(4)土壤营养

甘蓝是喜肥和耐肥蔬菜,以肥沃的沙壤土为宜,对土壤适应性较强,以酸性或微酸性土壤较好,而且能忍耐一定的盐碱性。据研究,每生产1吨甘蓝其养分的吸收量为:N 3.5kg、P_2O_5 0.80kg、K_2O 3.49kg,其吸收比例为N: P_2O_5: K_2O =1: 0.3: 1.1,可见甘蓝是需氮和钾较多的蔬菜。生育过程中,一般定植后35d左右,植株对氮、磷、钙等元素的吸收量达到高峰,而对钾的吸收则在50d时达到高峰。以幼苗期和莲座期氮肥的吸收量最大,其次是磷,而结球期需钾较多。生产中,要注意氮、磷、钾配施,防止缺钙,降低品质。

(二)甘蓝常规品种的种子生产技术

甘蓝常规品种的种子生产基本与大白菜相似,原种生产采用成株采种法,良种生产采用半成株采种法。

1. 原种生产

技术要点是:秋季选择符合原品种典型特征、结球紧实的植株作种株。东北、华北和西北地区植株带根贮藏或定植于冷床越冬,翌春定植,栽植密度依品种而异,一般45000～525000株/hm^2。加强田间管理,前期多中耕松土,以提高地温促进根系生长,开花初期要保证供水充足,盛花后控水,种荚开始变黄时及时收获,晾晒2～3d后脱粒。

2. 良种生产

技术要点是:北方采用秋季播种,一般 8 月下旬,到冬前长成松散的叶球。要求早熟品种茎粗 0.6cm 以上,具有 7 片真叶以上;中晚熟品种茎粗 0.8 ~ 1cm 以上,具有 10 ~ 15 片真叶以上。冬前收获叶球贮藏或定植于冷床越冬,翌春定植。其他管理措施同成株采种法。

(三)甘蓝亲本种子生产技术

目前配制甘蓝杂交种主要利用自交不亲和系做亲本。亲本种子生产主要是采取在严格隔离条件下,用人工蕾期授粉或花期喷盐水的方法。技术要点如下:

1. 种株的培育

甘蓝为绿体春化型植物,必须在前一年秋培育种株。由于自交不亲和系经过多代自交后抗逆性较差,生产上一般采用半成株采种法生产自交不亲和系种子。

(1)苗床选择

选择地势高燥、土壤肥沃、排灌良好、2 ~ 3 年内没种过十字花科蔬菜的地块作育苗床。

(2)适时播种

北方地区一般中、晚熟品种在 7 月下旬至 8 月上旬播种育苗,而早熟或中早熟品种在 8 月中旬至 9 月初播种育苗。

(3)播种方法

播前浇足底墒水,水渗后筛覆一层细土,均匀撒播种子 2 ~ 3g/m^2,播后覆 0.5 ~ 0.7cm 厚的过筛细土,立即搭棚遮荫,苗齐后及时在早晨或傍晚撤掉覆盖物,并在苗床上再覆土 0.5cm 厚,这到保墒和防畦面龟裂的目的。

(4)苗期管理

目标是培育壮苗。当幼苗达 2 叶 1 心时按苗距 10cm 见方分苗。分苗后立即浇水,经 5 ~ 7d 缓苗后再浇一次缓苗水,然后进行中耕蹲苗。当幼苗长到 6 ~ 7 片真叶时,移栽于种株田。

2. 种株的管理及选择

(1)种株田的管理

种株田要精细整地,结合耕翻施入腐熟有机肥 60000 ~ 75000/hm^2,过磷酸钙 450 ~ 750/hm^2,然后做成平畦。中、晚熟品种按株行 33 ~ 40cm 定植,早熟及中早熟品种按株行距 27 ~ 33cm 定植。定植后的肥水管理及病虫害防治与普通菜田基本相同。

(2)种株的选择

在种株田根据植株开展度、叶色、叶形、叶面蜡粉的多少、叶柄、叶缘等性状进行选择,入选株插棍标记。越冬前长成半结球状态时根据叶球的形状、包球紧实度等复选。入选株于11月上旬定植于温室内的采种田。

3. 种株的定植与管理

(1)种株定植

10月下旬或11月上旬在温室整地做畦,采用大小行距的形式定植种株,大行距80~90cm,小行距33~40cm,株距27~33cm。

(2)采种田管理

定植后至现蕾,适当控制灌水,以中耕为主,提高地温、促进根系生长。室内温度控制在夜间5~10℃、白天10~15℃,以防徒长。抽薹至开花授粉期,随外界温度升高;室内加大放风,温度控制在白天不超过25℃,夜间不低于10℃。在抽薹期、初花期、盛花期满足水肥要求。进入结荚期后要减少浇水,以防贪青晚熟,可进行叶面喷施0.2%~0.4%的磷酸二氢钾2~3次,提高粒重。

种株开花前罩上纱罩,以防昆虫传粉。种荚坐种后要及时撤去温室上的塑料膜,避免温度过高,影响种子发育。

4. 蕾期授粉

由于自交不亲和系在开花期自交不结实或结实很少,必须采用人工蕾期剥蕾授粉或喷盐水诱导自交亲和的方法强迫其自交结实。

(1)授粉花蕾的选择

按开花时间选,以开花前2~4d的花蕾授粉结实率最好;按花蕾在花枝上的位置选,可从已开花的最后一朵花往上数第6~20个花蕾授粉结实最好,植株生长势弱的以第3~15个花蕾授粉结实最好。

(2)剥蕾授粉方法

左手扶住花蕾,右手用剥蕾器轻轻转动花蕾顶部的萼片和花冠,以不扭伤花柄和柱头,剥开花为度,露出柱头后,用海绵球蘸取同系的新鲜花粉涂于柱头即可。为避免自交不亲和系的生活力衰退,最好采用系内各株的混合花粉进行授粉。在授粉过程中,由一个自交不亲和系转到另一个自交不亲和系剥蕾授粉时,手和剥蕾器一定要用酒精消毒,以杀死所带花粉，防止生物学混杂。

(3)开花期喷盐水诱导法

这是一种节省蕾期授粉用工的新方法，可在开花期每隔1~2d用5%食盐水于上午喷一次，盐水要尽量喷到柱头上，以诱导自交亲和，产生自交种子。由于此法在不同自交不亲和系上使用的效果不同，因此，要先试验后再大面积使用。

5. 种子采收和贮藏

当角果开始变黄、种子变褐时及时分期分批采收。种子的采收、脱粒、晾晒、清选、保管要专人负责，严防机械混杂，晾好的亲本原种种子最好贮藏在干燥器内。

(四)甘蓝杂交种子生产技术

目前，甘蓝的杂种一代种子主要用自交不亲和系杂交配制。主要技术如下：

1. 亲本种株的培育

杂种双亲的秋季种株培育与自交不亲和系的种子生产相同。

2. 亲本种株的越冬

甘蓝种株的越冬有露地越冬和保护地越冬两种方式。东北、西北和华北地区的种株采用保护地越冬，越冬方式有阳畦或埋藏等。

3. 制种田隔离

甘蓝为异花授粉作物，制种区应与甘蓝类作物和其他品种的采种田相距1000m以上。

4. 采用适当的制种方式

甘蓝杂交制种有露地、保护地、露地与保护地相同排列等方式。

(1)露地制种

当双亲的花期一致或大面积制种时，可采用露地制种。具体做法是：选好制种田，增施有机肥，培肥地力，北方地区掌握在种株不受冻害的情况下，尽早定植，一般定植时间在3月中旬左右。将父、母本种株相间定植，定植密度应根据品种、土质和水肥条件而定。土地肥沃或中晚熟品种宜稀，株行距为33~40cm×50cm，肥力较差或早熟品种宜密，行距为40~50cm，株距30~40cm。通常双亲按1∶1的行比定植，双亲长势差异较大的组合可采用2∶2的行比，若父本为自交系，则父、母本行比应为1∶2~4。定植后加强田间管理，前期多中耕、浅中耕来提高地温,促发根缓苗。在抽薹期、初花期、盛花期分别追施氮磷钾复合肥 150～225kg/hm^2,并各浇水一次。花期每 5～7d 浇一次水,进入结荚期要减少肥水,可喷施 0.3%～0.5% 的磷酸二氢钾 2～3 次,以促粒重。为了防止后期倒伏和提高粒重,在开花后期要围架和摘心,当种荚变黄时分期分批采收。

(2)保护地制种

当双亲花期不一致,而制种量又要求不大时,可用此法。阳畦制种做法是:在前一年的 10 月下旬至 11 月上旬,或当年的 2 月下旬,把双亲种株定植于阳畦内,利用其温度较高,光照好的条件促进抽薹开花。

(3)保护地——露地制种法

适用于双亲花期相差较大的组合,以便于调节花期。具体做法是头年 10 月中下旬 11 月上旬,把父、母本按 2∶2 的行比定植于阳畦内,次年 3 月再于阳畦道上按 2∶2 的行比定植部分亲本,或只再栽一部分开花早、花期短的亲本,从而延长双亲花期相遇时间,以提高制种产量。定植密度为 75000～90000 株/hm^2。越冬前浇冬水,翌春返青后田间管理同露地制种。

5. 注意调节花期

双亲花期相遇是确保制种产量和质量的重要前提,在实际工作中必须调好双亲花期,使花期相遇。常用方法有:

(1)采用半成株或小株采种法

提早 3～5d 播种花期较晚的亲本,反之可略推迟播种,以促使花期相遇。开花晚的圆球类型的亲本系采用半成株采种法,例如扁圆形×圆球型或尖球型×圆球型的杂交组合,可将母本扁圆型或尖球型的亲本系在适期播种,在冬前形成成株或半成株,而将父本圆球型亲本系适当晚播,在冬前形成半成株或小株,以利于双亲的花期相遇。

(2)利用阳畦不同位置的小气候差异调节花期

将抽薹晚的亲本在冬前定植于靠近风障的阳畦北侧,使其在温度高、光照好的条件下生长,促使其早开花;而把抽薹早的亲本定植于阳畦的南侧,使其在温度较低、光照较差的条件下生长,以延迟其开花,从而促成双亲花期相遇。

(3)利用整枝法调节花期

如果双亲的花期相差 7～10d,可将开花早的亲本的主茎及一级分枝的顶端摘心,促使 2 ~3 级分枝的花期与另一亲本相遇;如果双亲花期相差不多,只将开花早的亲本的主茎摘心即可;如果只是末花期不一致时,可将花期长的亲本花枝末梢打掉。

(4)利用地膜覆盖调节花期

对开花晚的亲本进行地膜覆盖,促其花期提早。

6. 去杂去劣

为确保种子纯度,必须彻底去杂去劣。一般至少要进行 4 ~5 次,分别在分苗、定植、抽薹、开花时各进行一次,把杂、劣、病株及抽薹、开花特别早的种株拔除。

5. 种子收获

双亲均为自交不亲和系,且正、反交差异不大时,可将父、母本种子混收为杂交种种子,差异大时应分别收获和利用。若父本为自交系时,则只能收获自交不亲和系(母本)株上种子作为杂交种种子。

第三节 根菜类种子生产

凡以肥大的肉质直根为产品的蔬菜都属根菜类,其中以萝卜、胡萝卜、根用芥菜栽培面积最大,这种蔬菜生长期短、适应性强、产量高、病虫少、耐贮运、营养丰富,是腌制加工的主要原料。本节主要介绍萝卜和胡萝卜的种子生产技术。

一、萝卜种子生产技术

萝卜(*Raphauns sativus L.*)属十字花科萝卜属,一、二年生草本植物,以肥大的肉质根为产品,是我国人民十分喜爱的重要蔬菜,北方地区广泛栽培。

萝卜的种类可依据根形、根色、用途、生长期长短、栽培情况及生态习性等划分。在生产上,则习惯于按栽培季节的差异划分为秋冬萝卜、春萝卜、夏秋萝卜及四季萝卜四种类型。不同地区适用类型不同,选用时要做到因地制宜。

(一)萝卜繁种的生物学基础

1. 花器构造与开花授粉习性

(1)花器构造

萝卜的花为完全花，由 4 枚萼片、4 枚花瓣、6 枚雄蕊和 1 枚雌蕊构成。雄蕊由花丝和花药构成，为四强雄蕊，花药成熟后散出花粉；雌蕊由柱头、花柱和子房构成。在进行人工剥蕾授粉时应避免伤害柱头和花柱。

(2)开花授粉习性

萝卜是异花授粉作物，虫媒花，总状花序。萝卜柱头和花粉的生活力一般以开花当天最强，但萝卜具有雌蕊早熟的特点，柱头在开花前 4d 至开花后 2 ~ 3d 都有接受花粉进行受精的能力，进行人工蕾期授粉时，以开花前 1 ~ 3d 的蕾授粉结实率最高。

萝卜花序为无限生长型，开花顺序是：在主枝上，花由下向上开放；侧枝以上部侧枝先开花，渐及下部的侧枝。每个健壮种株开花 1500 ~ 3000 朵，每朵花开 5 ~ 6d，全花期约 30 ~ 25d。一般生长势强的植株花期长一些，生长势弱的花期短些；短角果，花后 50 ~ 60d 种子成熟，果荚不易开裂，每荚果含种子 3 ~ 10 粒。

2. 生长发育

萝卜为二年生蔬菜。通常是第一年进行营养生长，次年进行生殖生长。喜冷凉，在低温条件下，萌动的种子、植株及肉质根都能通过春化阶段，而后在长日照条件下通过光照阶段。不形成肥大的肉质根也能开花结籽，因此可采用小株采种法繁育种子。多数品种在 1 ~ 10℃范围内经 20 ~ 40d 通过春化阶段，再在 12h 以上的日照下，完成光照阶段，在适宜的环境中抽薹、开花、结实。

3. 对环境条件的要求

(1)温度

萝卜属于半耐寒性蔬菜，种子发芽的最低温度为 2 ~ 3℃，最适温度为 20 ~ 25℃。茎叶生长适温为 15 ~ 20℃。肉质根膨大的适温为 18 ~ 20℃。25℃以上植株生长衰弱，易引起病虫害发生，低于 6℃生长缓慢，-2℃以下易受冻害。开花结荚适温为 17 ~ 22℃，低于 10℃花粉萌发较慢，高于 30℃受精活动不能正常进行。

(2)光照

萝卜属于对光照要求中等强度的蔬菜，在光照充足的条件下，茎叶生长良好，有利于光合作用的进行，利于肉质根膨大。如光照不足，会造成叶片徒长，影响肉质发育，10h/d 左右的短日照适宜其营养生长。

在长日照条件下通过光照阶段,长日照有利于萝卜的抽薹、开花、结实。

(3)水分

萝卜肉质根发达、须根少、不耐旱,适宜的土壤持水量为60%~80%,空气相对湿度为70%~80%。肉质根膨大期土壤水分供应不均易发生裂根和糠心;水分太多,肉质根易腐烂。花期水分不足,影响授粉受精和结实。

(4)土壤肥力

萝卜对土壤的适应性较强,要求土层深厚、土质疏松、土壤肥沃、排水良好的沙质壤土。土壤中性或微酸性均可,适宜pH值为5.8~7.0。生长过程中吸收氮最多,其次是钾、磷最少。繁种时,在施足氮肥的基础上,增施磷钾肥,有利于提高产量。

(二)萝卜常规种子生产技术

1. 原种生产

(1)秋冬萝卜一般采用成株采种法生产原种。技术要点是:秋季播种期比生产田迟10~15d,适当加大种植密度。秋季加强采种田的栽培管理。立冬前后收获,严格去杂去劣,选择种株,然后切除叶丛,摊晾1~2d后,窖藏越冬,翌春在不受冻害的前提下尽早栽植,定植距离因品种而异。小型品种行距45~50cm,株距10~15cm;中型品种行距40~50cm,株距15~25cm;大型品种行距50~60cm,株距25~40cm。肥水管理与下述生产用种的繁殖基本一致。种子生产中应与其他萝卜品种隔离1600~2000m,以防混杂。

(2)春萝卜原种采用半成株采种法生产。2月初选择优质纯种子阳畦播种,田间管理同大田栽培。4月上旬将种株拔出,经去杂去劣后,剪叶定植于隔离条件良好的种子生产田内,开花后任其自然授粉,混合采收。

2. 良种生产

(1)隔离要求　种子生产田需与其他萝卜品种隔离1000m左右。

(2)种子生产方法　成株采种法、半成株采种法及小株采种法均可采用。

①成株采种法。在生产田内选择具有本品种特征的优良种株留种,也可设专门的种子生产田培育种株。入选种株去掉叶丛后直接栽入种子生产田越冬或将种株窖藏,在翌春不受冻害的前提下尽早栽植。

田间管理同前述原种生产。

②半成株采种法。中小型萝卜或秋冬萝卜的大型品种，北方地区在7月下旬至8月上、中旬播种（比成株采种法晚播10～15d），冬前长成半成株，于9月下旬至10月上旬收获，株选后留种。定植与管理同成株采种法。

③小株采种法。北方采用早春保护地育苗或露地直播。在定苗前注意选择具有本品种特征的种株，淘汰杂、劣、病株。此法不能有效地进行选择，常在生产用种应用。

（三）萝卜杂交种子生产技术

目前生产上主要采用雄性不育系制种，以利用杂种优势。

1. 亲本的繁殖

利用雄性不育系制种必须要求有高纯度雄性不育系（F_1 的母本）、雄性不育保持系（繁殖不育系的父本）和雄性不育恢复系（F_1 的父本）三系配套。以上三系都需用成株采种法繁殖原种。三系的繁殖最好分别设立隔离的繁殖圃，一般利用三个或两个隔离采种区。三个隔离采种区即不育系繁殖圃、保持系繁殖圃、恢复系繁殖圃。两个隔离区即把不育系繁殖圃和保持系繁殖圃合并为一个隔离区，另一个为恢复系繁殖区。隔离条件及种子生产方法基本同前述原种生产相同，只是不育系繁殖圃应以3～4∶1的行比种植不育系和保持系，做到严格选择，以保证不育株率的稳定性和优良性状的典型性。

2. 杂种一代制种

杂种一代种子可用半成株采种法及小株采种法生产。

(1)配置父、母本行比

制种区内，按4～5∶1的行比种植不育系和恢复系为宜，不育系上收获的种子即为 F_1 杂种种子，恢复系上收获的种子也可用作下一代制种的恢复系。

(2)严格选择

抽薹或初花期要及时彻底拔除不育系中出现的个别可育株，以及父、母本中的杂、劣、病株。

(3)花期调节

若双亲花期相差较大，父、母本采取分期播种和定植，促其花期相遇。

(4)制种中的隔离条件及种株管理等,同前述良种生产。

二、胡萝卜种子生产技术

胡萝卜(*Daucus carota var. Satiua DC.*),又名红萝卜、黄萝卜等,是伞形科胡萝卜属二年生草本蔬菜作物。我国分布广泛,北方栽培历史悠久。

(一)胡萝卜繁种的生物学基础

1. 阶段发育

胡萝卜为绿体春化型。当幼苗达到 定大小,温度在2 6℃,经60~100d就可通过春化阶段,而后在温暖和14h以上长日照条件下通过光照阶段,抽薹开花。少数品种可以在种子萌动后和较高的温度条件下通过春化阶段。

2. 花器构造与开花授粉习性

胡萝卜花多而小,有白色或粉红色,花瓣5个,多为雌雄同花的两性花;雌蕊一枚,柱头二裂,子房下位二室;雄蕊5枚,花丝纤细,花粉椭圆形。

胡萝卜种株定植后40~50d开始开花。主花茎高1m左右,具棱沟,有粗毛,为复伞形花序。一个复伞形花序一般有8~12层,由三种结构不同的小伞形花序组成,小花序数可达90~150个,每个小花序有花5~6朵不等。单株开花可达70000朵左右,开花顺序是先主枝,后各级分枝。一个小花序花期为5d左右,单株花期30~50d,多者可达70d以上。为典型的雄蕊先熟作物,开花后5枚雄蕊的花药在1d内依次开裂,而雌蕊在开花后第五天柱头成熟,并保持接受花粉能力8d。胡萝卜属高度异花授粉作物,自交结实率较低。

3. 结实习性

胡萝卜在一般栽培的自然授粉条件下,以主枝和一级分枝结实最好。就一个总花序来说,各层小花序的结果数由外层向内层有规律地减少,以外围1~4层结实最多。因此,在进行种子生产时,可只留主枝和一级分枝的花序,以提高种子的产量和质量;自交和杂交时,可留花序中1~4层的花朵,而将其余各层摘除。

(二)胡萝卜常规品种的种子生产技术

胡萝卜常规种子生产方法有两种,即成株种子生产和半成株种子生产。

1. 原种生产(采用成株采种法)

(1)种株的培育

第一年秋季培育种株,一般于7月份播种,播种时进行种子处理,精细整地,采用撒播或条播,播种量15.0~22.5kg/hm^2,达到覆土均匀、深浅一致,争取苗齐苗壮。其他管理措施与大田栽培基本相同。

(2)种株的选择和贮藏

收获时要选择具本品种特征特性的种株留种。入选种株切去叶片,只留1~2cm长的叶柄。在贮藏期间和出窖前,进行复选,除去伤热和冻害引起腐烂和感病的种株。

种株入窖前可浅沟假植,当气温降至4~5℃时入窖,冬季贮藏适温为1~3℃。

(3)种株定植及管理

第二年春季将种株定植于露地,制种区应隔离1000m以上。栽植前再进行一次选择,淘汰不符合品种典型性状的种株。最好假植一段时间后再定植。在北方寒冷地区,于土温上升至8~10℃时栽植,定植时将肉质根斜插入土壤中,栽深以顶部与地面平或稍高为宜,行距50~60cm,株距25~33cm。

胡萝卜花期长,为了使种子充实饱满和成熟一致,每株只留主枝和4~5个健壮的一级分枝。整个生育期加强肥水管理。

(4)种子采收

由于胡萝卜花期长,各花序的种子成熟期不一致,因此,最好分批采收。当花序由绿变褐,外缘向内翻卷时,可带茎剪下,放在通风处风干,即可脱粒,或只剪成熟的花序,摊晒后脱粒。

2. 良种生产(采用半成株采种法)

半成株种子生产法的特点是:播期迟、肉质根小,不利于依据品种典型性进行选择。栽植密度大于成株种子生产法,种子生产量较高。其技术要点是:播期延迟1个月左右,使肉质根在冬前得不到充分发育,肉质根直径不小于2.0cm时收获,贮藏越冬,次春定植。定植后田间管理及种子采收同原种生产。

(三)胡萝卜杂交种子生产技术

胡萝卜由于花小,单花形成的种子少,配制F_1代杂种,以利用雄性不育系为好。主要采用半成株法和春育苗法。

1. 半成株法杂交制种

此法的技术要点是:利用不育系作母本,父本为自交系时,双亲栽植比例为3: 1,春季可按4: 1的行比进行定植。为了便于分收,一般不育系栽植3个畦或4个畦,父本系栽植1个畦。盛花期过后,将父本行拔除,可获得纯度为100%的杂交种。杂种一代亲本系的播期、田间管理、冬季贮藏及春季的栽培管理与半成株法繁殖亲本系原种相同。

2. 春育苗法杂交制种

(1)设施及苗床准备

冬前做好育苗阳畦,以沙质壤土、肥力中等为宜。

(2)规格播种

播前将畦内浇足底墒水,待水渗后,在畦面上划成4~5cm见方的小方格,在方格中央点播1~2粒种子,播后覆土1~1.5cm,盖严塑料薄膜,傍晚加盖草苫。利用雄性不育系为母本,自交系为父本制种时,不育系与父本系可按3: 1的行比定植。

(3)选好隔离区及时定植

土壤解冻后北方在4月中下旬定植为宜。

(4)加强管理

定植后及时浇水、中耕松土、增温保墒、促进出苗。当幼苗长到5~6片真叶时,进行低温锻炼。其他管理同一般采种田。盛花期过后,将父本行拔除,可获得纯度为100%的杂交种。

(四)生产实践范例

河西走廊胡萝卜繁种技术

2000~2001年在河西走廊中部川水区连续两年的胡萝卜繁种中获得平均产种量2700kg/hm^2,种子质量达一级良种的要求,取得了明显的经济效益。现将技术要点介绍如下:

1. 种根的培育

(1)播期。在河西地区播种期一般多在7月中旬至8月上旬,即夏播,秋季生长,秋末冬初收获。

(2)整地、施肥。萝卜的前茬作物以早熟黄瓜、西红柿、洋葱、大蒜等为好,也可和大田作物如小麦进行轮作。选择土层深厚、土质疏松、排水良好、富含有机质的沙壤土或壤土。在这样的土壤中，萝卜肉质根颜色鲜嫩，侧根少、皮光滑、质脆。整地除了深耕促使土壤疏松外，表土还要细碎平整。另外，结合深耕施入充足土粪，公顷施磷酸二铵150kg，尿素150kg作基肥。

(3)播种。播前搓去种子上的刺毛，有利于种子发芽。注意种子质量，新种子发芽率在80%左右，隔年陈种子发芽率只有70%左右，因此用当年新种子播种为好。精细整地，并保持土壤湿润，播后覆土不宜过厚，并进行镇压，有利于幼苗出土。公顷播种量75～15kg，播种方法一般为平畦撒播或条播，播后可用麦草遮阳保墒。

(4)田间管理。夏播胡萝卜正值高温雨季，杂草滋生快，萝卜幼苗生长迟缓，极易形成草荒，因此，要及时中耕除草，一般结合间苗进行中耕除草。由于发芽期，种子发芽很慢，因而从播种到出苗，应连续浇水2～3次，或播前浇足底水，保持土壤湿润。肉质根肥大期，是肉质根生长最快的时期，也是对水分要求最多的时期，必须及时充足地浇水。胡萝卜一般追肥2～3次，第一次在定苗前后进行，以后每隔20d左右追施第二或第三次，追肥一般公顷施尿素300～450kg。

(5)秋根的收获和贮藏。萝卜一般在10月中、下旬，土壤结冻前收获，收获不宜过晚，以免肉质根受冻，不耐贮藏。收获要进行严格的株选，选择叶色正、叶片少、没有倒伏、直根整齐、颜色鲜美、表皮光滑、没有分叉和裂口、无病虫害的根头。选好后，切去叶片留8～10cm叶柄入窖贮藏。窖深约1.5m，一层萝卜一层土埋好，并隔一定的距离留通气口，以保证种株的正常呼吸，防止霉变。

2. 采种技术

(1)种子田的选择。胡萝卜是异花授粉作物，不同品种间容易杂交。因而不同品种采种地应隔离2000m以上。选择排水、灌溉方便的田块，在冬前深翻的基础上，春季公顷施农家肥4～6万kg，磷酸二铵150kg，尿素150kg作底肥。旋、耙、平整土地。翌年4月中、下旬，土壤10cm地温回升至8～10℃时即可定植。用划行器按行距50cm划行，将种根按株距30cm埋植在垄上，根头覆土0.3cm，这样有利于多长心叶，花芽分化，以防止常年四月出现的倒春寒，而使种株受冻，一般每公顷定植种根76500～75000个。

(2)整枝打杈。胡萝卜主茎生长后，侧枝相继生长，主茎花序先开，侧枝花序后开，开花参差不齐，种子成熟度不一致，并易产生无胚或胚发育不良的种子。为了使养分集中、种子充实，饱满和成熟一致，必须进行整枝。留下主茎和 3 ~4 个健壮侧枝，把其余侧枝去掉。整枝后要向根际培少量土，有抑制根部产生花芽的作用。

(3)灌水、施肥。种株定植后开沟浇缓苗水，土壤见干后及时中耕除草、保墒，并防止种株腐烂，直至地上花枝封垄为止。花薹抽出 15 ~20cm 高时，每公顷施入硝酸铵 225 ~300kg，施肥后浇水，开花期保持土壤见干见湿为好，盛花期每公顷施碳铵 300kg 作追肥。

(4)种子的收获。一般采取留株后熟的办法进行种子收获。留株后熟不仅可以防止种子落粒损失，又可以使母本株中的可溶性养料继续转入种子，从而提高种子的饱满度和发芽力。种子成熟的标准是花茎变绿，花序由绿变黄时即可采收，可带茎一次性采收。收获过早影响产量，过晚易落粒。采收后束成捆放在通风处风干一周左右脱粒。注意收获后应避免雨淋，影响种子色泽。一般从定植到种子成熟收获约需 130 ~150d。

3. 病虫害防治

胡萝卜病害主要是根腐病。采取以下防治办法：①播前将种子在 55℃温水中浸泡 15min，用冷水冲洗后播种，或用 50% 的代森铵水剂 200 倍液浸种 10min，或用农用链霉素 1000 倍液浸种 24h，冲洗后播种。②发病初期用(0.5∶0.5∶100)波尔多液灌根或喷雾，或用 50% 的代森锰锌溶液 800 倍液，或用农用链霉素 100 ~200mg/L 进行喷雾。胡萝卜虫害主要有菜青虫、蚜虫以及地下害虫为害。防治菜青虫可用杀灭菊酯与乐果混合液 2000 倍喷雾；防治蚜虫用 10% 的抗蚜威 1500 倍或 20% 的蚜克星乳油 1500 倍液防治。在地下害虫幼虫大量发生的田块，用 90% 的敌百虫乳油 800 ~1000 倍液或 50% 的辛硫磷乳油 1000 ~1200 倍液灌根，防治效果较好。

第四节　茄果类蔬菜种子生产

茄果类蔬菜属于茄科植物，主要有西红柿、茄子和辣椒，是我国人民喜爱的果菜类之一。茄果类蔬菜的杂种优势利用在美国、日本等发达国家已十分普遍，我国生产上杂交种的应用面积也逐年扩大，西红柿已达90%以上,辣椒、茄子也已达60%以上。搞好茄果类蔬菜的良种繁育对加速新品种推广,提高产量和品质意义重大。

一、西红柿种子生产技术

西红柿(*Lfcopersicon esculentum Miu*)又称番茄、洋柿子等,为茄科西红柿属中以浆果为产品的一年生蔬菜作物。原产南美洲西海岸一带,17世纪传入我国,20世纪50年代在我国迅速推广,现已成为我国南北各地最重要的蔬菜种类之一。

西红柿按使用方法分为鲜食西红柿和加工西红柿两大类,以鲜食西红柿为主。鲜食西红柿以果皮颜色又分为红、粉红和黄色等类群。

(一)西红柿繁种的生物学基础

1. 西红柿的花与花序

西红柿为两性花,属自花授粉作物。其雄蕊花药长而花丝短,花药聚合成筒状包围着雌蕊,极易自交,天然杂交率很低,一般为1%~2%。但也有少数花朵的花柱较长,露在花药筒的外面,可接受外来花粉。因此,留种时应特别注意隔离。

西红柿花序一般有总状、复总状及不规则花序三种,因品种不同而异,每一花序有5~10朵小花,每朵小花为两性花,由花萼、花冠、雄蕊、雌蕊组成。按花序着生的位置及主轴生长的特性,分为两种类型,有限生长型即自封顶类型,其主茎生长6~8片真叶后,开始着生第一花序,以后每隔1~2片叶着生一花序,长2~4个花序后封顶;无限生长型即非自封顶类型,其主茎生长7~12片真叶后着生第一花序,以后每隔2~3片叶着生一花序,只要条件适合,可不断向上生长,不断开花结果。

2. 西红柿的开花结果习性

西红柿开花过程分露冠(花冠露出花萼)、开放(花冠展开90°角)、盛开(花冠展开180°角)。开花顺序是基部的花先开,依次向上有序开放。通常是第一花序的花尚未开完,第二花序基部的花已开放。西红柿在开花时,雌蕊柱头上有大量粘液,是授粉的最佳时期。雌蕊在开花前2d至开花后2d均可授粉结实,但以开花当天授粉的结实率最高。雄蕊在开花当天花药纵裂,花粉自然散出。从授粉到果实成熟约40~50d。

西红柿的果实为浆果,颜色、大小视品种和环境而异。授粉后 36 ~ 48h 子房开始膨大，果实的发育速度常受种子发育的影响，每一果实有许多种子。果实红熟后摘下收种，不经后熟也能发芽。种子千粒重 3g 左右，一般贮存寿命为 3 ~ 4 年。

3. 西红柿的基本特性和栽培条件

西红柿为喜温性蔬菜，生长发育的适宜温度为 15 ~ 29℃，最适温度为 22 ~ 25℃，低于 15℃影响花器发育，高于 35℃和低于 10℃生长停止。开花受精的适宜温度白天为 23 ~ 26℃，晚上 14 ~ 22℃。如超此范围，则授粉受精困难，易导致落花落果。北方地区一般平均气温 15 ~ 25℃的旱季适宜于西红柿露地播种，高温多雨，西红柿生育衰退而多病减产。春播时要求地温达到 15 ~ 16℃以上，晚霜过后，方可定植露地。西红柿对日照长短和光强的要求不甚严格，但光照充足有利于开花结实。

西红柿对营养的要求。实践表明，每生产 1 万 kg 西红柿，至少需要氮素 25kg、磷 4kg、钾 36kg，对三要素的吸收率为氮 90%、磷 30%、钾 60%。因此，在充分使用氮钾肥的情况下，增施磷肥，有显著的增产作用。

(二)西红柿常规品种的种子生产技术

1. 原种生产技术

(1)选择提纯

供生产原种的种子必须选择原育种(或引种)单位所提供的原原种。当原种出现混杂而原育种(或引种)单位又不能更换时须经提纯后才能进行原种生产。方法是：

①单株选择。单株选择须在生长良好的原种田中或纯度较高的生产田内进行。A. 坐果初期选择在第一穗果坐齐后进行，主要选择株型、叶形、花序状况等符合原原种标准的植株。此期株选数目要在 200 株以上，以备逐步淘汰，中选单株挂牌、记载。对未开花序进行套袋留种。B. 第一穗果始熟期选择，主要选择生长势、抗病性、熟性、果实等性状符合原品种标准的植株。C. 第三穗果始熟期选择，主要根据熟性、抗病性、果实性状进行决选，中选者单株采种。套袋自交者单收单采，注明“套袋自交”。对中选株的主要性状进行记载。

②株行(系)选择、比较

A. 将单株决选的种子分小区栽于田间，每小区不少于 100 株，小区面积和株数相同。按单株选择方法观察记载及选择,株行比较数目不得少于 10 个。中选株行淘汰少数不良单株后进行混采留种。

B. 中选株行采得的种子,进入第二年“株系选择圃”。进行株系选择。方法同前,中选株系混合留种。进一步通过原种比较实验,用本品种种子作对照,每小区不少于 100 株,设 3 ~4 次重复进行观察,将符合原品种要求的种子用于生产原种。

(2)技术要点

①优化育苗技术,培育壮苗。西红柿的原种生产一般在春季露地进行。北方各地常采用温室育苗和大棚育苗。

A. 苗床的准备:一般每公顷种子田需要育苗床约 75m²,分苗床 450 ~600m²。实践证明,床土以没种过茄科作物的园田土、腐熟的圈粪和腐熟的羊马粪以 4: 3: 3 混合较理想。

B. 种子的准备:一般种子田需种子 450g/hm²。为了防止种子表面带菌,播种前要做好种子处理,先用 10% 的磷酸三钠溶液浸种 20min,或用 1% 高锰酸钾浸种 30min 后,再用清水冲洗干净,之后将种子放入 40% 的甲醛 100 倍液中浸泡 15 ~20min,取出后闷 2 ~3h,再用清水冲洗干净。然后将种子用湿布包好置于 25 ~30℃下催芽 2 ~4d,待 70% 种子露白时播种。

C. 播期的确定:西红柿播种期可按当地的定植期和育苗天数来估算。一般阳畦育苗的苗龄为 70 ~90d,温室育苗的苗龄为 55 ~60d。例如,甘肃河西走廊中部的定植期为 4 月上中旬,则育苗的播期应在 4 月上中旬前推 70 ~90d 的 1 月下旬至 2 月上旬。

D. 播种:选择在晴天的上午进行播种,先将苗床浇透水,水渗后向畦面撒一层细土,然后均匀撒籽,籽上盖 1cm 厚沙土,再覆盖地膜,撒上杀鼠药,最后盖好阳畦薄膜和草苫。

E. 苗床管理可分为两个阶段:

第一阶段从播种到 2 叶 1 心。此期间重点是提温保温,促进出苗,白天适温 25 ~28℃,夜间 15℃以上,草苫要晚揭早盖。当幼苗顶土时,揭开地膜,覆 0.5cm 厚的“脱帽土”。齐苗后适当降温,保持白天 20 ~25℃,夜间 10 ~15℃为宜,超过 25℃时要逐渐放风,延长光照时间,降低畦内空气湿度。若湿度太大,可于间苗后覆一层干土以防立枯病和猝倒病。幼苗达 2 叶 1 心时分苗,分苗前要放风降温炼苗,白天 20℃,

夜间 10℃，分苗前 3d 在没有寒流的情况下白天可延长放风时间炼苗。

第二阶段分苗及分苗床的管理。一般采用阳畦分苗。选择阴天尾、晴天头的上午进行暗水分苗，在分苗床上按 8cm 行距开沟，沟内浇满水，水半渗时，按 8cm 株距坐苗，水渗完整土。随栽苗随盖膜及草苫。

分苗床的管理分为两个阶段。①分苗到缓苗阶段：分苗后保持较高的温度，白天 25～28℃，夜间 18～20℃，3～4d 内阳光过强时，中午遮荫，一般 6～7d 缓苗。②缓苗到定植阶段：缓苗后逐渐降低温度，白天 20～25℃，夜间 10～5℃，放风口由小到大，草苫由早揭晚盖至全揭。定植前 7～10d，白天揭去覆盖物，温度控制在 20℃左右，夜间 10℃左右，加强炼苗。

②定植。A. 选地、整地。西红柿忌连作，最好选择 3～5 年内没种过茄科作物的地块，并隔离 100～300m，定植前根据地力结合耕翻施足基肥。

B. 规格定植。定植时期掌握在 10cm 地温稳定在 10℃以上、幼苗不受冻害为宜。定植的深度以地面与子叶相平为宜，定植密度因品种和整枝方式而异，一般为 37500－67500 株/hm^2。

③加强定植后的田间管理。A. 追肥、浇水与中耕除草。定植后 3～5d 后浇一次缓苗水，然后中耕 1～2 次，并开始蹲苗。蹲苗结束后，开始浇催果水、施催果肥，以磷钾肥为主，配合叶面喷肥。在需水高峰期一般 4～6d 浇一水，保持土壤见干见湿。

B. 搭架、绑蔓与整枝。北方早春多风沙，可在定植后即搭架。搭架后随即绑蔓以保护秧苗。整枝方式以品种特性确定，自封顶品种采用双干或三干整枝，即将第一花序下的第一或第二侧枝留下；非自封顶品种采用单干整枝，也可采用双干整枝。

C. 病虫害防治。病害主要有病毒病、早疫病、晚疫病、脐腐病等，虫害主要有蚜虫等，针对病、虫害种类采用生态防治和药剂防治相结合。

④选种与采种。A. 选种。在西红柿生长发育的 3 个时期考察品种的典型性状，及时去掉杂株和劣株。在开花前考察植株开展度、生长习性、生长势、叶形和抗病性等；在坐果期考察生长习性、叶形、花序（着生节位、类型、花数）、第一穗坐果率及整齐度、幼果特征等；在第一

穗果实成熟期考察生长势、抗病性、熟期、果实性状等。株选与果选结合进行。在分苗、定植时去杂去劣的基础上，果实成熟时决选。选择生长健壮、无病虫害、生长类型符合原品种特征的植株，再从入选株中选择坐果率高，果形、果色、果实大小整齐一致，不裂果、果脐小的第二、三穗果采集原种。在种果果面全部着色、果肉变软、种子已充分发育成熟的完熟期分批采种。

B. 采种。果实完熟期（红熟期）采摘，放入室内后熟 2～3d 即可采种，常用人工提取与机械提取相结合的方法。将种果横切，挤出种子于非金属容器中（量大时可用脱粒机将果实捣碎），发酵 1～3d，当液面形成一层白色菌膜表明已发酵好。这时种子上的粘着胶状物和残渣可用下面方法将种子分离出来。然后用水冲洗干净，装入纱袋中置于架起的细纱网上晾晒，当种子含水量降至 8% 以下时，即可装袋保存。

发酵法。将种子和胶状物置于 20～35℃ 室温下，经 1～3d 发酵（期间搅拌 2～3 次，至形成白色菌膜全面覆盖为止），然后加入大量水，不断搅拌使分离的饱满种子下沉，倒去上浮的残渣和果皮，再加水漂洗，直至残渣去净为止。

酸解法。当种子生产量大、胶状物很多时，可用盐酸酸解。具体做法是将 100mL 的工业盐酸慢慢倒入 14kg 的胶状物中，然后搅拌充分混合，经过 15～30min，即可用水清洗种子。

碳酸钠提取法。在温度较低地区，提取少量种子可用此法。即把胶状物与等量的 10% 碳酸钠混合，然后在室温下放置 2d 后，用水清洗。

2. 良种生产技术

常规品种的良种生产技术基本与原种的种子生产技术相同。要求空间隔离 200m 以上，用原种进行繁殖，采收前做好去杂去劣，以保持原品种纯度。

（三）西红柿杂交种子生产技术

西红柿杂交种子的生产途径有两条：人工去雄授粉制种和利用雄性不育系制种，目前以人工去雄杂交制种为主。

1. 亲本准备

适期播种育苗，培育壮苗。播期与常规品种种子生产相同，但为了保证父、母本花期相遇，应根据品种特性调整播期，一般西红柿中晚熟品种与早熟品种的花期相差 7d 左右，生产上可适当提早中晚熟品种的播种期，父本需提前 10～15d 播种（早熟品种提早 5～9d，中晚熟品种提早 9～15d）。

培育适龄壮苗是提高制种产量和质量的重要基础。壮苗的标志是根系发达，叶色浓绿，茎秆粗壮，株高 20cm 左右，有 7～8 片真叶，定植前见花蕾。

2. 定植及管理

(1) 制种田选地

西红柿连作易生病，应选择排灌方便，耕层深厚，富含有机质，且 3 年内未种过茄科作物的地块为制种田。为防止混杂，空间隔离 50m 以上，要求制种户不得种植制种品种以外的其他任何西红柿品种，包括鲜食品种、加工品种、观赏品种。

(2) 规格定植

一般父、母本的种植比例为 1∶4～1∶6。采用垄作方式。

(3) 田间管理

定植后母本要及时搭架，将两个相邻高畦的各一行搭为一架，以便于去雄授粉工作。父本植株一般不搭架、不整枝，以利于多开花，便于采粉，但要及时去除腋芽和徒长枝条。其他田间管理措施同原种生产。

3. 去杂保纯

为保证杂交种子的纯度，要严格检查双亲种株的纯度，做好两次去杂工作。在分苗和定植时根据叶形、叶色等性状剔除杂、劣、病株；在去雄授粉之前，再根据株型、叶形、叶色、长势等拔除杂、劣、病株。

4. 人工去雄授粉

(1) 人工去雄授粉的时间

在母本开花期的每天清晨有露水时最好进行人工去雄，上午 8:00～11:00，对前一天的去雄花进行授粉，气温达 28℃ 后停止授粉，下午去雄或授粉均可。去雄授粉工作约持续 25～30d。

(2) 父本花粉的采集与制取

①花药的采集。每天上午 8:00～10:00，在父本行摘取花冠鲜黄、花药金黄色、花粉未散出的花朵，去掉花冠，保留花药，放于采粉器中带回。

②花药的干燥。将花药在室内或室外摊开，自然干燥；也可将花药

放在 25 ~ 30℃的烘箱中烘烤 6 ~ 8h,但注意温度不能超过 32℃。待花药干燥至用手捏花药不碎但花粉能散出时为止。

③花粉的筛取及贮存。取一大一小两个碗,大碗上放花粉筛,将干燥的花药放在筛上,并加入几个弹珠以撞击花药,扣上小碗,筛取花粉于下方大碗内。将筛取的花粉装入授粉管内,用棉花塞紧授粉管的上下口,置于 4 ~ 5℃下存放。最好是当天采集的花粉次日用,用剩的花粉仍置于 4 ~ 5℃下密封存放,一般在常温下干燥的花粉可保存 2 ~ 3d,4 ~ 5℃干燥下可保存 30d。

(3)母本人工去雄

①母本去雄花蕾的选择。选择开花前一天的花蕾去雄,开花前一天的花蕾标准为花冠刚伸出萼片,花药呈黄绿色。若花药全绿色说明花蕾小,授粉后坐果率低;若花药呈黄色,说明花蕾大,易造成自花授粉。

②去雄方法。去雄一般在下午进行,去雄时用左手夹扶花蕾,右手用镊尖将花冠轻轻拨开,露出花药筒,将镊尖伸入花药筒基部,然后将花药从基部摘除。去雄时注意不要碰伤子房、碰掉花柱、碰裂花药,要严格将花药去净,保留花冠以利于坐果。

(4)人工授粉

人工授粉应在田间无露水时进行,上午授粉效果最好,当温度高于 28℃时停止授粉。授粉时选择前一天已去雄、花冠鲜黄色、柱头鲜绿色并有粘液的花授粉。授粉注意事项:授粉后 5h 内遇雨重授;授粉的次日柱头仍鲜绿色的重授;上午 11 时后气温高于 28℃时不授;杂交标志要明显,每个花序授粉 3 ~ 4 朵花,其余的花打掉。

5. 种果收获及采种

(1)种果收获

种果完全着色、果肉变软时采摘种果,于阴凉处后熟 1 ~ 2d。收获时注意:无标志果不收,落地果不收。

(2)采种同原种生产

(四)生产实践范例

河西走廊西红柿杂交制种技术

河西走廊绿洲灌溉农业区,自然条件优越,是我国北方重要的西红柿制种基地之一。在长期的种子生产实践中,积累了丰富的经验,形成了比较完善的西红柿制种规范。简介如下,供同类地区参考。

1. 选好亲本,明确种子质量标准

种子企业提供的亲本和所繁杂交种子必须符合国家质量标准。纯度不低于98%,发芽率不低于95%,含水量不高于7%,净度不低于99%,而且色泽良好。

2. 优化育苗技术

(1)苗床　床土要选择无病虫感染,无草籽,前茬为非茄科作物,以白菜、葱蒜类茬口较好。播前将田土和农家肥、腐熟羊马粪以4∶3∶3充分混匀。

(2)播种　于播种父、母本前3d处理种子。父、母本按1∶10比例播种,父本先播,相隔10d左右再播母本。

(3)苗床管理　出苗后,降低温度2~3d之后,接着要及时调温(白天保持15~20℃,夜间保持10~15℃)、通风、浇水和病虫害防治,防止徒长,培育壮苗。

3. 选地、整地、做畦、移栽

选择土地肥沃、排灌方便、耕作层深厚的沙质壤土,前茬3年内不是本作物的种子田。必须与茄科作物实现3~5年的轮作,当地以小麦、玉米、豆类、葱蒜茬为好。定植前耕翻土壤,每公顷施375kg磷酸二铵和腐熟优质的农家肥60000~75000kg做底肥。南北向划线做畦,父本畦宽100~110cm,母本畦宽110~120cm,沟宽30~40cm,畦高20~30cm。定植前7~10d用地膜覆盖畦面,提温保温。

在3片真叶前规范移苗,移苗规格为8cm×8cm。移栽时期以地温稳定在10~15℃左右为标准,当地大约在晚霜结束后5月上中旬。父、母本行比1∶5定植。根据亲本特性,父、母本同期定植或父本比母本提前10d左右。每畦两行,父本株距25~30cm,母本株距35~40cm,行距50~60cm。母本保苗42000~48000株/hm^2,父本保苗12000~15000株/hm^2。移苗时必须带营养土,有条件采用营养钵育苗,有利于移栽成活,苗全苗壮。定植后要浇透水,在田间挂牌标记。

4. 田间管理

(1)水肥管理　移栽缓苗后根据土壤情况可适当灌水,结合灌水每公顷追施尿素150~225kg,要注意离根10cm左右,以防肥力过大烧苗。果实开始膨大时，可灌一次透水，以防落花落果。以后根据土壤湿度、长势适当追肥灌水。

(2)整枝　采用三干整枝，即第一花序上下各留一个侧枝，其余腋芽均及时抹去。整枝要及时彻底，以减少养分的消耗，以免影响坐果率和伤口过大感染病害。结合整枝清除杂草、杂株。

(3)病虫害防治　定植后要及时防治地老虎、蝼蛄等地下害虫的发生。用90%的敌百虫250g对水成300倍液，拌上炒香的麦麸或豆饼50kg，每公顷施60~75kg(注意往沟里撒)。在缓苗后授粉前每隔一周交替喷洒一次多菌灵(800~1000倍液)、托布津(800~1000倍液)、百菌清(600~800倍液)来预防病害。在制种期间用40%的乐果乳油稀释1000~1500倍液喷雾以防蚜虫发生，注意以上药液均喷到植株的上、中、下部叶片和叶背面上，另用1%的过磷酸钙溶液进行根外追肥，每2~3周一次，对防治脐腐病有一定效果。

5. 杂交制种

定植后到开始去雄前7d重点进行彻底的去杂去劣。去雄授粉在6月上旬左右，做到彻底去雄，及时授粉。一般第一花序不做为制种花，而从第二花序开始做。去雄在一天内都可进行，一般以早晨为佳，因早晨空气湿度大，花粉不易散出，有利提高种子质量。去雄要在花蕾顶端呈钝形、无裂开为宜，过早坐果率低，过晚易自花授粉，所以去雄要掌握好花蕾的发育时期，应选择开花期为2~3d后的花蕾进行去雄，这时花药呈柠檬绿色，去雄前要将该花序已结果和开放的花全部摘除，同时摘除畸形花，避免碰伤柱头或破坏花瓣，影响授粉。去雄2~3d后授粉适宜。授粉的花应摘除两片萼片做标记。花粉可头一天采集干燥加工。为提高种子粒数，可采取重复授粉，防止跑花。杂交工作结束后，应及时进行植株整理，将未去雄授粉的花序全部除掉，摘除多余的腋芽、徒长枝，并在最后一个杂交果上留2片叶子摘心，这样可以保证养分集中供应杂交果的发育。

6. 种子采收

果实完全红熟后要及时采收，采收时要注意标记，无标记的果不能采收，红熟的果可直接往缸里挤籽，注意浆籽不能接触铁器。缸口用塑料布包盖严实，严防雨水进入。发酵期间要搅拌2~3次，发酵时间不能超过24h，当发现浆液表面有白色菌膜覆盖，上面又没有带色的菌落时，则已发酵好。发酵好后用水漂洗种子。洗好的种子要及时晾晒，晾晒时种子不要直接放在水泥场或铁器上，以防烤坏种子，随晾随收，经常翻动种子，以防种子发芽、结块。达到标准水分以后，放在阴凉干燥处贮藏。

二、辣(甜)椒种子生产技术

(一)辣(甜)椒繁种的生物学基础

1.辣(甜)椒的花器构造

辣椒(*Capsioum frutosoons L.*)为雌雄同花作物，花较小，甜椒花大于辣椒花。辣(甜)椒花单生、双生或簇生，属常异花授粉作物，虫媒花，异交率在10%左右。花由萼片、花瓣、雄蕊和雌蕊构成完全花。花萼绿色，5~7裂，基部联合，呈钟状萼筒。花瓣5~7枚，多为白色，基部联合，并有蜜腺。雄蕊5~7枚，花药长圆形，浅紫色，花丝白色，散生在花柱周围，花药成熟散粉时纵裂。雌蕊1枚，居于花朵中央，子房上位有3~4心室或2心室，内生胚珠数粒，中轴胎座。花柱1枚，以常柱花为正常花，易坐果。营养不良时出现短柱花，落花率增高，制种时要做到辣椒的营养供需平衡，方能保花保果。

2.辣(甜)椒的开花结果习性

辣(甜)椒开花顺序由下而上，下层花和上层花开放间隔4~6d，果实也按此开花顺序分批成熟。一天中多在上午7:00~10:00开花。在高温条件下往往尚未开花即已散粉，每朵花开放2~3d。雌蕊在开花前2d到开花后2d，均具受精结实能力，但以开花当天受精结实率最高。集中授粉期约20~25d，从开花到种子成熟需80~90d。

辣(甜)椒根据分枝、结果习性，可分为无限分枝和有限分枝两种类型。

(1)无限分枝型

当主茎长到7~15片叶时，顶芽变成花芽结出第一层果，称为门椒，花蕾以下生出2~3个侧枝，侧枝长出3~4片叶时，顶芽又变成花芽，结出第二层果，称为对椒，以同样方式继续分枝，陆续结的第三层果称四门斗，第四层果称八面风，第五层果称满天星，长到上层以后，分枝将不再规律。这种类型的植株在生长季节可无限分枝，绝大多数辣(甜)椒属此类型。

(2)有限分枝型

当主茎生长到一定叶数后,顶芽分化出簇生的多个花芽,由花簇下面的侧芽抽生出侧枝,侧枝的叶腋再抽生副侧枝,在侧枝和副侧枝的顶部形成花簇后封顶,一般簇生椒属此类型。

3. 对环境条件的要求

辣椒属喜温蔬菜,不耐严寒。种子发芽的最适温度为25~30℃,低于15℃或高于35℃,均不利于正常发芽。幼苗期的适宜温度为20~25℃,但在15~30℃之间均可正常发芽。开花结果对环境条件尤其是温湿度条件较敏感,开花结果期的适宜温度为20~30℃。去雄授粉以白天20~25℃为宜,甜椒偏低些,辣椒偏高些。对于抗热能力,辣味型品种强于甜椒品种。

辣椒属于中光性植物,对光照强度的要求也属中等,较耐弱光,但光照太弱,也会导致徒长、落花落果。

不耐干旱,不耐涝,属于半干旱性蔬菜。在中等空气湿度下生长良好,空气相对湿度在55%~75%时坐果率最高,低于40%或高于85%时坐果率均下降。

对土壤的适应能力较强,在各种土壤中都能生长,但以壤土较好。需肥量大,对氮、磷、钾比例为1:0.5:1。

(二)辣(甜)椒常规品种的种子生产技术

1. 常规品种的原种生产

生产辣(甜)椒原种的最简便可靠的方法是利用原原种直接繁殖原种。如无原原种或原种又已混杂退化,则采用选优提纯的三圃制法生产原种。其基本程序是:单株选择——株行比较——株系比较——混系繁殖。

(1)单株选择

在原种田、种子田或从纯度较高的生产田中选择具原品种典型性状的单株。必须在性状表现最典型的时期进行选择,一般分三个时期进行:

A. 坐果初期初选。门椒开花后,根据株型、株高、叶形、叶色、花的大小与颜色、幼果色、熟性等性状,选择符合原品种标准性状的植株约100~150株,并将入选株已开的花及已结的果摘除,然后将各入选株扣上网纱隔离,或用极薄的脱脂棉层将留种花蕾适时包裹隔离。

B. 果实成熟期复选。果实成熟后，在第一次入选的单株内根据果实形状、大小、颜色、果肉薄厚、胎座大小、辣味浓淡、果柄着向、长势、抗病性等性状选择符合原品种典型性状的单株 30 ~ 50 株。

C. 种果成熟期决选。种果红熟后，在入选的植株中按熟性、丰产性、抗病性等性状决选出 10 ~ 15 株，将入选株编号，分株收获留种。

(2)株行比较(株行圃)

鉴定上年各入选株后代的群体表现，从中选出符合原品种典型性状的株行。

(3)株系比较(株系圃)

鉴定上年入选各株行的后代株系的群体表现，从中选出符合原品种典型性状的、整齐一致的株系，供下年繁殖原种使用。

(4)混系繁殖原种(原种圃)

将上年决选的各株系混合种子适时定植在原种圃，空间隔离 500m 以上，严格去杂去劣，以第二、三层果实留种，其种子经田间检验和室内检验，符合国家规定的原种标准后，即为原种。

2. 良种生产

辣(甜)椒的良种生产以获得高产优质的种子为目的，应抓好以下技术环节：

(1)优化育苗技术，培育壮苗

①种子处理。为提高种性要选用原种育苗，并做好种子处理，具体方法是：用 55℃ 热水浸种 10 ~ 15min，捞出后用 1% 硫酸铜溶液浸种 5min，用清水冲洗 3 ~ 4 次，或用 10% 磷酸三钠溶液浸种 15min，用清水冲洗 3 ~ 4 次，然后再浸种 6 ~ 8h 左右，淘洗后在 25 ~ 30℃ 温度下催芽 3 ~ 4d，待 70% 种子露白时播种。

②苗床的准备。一般 $1hm^2$ 种子田需育苗床 $105 \sim 120m^2$。温室育苗的苗床要在播前用 50% 多菌灵 100 倍液喷洒床面消毒，再用塑料膜密封 2 ~ 3d 后播种。

③播种。先将苗床浇透水，水渗后撒 0.5cm 厚的细土，然后均匀撒播，播后覆细土 1cm 左右，再盖上地膜增温保湿，夜间盖草苫保温。

④苗期管理。播种后苗床温度宜保持在白天 30 ~ 35℃，夜间 18 ~ 20℃。齐苗后 1 ~ 2 片真叶时，喷洒 0.2% 磷酸二氢钾和 0.1% 尿素混合液一次，以促进花芽分化和幼苗健壮。2 叶 1 心时按 7 ~ 8cm 见方分

苗，或用营养钵分苗。分苗后1周内不放风，白天保持30～35℃，夜间18～20℃，以促根系生长，约7d缓苗后逐渐加强放风，白天保持25～27℃，夜间16～18℃，加强光照。定植前10～15d逐渐降温、控水、炼苗，以适应定植后的露地环境。

(2)规格定植，严格隔离

①选地及整地。良种田的空间隔离至少300m以上，选择近3～5年没种过茄科作物、排灌方便、肥力较好的沙壤土地块。并精细整地，增施基肥和磷钾肥，为丰产奠定基础。

②规格定植。晚霜过后10cm地温稳定在15～16℃时定植。西北地区一般在5月上旬。定植密度根据品种特性确定，一般为60000～67500穴/hm^2左右，每穴双株，行距50～60cm，穴距25～30cm。结合定植剔除病、杂、劣株。

(3)定植后管理

田间管理的目标是促进早发育、早结果，以保丰产优质。

①肥水管理。定植和缓苗后浅中耕2～3次。开花期满足水肥要求，根据长势追肥，以氮磷肥为主。以后每6～7d浇水一次，保持地面湿润即可。种果将要红熟时每6～7d喷0.1%～0.2%的磷酸二氢钾一次，有利于提高种子千粒重。

②整枝。要及时剪除门花下部的侧枝，摘取上部多余的花、果及下部的衰老黄叶，使养分集中供应种果。

③病虫防治。重点防治辣椒疫病、青枯病、病毒病等病害。

(4)选优去劣

良种田在分苗和定植时剔除病、劣、杂株的基础上，开花结果期再严格株选一次，拔除病、杂、劣株。一般留对椒和四门斗做种果，长势强的植株可留部分八面风果做种果，这样既能提高种子产量，又能保证种子质量。

(5)采收贮藏

种果达红熟时种子发育成熟，要及时分批采收，采收回的种果后熟1～2d即可进行采种。采下的种子铺晒于通风处的纱网上晾干，切勿将种子直接放在水泥地或金属器皿上于阳光下暴晒，以免烫伤种子。当种子含水量降至8%以下时即可装袋贮藏，即为良种。

(三)辣(甜)椒杂交种子生产技术

目前辣椒杂交种子生产主要采用人工去雄授粉的方法。近几年生产上已寻找到利用雄性不育系、化学杀雄人工授粉制种等简化杂交制种途径,大大提高了制种功效。下面重点介绍人工去雄授粉杂交制种技术要点。

1. 培育壮苗

制种田的育苗技术同常规品种的良种生产。只是要求父、母本分期播种。一般双亲始花期相同或相近时,父本比母本早播 8~10d;父本始花期比母本晚 10d 左右时,父本应提早 20d 播种。父、母本的播量比为 1∶3~1∶4。

2. 规格定植

制种田采用父、母本分别集中定植。母本采用大小行定植,大行距 60cm,小行距 40cm,株距 25~27cm。父本等行距定植制种田的选择与隔离同原种生产。

3. 田间管理

田间管理同良种生产。

4. 严格去雄

(1)准备好用具

辣(甜)椒人工去雄授粉的用具基本与西红柿制种相同,只是要多准备一些做杂交标记用的铁环或线圈等物品。

(2)去杂整枝

在去雄前先根据株高、株型、叶形、叶色等性状严格去杂去劣,尤其是父本的去杂更要严格。将母本植株上已开的花、大花蕾已结的果及门椒以下的侧枝全部摘除。

(3)母本去雄

母本去雄授粉一般选择第三至第五层花蕾。生长势强的亲本从四门斗(第三层)开始,生长势差的可从对椒(第三层)开始。去雄时选择将要开花的肥大花蕾,其花冠由绿色转为绿白色,冠端比萼片等长,即含苞待放。适宜的去雄时间是上午 6:00~8:00 和下午 4:00 以后。

去雄方法:母本花蕾绿白色时,用左手拇指与食指夹持花蕾,右手持镊子轻轻拨开花冠,一并将雄蕊和花瓣摘除。花蕾大小一定要掌握适度,花蕾过大易出现假杂种,过小坐果率低,单果种子数少。这种去雄方法工效高，种子质量好。由于辣（甜）椒的花蕾较小、柄易断、雌蕊易脱落，所以去雄要格外小心。去雄时要干净彻底，不伤柱头、子房，保证花器的完整性。

5. 及时授粉

（1）父本花粉的采制

在下午8时左右采摘父本植株发白的花蕾，以不散粉为宜，摘取雄蕊，于室内摊晾干燥，翌日凌晨便可过筛制取花粉。如当天授粉时花粉量不足，也可在当天中午11时摘取父本植株微开的花蕾，于室内干燥2h左右便可筛取花粉，可供当天下午使用。在田间使用时要避免在高温下日光长时间照射，以防降低花粉活性。最好是当天采集的花粉次日授粉用，以提高结籽率。

（2）授粉方法

辣（甜）椒以开花当天授粉结实率最高，所以在去雄当天或第二天授粉最佳。授粉时间在上午露水干后尽早进行，这时湿度大、结果率高。授粉后用铁环或线圈或细线在花柄处绑缚做杂交标记。然后清除母本株上的无标记自交果及小尾花，母本脱冠去雄后，柱头外露，因气候干燥会使柱头粘液蒸发过多而枯萎，采取边去雄边授粉的方法比去雄后隔日授粉的坐果率提高15%～18%。授粉时可将制取的花粉盛于指形授粉管内，将母本柱头伸入小孔内使其均匀蘸满花粉。西北地区每天最适宜的去雄授粉时间为6:00～12:00时，17:00～20:00时，平均每天有6～8个小时可进行杂交授粉。

6. 严格去杂，提高种子纯度

在杂交授粉前，首先认真检查双亲纯度，去杂去劣，杂交授粉的全过程都应及早、彻底地清除自交花。种果采收前，一定要将异株果，无标记果彻底清除。授粉结束后，清除母本株基部病、老叶及田间杂草，以通风透光，减轻病害发生；拔除父本株种，按果形、果色等特征清除母本行杂株。

7. 种果采收

在授粉后80～90d、果实红熟时及时采收，采收时坚持“五不采原则”，即无杂交标记果不采，病、烂果不采，落地果不采，叶干枝枯植株上的果不采，不完全成熟的果不采。采摘后的果实置于阴凉处后熟2～3d，再采种。采种技术同良种生产。

（四）生产实践范例

河西走廊辣椒杂交制种技术（以甘肃省酒泉市为例）

酒泉地处河西走廊西部，蒙新、青藏高原的交汇处。属中温带干旱气候区，年干燥指数>4，年平均气温7.3℃，年降水85.3mm，平均相对湿度46%，日照百分率68%～74%，年日照总量3033.4h，年蒸发量2148.6～2946.8mm，80%保证率无霜期125d，年平均气温日较差13.9℃。

酒泉为灌溉农业区，土壤肥力较高，气温日较差大，光照充足，5～9月份气温平均在15℃以上，是酒泉地区辣椒栽培和制种的有利季节。6月中旬至7月中旬酒泉日平均气温为20～22℃，其间气温日变化规律：最高气温出现在14～16时（27～28℃），最低气温在凌晨近日出时（12.3～14.8℃），凌晨6时日出后气温迅速回升。因此，6月中旬至7月中旬是酒泉地区辣椒杂交授粉最适宜的时期。盛夏季节，酒泉室内气温15℃左右，且空气干燥，有利于制取和贮存花粉。优越的气候条件十分有利于辣椒制种的高产优质。

酒泉地区自1992开始生产辣椒种子，经过对露地栽培、地膜覆盖栽培、大棚栽培等制种形式的比较试验，最终选用了温室、大棚育苗，露地地膜覆盖栽培技术作为该地区辣椒杂交制种的主要栽培方法，近几年，田斌等人系统地总结了辣椒杂交制种优质、高产、高效的具体操作技术，在河西走廊同类地区推广应用，取得了理想效果。介绍如下，供辣椒制种参考。

1. 产量结构

实践表明，酒泉辣椒制种栽培的最佳产量结构是：每公顷栽母本75000株，每株平均坐果20个，单果结籽80粒，千粒重6.0g，这样每公顷可产种825kg以上，最高每公顷产种达1350kg。

2. 制种技术

（1）育苗技术

①育苗设施的选择　父本播种较早，应选择日光温室集中育苗，从根本上保障父本苗的质量；母本较父本播种晚，因涉及户数多、面积大，应采取分户温室育苗。

②制作苗床　苗床土要求肥沃疏松、富含有机质、物理性状良好、

保水保肥力强、空气通透性好，以利于种子发芽和根系生长。苗床土选用耕层土壤5份、腐熟农家肥3份、河沙2份充分混匀，打碎过筛，同时拌入磷酸二铵20～25kg/m^3。

先根据所需父本苗的数量，确定苗床面积，再将苗床地块整平踏实，把配制好的营养土按10cm厚度铺好整平，并撒施75%百苗清可湿性粉剂或50%多菌灵可湿性粉剂3g/m^2，耙入土内进行苗床消毒，同时可根据温室跨度，把苗床做成小方畦，以便灌水及管理。也可用营养钵或纸筒（将废旧报纸卷成高10cm，直径8cm的纸袋）装入配制好的营养土育苗。播种前7～14d扣棚，以提高地温。

③播种期及播量　为保证父、母本花期能够较好的相遇和杂交授粉时有足够的花粉供应，应根据不同组合的双亲特征特性，确定适宜的双亲播种期。一般父、母本应分期播种，父本可比母本早播20d左右，或等父本出苗后再播母本。在河西走廊进行辣椒杂交制种时，父本应在1月20日左右播种，母本在2月5日左右播种，播种量以定植面积计算，一般需父本种子约300g/hm^2、母本种子970～1050g/hm^2。

④播种方法　将制作好的苗床按8cm×8cm规格划线，在交叉点处播种，每穴播种子2粒，播后覆盖过筛的细营养土（腐熟农家肥、耕层土壤及河沙按1∶1∶1比例混成）0.5～1cm厚，并及时灌足底水，为保持较高的温度和湿度，可用塑料薄膜覆盖播种苗床，直至种子发芽出土后揭去。也可将种子直接点播在营养钵中，覆土盖膜。

⑤播后管理　辣椒苗期对温度的要求比较高。播种至出土应保持28～30℃，当幼苗拱土时，昼温保持在28～30℃，夜温降至18～20℃；幼苗出土后昼温可降至25～28℃，夜温保持15～17℃，土温保持20℃左右；定植前7～10d，可采用昼温20℃，夜温12℃进行炼苗。河西地区1～2月天气较冷，应在晴天9:00～10:00揭开草帘（阴天不揭），以利床面充分接受阳光，提高苗床温度，17:00时左右覆盖草帘保温，夜温较低时应生火增温，出苗后要适当控制苗床温、湿度，白天温度保持在25～30℃，夜间不低于10℃，以防止幼苗徒长，形成高脚苗，当幼苗长到4～5片真叶时，应加强通风、控温、控水，定植前7～14d进行炼苗。

（2）定植及田间管理

①选地　辣椒属常异花授粉作物，天然杂交率较低，对隔离区要求

虽不很严格，但为保持种子质量，隔离距离应保持在200~500m以上。应选择土层深厚、排灌方便、有机质含量丰富的沙壤土或壤土地块。前茬以夏粮作物为宜，或与非茄科作物实行轮作倒茬，切忌连作，以防止病害发生。

②整地作畦　辣椒根系较发达，为促进根系发育，地块要进行深翻，定植前施优质腐熟农家肥75t/hm^2，浅耕耙平；在划线开沟时施磷酸二铵300~375kg/hm^2，硝酸铵300~375kg/hm^2。为防止病害，可采用高垄栽培法，畦宽100~110cm，垄背宽60~70cm，垄沟宽30~40cm，垄高30~40cm，高垄行间距离40~50cm，株距32~35cm，垄向以南北为好。定植前7~10d灌足底水，覆盖地膜，以利提高地温，起垄覆膜时，垄面要作成弓形，避免垄面在降水后积水。

③定植　在辣椒制种中，大棚较露地种植可增产25%~40%，因此有条件的制种基地应提倡大棚种植。一般先定植父本，后定植母本，每垄定植2行，株距35cm，父、母本比例为1∶3~1∶5，父本单苗定植，密度为45000~60000穴/hm^2；母本单双苗定植，密度为52500~60000穴/hm^2。父本于4月25日左右定植，以保证前期有足够量的父本花粉，母本于5月5日左右定植，定植应在阴天进行。定植结束后及时灌足安苗水，定植后7~10d再灌一次缓苗水。大棚在6月10日左右撤除。露地应在晚霜结束后定植，定植时每穴用75%百菌清可漫性粉剂或50%多菌灵可湿性粉剂500~600倍液200mL灌穴，覆土封口后每株基部撒施2%疫病灵颗粒剂3~5g，以防疫病发生。

④灌水　辣椒喜水，但不耐涝，水涝会影响根部通透性而造成死苗，因此灌水应坚持少量多次的原则，切忌大水漫灌，以免造成田间积水，灌水时要掌握小水勤浇，水不上垄，以即浇即渗为度。授粉期每7~10d灌水1次，可通过增加土壤湿度和空气湿度提高坐果率。

⑤追肥　定植后至开花前据苗长势少量追肥，稳施花肥，其间正值杂交授粉期，若不严重缺肥，一般不施肥；重施果肥，辣椒盛花期和盛果期对水肥要求较高，追肥要掌握因地因苗、少量多次、随水浇施的原则。授粉结束后，每浇一水都要施一次速效氮肥，一般施碳酸氢铵225~300kg/hm^2。果实转色期停止施肥。

⑥整枝打杈　为合理分配养分，提高辣椒的坐果率和结实率，应将门椒及门椒以下侧枝打除，杂交授粉结束后，应将植株上部出现的花蕾

全部去掉，以减少养分消耗，避免形成的自交果混入杂交果中。杂交授粉结束后，要适时进行打顶，减弱顶端优势，促使养分向杂交果输送。

(3)杂交授粉

①田间去杂　杂交授粉是辣椒杂交制种的关键，这一环节操作的好坏，将直接影响种子质量和产量。杂交授粉前应对制种田进行全面认真的检查，彻底清除杂株和可疑株，对父本田更要严格标准，一次清除干净。对母本田可分次进行，中后期出现的可疑株和未授粉的青果也应及时发现，及时清除。

②人员培训　杂交授粉过程技术性强，且劳动密集，一般需劳动力 120～150 人/hm^2，成人每天可承担 400～600 株的杂交授粉任务。授粉前应对所有授粉工作人员进行严格的技术培训和责任心教育，明确责任，按人定株，负责到底。

③收集花粉　选择当日含苞待放的父本花，取出花药，将花药放在通风、遮荫、干燥的地方，阴干后放入茶杯中，上盖一小块玻璃，两手端起轻轻摇动，即可摇出花粉，然后清除杂质，将花粉装入授粉管内备用。

④去雄　去雄是一项责任心强而又非常繁琐的工作。去雄应在每天上午露水干后进行，去雄前应彻底清除母本田已开放的花朵及自交果，准确选择第 2d 即将开放的绿色花蕾去雄。去雄时左手轻轻捏住花蕾基部，右手拇指、食指、中指轻轻抓住花瓣摇动几下，即可将花瓣和花药一次去除，此法去雄速度快、质量好、干净彻底、易于掌握。去雄的关键是选蕾适当、彻底干净、不伤柱头和子房。

⑤授粉　授粉的要求是花粉要新鲜，花粉量要充足，这是提高结实率、争取高产的重要措施。大棚辣椒在 6 月 5 日左右，露地辣椒在 6 月 15 日左右开始授粉。其方法是将去雄后的母本花柱头插入授粉管内，使花粉均匀粘满柱头。河西地区因授粉期间气温较高、空气干燥，以去雄后及时授粉效果最好。如授粉后 4h 遇雨，应进行重复授粉。授粉工作应在 7 月 5 日前完成。

⑥杂交标记　每授完一朵花后，在果柄基部栓线做杂交标记。标记线最好用几种颜色，每天更换一种颜色，以便于对授粉人员进行监督，增强授粉人员的责任心，也便于技术人员检查。

⑦授粉后管理　授粉结束后，应对母本植株逐一打顶，以免后期长出自交果。同时要彻底清除所有父本株，避免父本果实混入杂交果中，

影响种子质量。

(4)病虫防治

辣椒主要病害有疫病、白粉病,主要害虫为蚜虫、斑潜蝇,应遵循预防为主,综合防治的原则。在辣椒茎基部每株撒施2%疫病灵颗粒剂2~3g,或选用50%甲霜铜可湿性粉剂800~1000倍液、58%甲霜锰锌可湿性粉剂500倍液、60%杀毒矾可湿性粉剂500倍液灌根和叶面喷施,对防治辣椒疫病均十分有效。此外,于夏季浇水前每667m^{2}撒96%以上的硫酸铜3kg后浇水,防效明显。防治蚜虫、斑潜蝇可用20%农哈哈乳油1500倍液,或40%氧化乐果乳油与80%敌敌畏乳油1000倍液喷施。另外可喷施营养复合肥500倍液,以提高植株抗性。

(5)种子收获

为获得发育良好的种子,必须待果实完全红熟后采收。采收时应仔细辨别杂交标记,无标记或标记不清的果实不采收,腐烂果、发育不良果、非正常成熟果实不采收。种子取出后,去除胎座及杂质,置于窗纱网架上荫干,切忌在水泥地、铁器中晾晒,严禁用水冲洗,以防种子变色,影响种子色泽和发芽率。辣椒采收期较长,要分期分批采收,及时掏出种子。加工干净的种子,应放在通风、干燥处保存。

三、茄子种子生产技术

(一)茄子繁种的生物学基础

1. 茄子的花器构造

茄子(*S. melongena L.*)为自花授粉作物,一般自然杂交率在5%以下,个别品种可达7%~8%。属于雌雄同株的两性花,花较大,由花梗、花萼、花瓣、雄蕊和雌蕊组成。其花萼呈钟状,谢花后不脱落,并继续生长,花冠紫色或白色,雄蕊5~8枚,着生于雌蕊周围,雌蕊1枚,位于花药的中央。

根据花柱的长短,茄子可分为长、中、短花柱3种类型,前两者花大色深,花药中的花粉能自然落到柱头上,受精能力强,称为健全花。后者因花柱短于雄蕊,花药中的花粉难于落到柱头上,受精能力差,为不健全花。同一品种中,花器大小与植株生长势有关,可作为植株生长正常与否的标志。良种繁育时,要认真区分各种花柱类型。

2. 茄子的开花结果习性

茄子为假二杈分枝，其分枝、开花、结果有一定规律。主茎长到一定叶数后（早熟品种5～7片叶，中晚熟品种8～12片叶）就开花结果，主茎上的第一果叫门茄，门茄下的第一侧枝生长最旺，与主茎并驾齐驱，待主茎第二果与这个侧枝的第一果着生后（对茄），果实下面的叶腋又各自生长出一条强壮的侧枝，如此向上一生二，二生四，四生八地不断双杈分枝生长，花也相应依次增加，对茄以上的4个枝结的4个果叫四门斗，再向上着生的8个果叫八面风，以后形成的16个果叫满天星。只要条件适宜，就能不断地自下而上地分枝、开花、结果。

茄子开花后15～20d，果实达到成熟期，开花后60d，种子完全成熟，发芽率和发芽势最高。茄子种子的千粒重为3～7g，新种子为黄色并有光泽。新采的种子大多数有休眠期。种子在室温下干燥贮存，发芽能力可保持5年。

3. 对环境条件的要求

(1)温度　茄子是喜温性蔬菜，耐热性较强，10℃以上才能生长发育，其生长发育的最适温度是白天23～28℃，夜间13～15℃。结果期的生长适温为25～30℃，17℃以下生长缓慢，花芽分化延迟。15℃以下时引起落花，10℃以下时新陈代谢失调。35℃以上花器发育不良，会导致花芽分化的质量下降，长花柱花的比例降低，中、短花柱花的比例升高，从而造成大量落花。根系发育温度为8～33℃，最适温度为18～20℃。

(2)光照　茄子对光照时间和光照强度的要求都较高，属喜光作物，光饱和点为4×104Lx左右，光补偿点约为2×103Lx。在日照长、强度高的条件下，生育旺盛，花芽质量好，果实着色佳，产量高。在光照不足，光照时间短的条件下，会大大降低花芽分化质量，使短花柱花增多，从而增加落花率，降低种子产量。

(3)土壤营养　对土壤要求不严，但不耐连作，必须轮作倒茬4年以上。适宜在富含有机质、保水保肥能力强的土壤中栽培。对氮肥要求较高，缺氮时延迟花芽分化，花数明显减少，尤其在开花盛期，如果氮不足，短柱花多变，植株发育变差。后期对钾的吸收急剧增加。

(二)茄子常规品种的种子生产技术

1. 原种生产

北方地区一般安排在春季进行。2～3年进行一次，确保种性并有

一定数量供杂交制种或良种生产即可。主要技术有:

(1)严格隔离

茄子的天然杂交率一般在5%以下,但也有高达7%~8%的。为了防止自然杂交引起种性退化,原种生产应采取严格的隔离措施。一是品种的空间隔离,要求隔离距离为300~500m;二是利用网纱或纸袋套花隔离。此法要求结果后及时把袋撤去,避免引起着色不良。

(2)培育壮苗

①适期播种。播期的确定可根据当地的定植期及苗龄向前推算。中早熟品种在当地定植前2个月播种育苗,晚熟品种在定植前3个月播种育苗。西北地区一般在2月上旬至下旬,东北地区在3月上旬左右。

②准备苗床。一般用温床或冷床育苗。每公顷种子田需15m^{2}的育苗床,375m^{2}的分苗床。苗床一般设在温室内,做成1~1.2m宽的畦,南北走向,铺7~10cm厚的营养土,分苗床铺12~15cm厚的营养土,营养土用60%的未种过茄科作物的园田土和40%的腐熟有机肥过筛后混合而成。

③种子处理。播种前采用变温法催芽,有利于提高发芽出苗率。方法是:先将种子在55℃的热水中浸泡,并充分搅拌,待水温降至常温时再泡24h,清洗后将种子捞出稍晾,用湿布包好,白天保持30℃,夜间20~25℃,每天翻动3~4次,3~4d后,当60%以上种子露白时即可播种。原种田的用种量为750~1125g/hm^2。

④播种方法。采用点播或撒播方法。播种当天浇足底墒水,水渗后撒一层营养土,然后均匀撒播种子,播后覆盖1cm厚的营养土,再盖一层地膜提温保湿,撒上杀鼠毒饵后搭小拱棚,扣严薄膜,夜间加盖草苫。

⑤加强苗床管理。根据生育阶段加强肥水和温湿度的调控。

A. 播种至齐苗阶段主要是增温保湿。用电热温床育苗时应昼夜通电,提高地温。草苫要晚揭早盖。当幼苗顶土时,及时揭除地膜,断电,并覆0.5cm的脱帽土。出苗70%~80%时,可渐渐揭去小拱棚上薄膜。

B. 齐苗至分苗阶段。齐苗后要适当降温,防苗徒长,白天适宜气温为20~25℃,夜间15~20℃。并适当间苗,增强光照。干旱时喷水,兼喷施0.2%尿素与0.2%磷酸二氢钾混合液，为花芽分化提供足够的营养。

C. 分苗。在2~3片真叶时进行，分苗前1周要降温炼苗。分苗前喷透水，以便于起苗，实践证明，用80cm×80cm、100cm×10cm营养钵分苗，以利于定植成活。做到随分苗随盖薄膜和草苫，以防日晒萎蔫，提高成活率。

D. 分苗床管理。分苗至缓苗阶段主要是增温保湿，不放风，白天25~28℃，夜间15~20℃，晴天的上午10时至下午3时注意遮荫，以防日晒萎蔫。缓苗至定植阶段。随气温回升，应逐渐放风，畦内温度控制在20~25℃，如苗床缺水，及时喷水。定植前7~10d浇一次大水，放风炼苗，终霜过后方可定植。

(3)选地、整地、定植及田间管理

①原种田的选择。选择有机质含量丰富、土层深厚、保水保肥力强、排水良好的沙壤土，且3~4年内没种过茄果类蔬菜。定植前耕翻土壤，每公顷施375kg磷酸二铵、375kg尿素和腐熟优质的农家肥15000kg做底肥。南北向划线做畦，畦宽80~100cm，沟宽30-40cm，畦高20~30cm。定植前7~10d用地膜覆盖畦面。

②定植。茄子耐寒力较弱，定植应选择在当地终霜过后，10cm地温稳定在15~16℃以上时进行。西北地区约在5月10日以后。定植密度根据品种特性而定，一般早熟品种为33500~45000株/hm^2，株行距50cm×40cm；中熟品种30000~37500株/hm^2，株行距55cm×50cm；晚熟品种22500~30000株/hm^2，株行距70cm×55cm。定植深度以露土坨为准。

③田间管理。种子田管理基本同菜田栽培相同，但要注意以下几点：

A. 中耕除草。定植后及时中耕，以提高地温，促进发根，消灭杂草。

B. 追肥促控。苗期应进行蹲苗，防止徒长。一般在门茄瞪眼时结束蹲苗，追一次催果肥。对茄和四门斗迅速膨大时，对肥水的要求达到高峰，可追施氮磷混合肥。

C. 整枝打杈。选择符合原品种果形的果实做种果，一般茄子留种节位为对茄和四门斗，以四门斗种子产量最高。四门斗以上留2~3个叶片后打尖。保证大果型品种留种果 2 ~ 3 个,中小型品种留种果 3 ~ 5 个。去掉多余侧枝。

D. 去杂去劣。种子田一般分 3 次考察品种形状的典型性,及时去杂去劣。在定植时根据株型、叶形、叶色,去除不符合原品种典型性状的杂、劣、病株;在开花坐果期和种果采收前根据果形、果色、花色、株型拔除不符合原品种典型性的杂、劣、病株。

(3)种果采收与采种

授粉后 50 ~ 60d,当果实呈黄褐色、果皮发硬时为采收适期。根据成熟度可分批采收,采收后于通风干燥处后熟 7 ~ 10d,以提高种子发芽率并与果肉分离。

茄子采种方法有两种。采种量少时可将果实装入网袋或编织袋中,用木棍敲打搓揉种果,使种子与果肉分离,最后切开种果,放入水中,剥离出种子。采种量大时,可用经改造的玉米脱粒机打碎果实,用水淘洗,将沉在水底的饱满种子捞出,放在通风的纱网上晾晒,晒干后含水量达 8% 时装袋贮藏。经室内检验,符合国家规定原种标准的种子即为原种。

2. 良种生产

要求空间隔离距离为 300m,良种生产要用原种种子育苗,在生育期严格去杂去劣。其他各项技术可参照原种的种子生产。

(三)茄子杂交种子生产技术

茄子具有花器较大,人工去雄较容易的特点,杂交制种一般采用人工去雄授粉法。技术要点如下:

1. 严格隔离

要求与其他茄子品种空间隔离距离 500m 以上。

2. 适时播种

北方地区多在露地栽培条件下进行茄子杂交制种,应根据当地气候条件确定双亲适宜的播种期,以保证双亲花期相遇。应将母本花期处于授粉受精最适宜的温度范围内,由此来推断母本的适宜播期。父本的适期应根据父本的熟性来定,如父本较母本早熟,应同期播种;如父母熟性相近,父本应比母本早播 3 ~ 5d;如父本较母本晚熟,则父本应比母本早播 5 ~ 15d。父本、母本的种植比例一般为 1∶ 4 ~ 1∶ 5。

3. 培育壮苗

壮苗是茄子生长发育的基础，也是茄子杂交制种获得高产、优质种子的保证。北方地区选用温棚或电热阳畦育苗，床土要施足腐熟的有机肥，分苗应在晴天进行，分苗时遮荫。苗期的温度控制应掌握“三高三低”的原则，即白天高、夜间低、晴天高、阴雨天低、出苗前和分苗后高、出苗后和定植前低。湿度视床土和苗生长情况来定。可参考原种种子生产。

4. 田间管理与整枝打杈

北方露地茄子制种应采用地膜覆盖栽培，促使种株早发根、早发棵，提高种株结果能力。制种田要施足基肥，多施磷钾肥。为了集中营养，短期内多结果，一般去掉种株的门茄花蕾及以下所有侧枝，促使对茄、四门斗早期开放，并在四门斗花蕾出现后留 2～3 片叶摘心。授粉结束后搭架，以防后期种株倒伏而致种果腐烂。其他参照原种种子生产部分。

5. 杂交授粉技术

茄子花大，每株只授对茄和四门斗，一般可结 3～5 个果，每人可授 1000 株。不同部位的果实种子含量不同，下部和最上部果实含种量少，千粒重低，四门斗果实含种子量最多，且籽粒饱满。

①准备好制种工具　主要有：镊子、采粉器、玻璃授粉管（授粉口要大些）、花粉筛、花药干燥器或小玻璃瓶、纸盒、70% 酒精等，其他可参照西红柿部分。

②父本田管理与检验　父本田仅提供花粉，制种结束立即拔除。杂交工作开始前，必须彻底检查父本，发现杂株、疑问株全部拔除。这是提高制种纯度最根本的保证。

③制取花粉　这是杂交制种能否成功的一项关键性技术。花粉量小时可用采粉器。花粉量大时集中人力采摘父本花或花药，应采当日盛开或微开花的花药，已开 1～2d 的花花药已散出花粉，采粉量很少。新鲜的花药含水量大，花粉不易散出，必须经干燥处理，一般常温下自然荫干，阴雨天时可放在干燥器中，花药干燥后，放到碗中，两只对扣，振荡后取出花粉，装入小瓶中贮存，常温干燥，花粉活力可保持 2～3d，在 4～5℃ 干燥条件下（冰箱中），可保存 30d 左右。

④去雄　只去对茄和四门斗，对门茄及已开的花结的果要摘除。选择第二天将要盛开的花蕾去雄，即用镊子把黄色的花药全部去掉，有

的大花蕾花粉孔已开,说明已散粉要把此花摘掉。去雄时应选长花柱花蕾,短柱花结果率较低,如果一株有双花或多花的,应选择最强健的去雄,其余花摘除。去雄后应在花梗部绑绳作标记。一般去雄在下午进行。

⑤授粉　一般在去雄后的第二天上午进行。母本以开花当天结果率最高,授粉时母本花要全开,如去雄时花蕾太小,第二天未开,可等到第三天花开时再授粉。把制取的花粉装入授粉器(玻璃管)中,将柱头蘸满花粉,并去掉2个萼片作标记。如花粉太少,可用手指蘸花粉轻而均匀地涂在柱头上。如授粉后遇雨,第二天应重复授粉。

(4)采收种果,后熟脱籽

茄子授粉后50~60d,种果果皮老黄,种子已充分成熟,此时应按授粉时的标记采收种果。淘汰有病或腐烂的种果。收获的种果如能充分后熟可提高发芽率,一般开花后40d收获,要有10~15d的后熟期,50d收获要有5~10d的后熟期。后熟时将种果放在干燥、阴凉处,果皮开始发皱、果肉变软时开始采种。量大时用脱粒机捣碎,用水冲洗出种子,晾干,装袋保存。

(四)生产实践范例

河西走廊茄子杂交制种技术要点

1. 培育适龄壮苗

(1)播种

河西地区一般在3月上中旬播种,温室或大棚育苗。早熟品种比当地大田栽培播期略迟,使采种时对茄或四门斗茄种子充分成熟。晚熟品种可与当地大田栽培同期播种。为了保证父、母本花期相遇,应根据品种组合特性调整播期,一般要求父本比母本提早7~10d播种,父、母本播种量和播种面积之比约为1∶4~1∶5。

(2)育苗

育苗在温室或大棚中均可,床土选择2~3年内未种过茄果类、瓜类蔬菜的园土,施足基肥和适量化肥,培肥地力,播前可用50%的多菌灵粉剂进行土壤消毒。播种期一般在3月上旬左右,保证苗龄50~60d。

(3)定植

茄子根系比较发达，但抗旱性较差，又不耐湿、不耐寒，所以应选择地势较高、干燥、排水良好、通风透光、土壤肥沃而疏松的地块，建立繁种田。与其他品种相距100m。一般在5月上旬定植移栽，采用垄作，母本栽4～5行，株距40cm，父本栽1行，株距35cm。父、母本田以1:4的比例为宜。

(4)田间管理

制种田管理水平要高于大田，因茄子根系木栓化较早，中耕时注意不伤根，灌水掌握勤浇少浇的原则，使地面若湿若干，以减少烂果，保证种子质量。及时摘掉上部果实，从四门斗处摘尖，严格去杂去劣。

2. 授粉技术

(1)植株选择

选择父本和母本田中无病、健壮的植株取粉和授粉。最适宜授粉部位是第2～4层花，每株宜授粉6～10朵花，坐果5～8个。

(2)父本花粉采集

茄子开花习性是当花蕾长足后，在花冠逐渐开裂过程中，花药逐渐破裂，花粉散出。可在早晨8:00时左右花朵刚开放时采集，把采下的大花蕾放在贮粉盒中，置于干燥器或温度为32℃的烘箱中烘干，放在太阳光下晒干，约需4h，然后用花粉筛将花粉筛出，或将晒干的花药装入授粉盒中，盖上纸，上下抖动几次，即可将花粉抖出。收集到的花粉应避光、干燥保存。

(3)去雄授粉

茄子花在开放前1d至开放后2d均有受精结实能力，而以开花当天受精能力最强，结实率最高。一般选择对茄和四门斗花用于杂交。选母本植株上花冠为开裂的花蕾，用镊子轻轻拨开花苞，将雄蕊彻底去尽，去雄时切忌损伤柱头、子房。去雄后的第二天上午进行授粉。把制取的花粉装入授粉器（玻璃管）中，将柱头蘸满花粉，并作标记。如授粉后遇雨，第二天应重复授粉。

(4)选种采种

当果实萼片尖端翘起，果面发黄，用手触发软时，已经成熟，这时及时采收。选择个大、果面光滑、无棱沟、肉质致密、形状、色泽等典型性状符合本品种特征特性的种果，除去病虫株及其他杂果。种果摘下晒2～3d，使果肉与种子分离，沿腹缝线掰开，轻轻揉搓取出种子，用水反复清洗,晾晒干。要求自然风干,达到种子质量标准。

第五节 瓜类作物种子生产

瓜类为果菜,均属葫芦科。我国栽培的瓜类果菜共有10余种,主要分为两大类,一类是以嫩瓜为产品,主要包括黄瓜、西葫芦、丝瓜、瓠瓜等;另一类以成熟瓜为产品,主要包括西瓜、甜瓜、番瓜、冬瓜等。现介绍北方主要瓜类种子生产技术。

一、黄瓜种子生产技术

黄瓜(*Cucumis Stivus L.*)是我国蔬菜生产中种植面积较大的果菜种类之一,北方保护地和露地均可生产,生产上对黄瓜品种及种子质量的要求较高。因此,掌握黄瓜种子生产技术意义重大。

(一)黄瓜繁种的生物学基础

1. 花器构造

黄瓜为雌雄同株异花植物,由昆虫传粉。雌花为5裂合瓣花,花柱短,子房3~5室。每个子房内有20~30行胚珠,胚珠数可达100~500个。雄花有雄蕊5枚。黄瓜一般为单性花,个别品种有两性花。

2. 开花授粉习性

黄瓜一般在凌晨1~2时开花,6~7时开足展开。阴雨天延迟到9时左右,温度低于14℃停止开放,花药在16℃以上散开,20℃左右花粉最多,其花粉在4~5h内活力最强。雌花在开放前后2d均能授粉,但以开花当天上午8~11时受精能力最强。因此,在这一阶段受精结实率最高。

3. 对环境条件的要求

(1)黄瓜喜温怕寒,耐热能力不强。生长适温是25~30℃,10~12℃停止生长,0~2℃受冻致死。种子发芽的适温是27~29℃。根系生长的适温是20~23℃,10~12℃停止生长。结瓜期的适温,白天28~30℃,夜间15~20℃。

(2)黄瓜喜光耐阴。光合作用的饱和点是5.5万Lx,补偿点是1000Lx,日照时数要求11h以上,光弱会影响产量和品质。

(3)黄瓜喜湿不耐旱。叶面积大,蒸腾量大,而根系较浅,分布范围小，吸收能力差。因此，需要较高的土壤和空气湿度。成株适宜的田间持水量是80%～90%，空气湿度是70%～90%。

(4)黄瓜喜肥而不耐肥，要求富含有机质、保水保肥能力强的肥沃土壤。pH5.5～7.2为宜。

4. 花芽分化与性型发育的特异性

黄瓜一般为雌雄同株异花株型。多数品种在1～2片真叶展开时就开始分化花芽。在花芽分化初期其性型尚未确定，在发育过程中，才开始性型分化。黄瓜的性别表现，除了受遗传因素影响外，还与环境条件有关。一般9℃左右的夜温，8h的短日照有利于雌花形成，高温长日照有利于雄花形成。但不同的品种对温度和日长的反应有所差异，有报道说华南型春黄瓜比夏黄瓜和华北型品种敏感。土壤含水量和空气湿度也影响性别分化，含水充足，湿度高，可降低雌花的着生节位并增加雌花数量。另外，氮素肥料有利于雌花的形成，钾素则有利于雄花的形成。植株的内源激素和外源激素也可影响黄瓜的性别分化。

(二)黄瓜常规品种的种子生产技术

1. 原种生产

黄瓜的原种生产分为春露地采种、夏季露地采种或秋季露地采种和保护地采种四种方式，各采种方式应在相应的栽培季节进行。北方地区以春露地采种和保护地采种为主。分述如下：

(1)春露地采种技术要点

①原种田的选择。原种田应选择在3～5年内没种过瓜类作物的肥沃田块，与其他黄瓜隔离1000m以上，施入有机肥60000～75000 kg/hm^2、磷酸二铵300kg/hm^2、硫酸钾225kg/hm^2做基肥，然后整平做畦。

②播种。露地春黄瓜一般在10cm地温稳定在12℃以上时播种，采用起垄覆膜点播。垄宽60～70cm，高30～40cm，垄间距40cm，播前4～5d选用幅宽90cm地膜覆盖。播前种子催芽，按株距25～30cm点种，深2～3cm，每穴内点种子2粒，萌芽点向上，再用湿土把穴孔和膜孔封好。

③田间管理

A. 间苗定苗。当黄瓜幼苗子叶平展，具有1～2片真叶时间苗定苗。保证株距25～30cm，留苗60000～75000株/hm^2。

B. 插架。北方露地春黄瓜宜在齐苗后及时插架，以降低风速保护秧苗，两个相邻小高畦的各一行插为一架，以便整枝、绑蔓等田间作业。

C. 病虫害防治。注意防治黄瓜霜霉病、角斑病和枯萎病。

D. 整枝。多数品种主要靠主蔓结瓜，要将主茎第七片叶以下的侧枝、瓜、花全打去。从第八节开始每隔一叶留一瓜，枝成性品种主要靠侧枝结瓜，将第七节以下的侧枝及时去除，从第七节开始留侧枝。

E. 绑蔓。每隔 3 ~ 4 片叶在花下 1 ~ 2 节绑蔓一次，一般每株留 1 ~ 4 个种瓜。大型瓜品种每株留 1 ~ 2 个种瓜，选用第二至四节位的雌花做种。小型瓜品种可留 3 ~ 4 个种瓜。

④选优去劣。选择优良单株是原种生产的重要环节，选优一般分三次进行：

A. 第一次选择。在根瓜开花前，根据第一雌花的节位、雌花间隔的节位、花蕾形态、叶形、抗病性等，选择符合原品种特征的植株标记，并在入选株雌花开花的前一天下午，将要开的雌、雄大花蕾分别用棉线或花夹子扎、夹花冠隔离，次日上午，打开雌、雄花冠上的结扎物，用雄花的花粉给雌花授粉，然后重新扎好雌花的花冠，防止昆虫再次传粉，并在花柄上拴牌标记。一般早熟品种可选根瓜作种，而中、晚熟品种选腰瓜作种。

B. 第二次选择。在大部分种瓜达到商品成熟时，根据瓜形、瓜数、节间长短、分枝性、结果性、抗性等性状进行复选，淘汰不符合原品种特征的植株。

C. 第三次选择。在采种前，根据种皮色泽、刺棱特征选择，进一步淘汰不符合原品种特征特性的植株及种瓜。

⑤种瓜的收获及取种

A. 种瓜的收获。黄瓜留种的果实通常在授粉后 40 ~ 60d 达到生理成熟期，成熟时白刺种果皮呈黄白色、无网纹；黑刺种果皮呈褐色或黄褐色，有明显网纹。当种瓜果皮变黄褐色或黄白色，果肉稍软时分批采收，注意不收无标记的种瓜，收获后在阴凉处后熟 5 ~ 7d，以提高种子的千粒重和发芽率。

B. 取种。黄瓜种子周围有胶冻状物质，不易洗掉，可用下述方法除之。

发酵法：将种瓜纵剖，把种子连同瓜瓤一同挖出，放在非金属容器内使其自然发酵,发酵时间因温度而异,15～20℃需3～5d,25～30℃需1～2d。发酵过程中每天用木棒搅拌几次,当多数种子与瓜瓤分离下沉后,立即倒出上层污物,捞出种子用清水搓洗干净。

机械法:用黄瓜脱粒机将果实压碎后,再次加压,使种子与胶冻状物质分离。此法省工省时,但种表的胶冻物质去除不彻底,会影响种子发芽,因为这些粘性物质中含有抑制发芽的物质。

化学处理法:在1000mL的果浆中加入35%的HCl5mL,30min后用水冲洗干净;或加入25%的氨水12mL,搅拌15～20min后加水,种子即分离沉入水底,此时再加入少量HCl使种子恢复原有色泽,然后用水冲洗干净。

(2)保护地采种技术

利用温室和塑料大棚育苗采种,管理技术同菜田生产,为提高采种量必须人工辅助授粉,选第三节位以上雌花授粉3～4朵,选留1～2条瓜作种瓜。

2. 良种生产

多采用春露地采种法,其具体栽培技术同原种生产的春露地采种法,但空间隔离应在1000m以上,严格田间的去杂去劣。为了提高采种产量,可采用自然授粉留种或进行人工辅助授粉。

(三)黄瓜杂交种子生产技术

黄瓜具有明显的杂种优势,杂种优势主要集中了双亲的优势。亲本的性状及纯度决定杂交种的优劣。

1. 黄瓜杂交亲本的种子生产

黄瓜制种的亲本主要是自交系和雌性系。

(1)自交系的种子生产

自交系的种子生产技术按常规品种原种的种子生产技术进行,要求空间隔离距离在1000m以上。

(2)雌性系的种子生产

雌性系是只长雌花不长雄花的黄瓜品系。用其作母本,可减少去雄的成本。雌性系在繁种时需要人工诱导产生雄花,再将作父本的雌性系和作母本的雌性系在隔离条件下相间种植,任其自然授粉,即可获得雌性系种子。诱导处理的植株约占雌性系的1/5～1/3。诱导方法是:在早熟雌性系2～3片真叶期、中晚熟雌性系4～5片真叶期,喷施

300～500mg/L 的硝酸银，以喷新叶为主，隔 4～5d 喷药一次，共喷 2 次，达到诱导效果，此时诱导植株叶面会出现皱缩或有黄褐色斑点现象。

在管理上，由于雌性系节节有雌花，生殖生长和营养生长同时进行，要求较高的肥水条件，所以定植后不宜长时间蹲苗。当植株生长缓慢时，应及时追肥浇水，防止出现花打顶现象。其他栽培技术同常规品种的原种生产。

2. 黄瓜杂种一代的种子生产

目前，常用的制种方法有人工授粉法、化学杀雄制种和利用雌性系制种三种方式。制种过程中的育苗及栽培管理等与常规品种的原种生产相同。以下介绍这三种制种方式的主要技术要点。

(1)人工去雄制种技术在劳力较多的地方多采用

①调整播期保证父、母本花期相遇：要根据双亲开花期的早晚分期播种，开花晚的亲本要适当早播，开花早的亲本适当晚播，在双亲始花期相近的情况下为保证父本花粉的充足供应，父本应比母本早播和早定植 7～10d，父、母本定植比例一般为 1∶3～1∶6 或 1∶4～1∶8。

②严格去杂去劣：在开花授粉前，应根据双亲的特征特性拔除病、杂、劣株，摘除母本株上坐瓜节位下已经开过的雌花和已结果。

③人工杂交授粉具体方法是：在开花前一天将父本雄花及母本雌花花蕾扎住，第二天上午 7～10 时，摘下父本扎好的雄花，剥去花瓣，取出花药，在母本扎好的雌花柱头上轻轻摩擦。也可取带有花柄的雄花，将花冠摘除，直接将花药涂到柱头上，授粉后的雌花重新扎好花冠，并在其花柄上挂牌或拴绳做标记。取花粉时，一定要注意对父本性状严格选择，父本性状不良对杂种一代性状影响较大。选作杂交用的雌花要求发育正常，一节只授一朵花，一株可授 4～6 朵花，并用雄花花药重复授粉，最后选留 1～3 条种瓜，做好标记。在授粉期及授粉后种瓜膨大成熟期，要不断摘除未经授粉的嫩瓜和回头瓜。人工授粉最好在上午进行，扎花可安排在下午。

④杂种瓜的收获。种瓜收获时，严格注意不收无标记的种瓜。其他技术环节同常规品种的原种生产。

(2)化学杀雄制种技术

生产上常用乙烯利作为黄瓜杀雄剂，用它去除母本植株上的雄花。

使用方法是：当母本的第 1 片真叶达 2.5 ~ 3.0cm 时喷第一次，浓度为 250mg/L；3 ~ 4 片真叶时喷第二次，浓度为 15mg/L；再过 4 ~ 6d 喷第三次，浓度为 100mg/L，每次喷至叶面开始滴水为止。母本植株经 3 次喷乙烯利后，20 节以下的花基本上都是雌花，在隔离区内可靠昆虫自然授粉生产杂交种。

应用化学杀雄剂自然杂交制种在技术上应注意：

①隔离与双亲的配比：制种地四周至少 1000m 内不得种植其他黄瓜，父、母本按 1∶ 2 ~ 1∶ 4 或 1∶ 3 ~ 1∶ 5 栽植。

②确保双亲花期相遇：通过调节播期或其他栽培手段使父本雄花先于母本雌花开放。

③人工辅助去雄和授粉：进入现蕾阶段后要经常检查并摘除母本株上出现的少量雄花。授粉适期如遇阴雨天气，可进行人工辅助授粉。

(3)利用雌性系杂交制种技术

用雌性系作母本配制杂交一代，在自然杂交授粉情况下就可获得杂交种，可大大节省授粉的工作量。主要技术如下：

①父、母本行比及花期调节：父、母本行比一般为 1∶ 3 ~ 1∶ 5。栽培密度与雌性系的品种特性有关，株型小、分枝少的密度可大些，株型小、分枝多的可适当稀植，一般为 60000 ~ 75000 株/hm^2。通过调节播期使父本雄花先于母本开放，达到花期相遇。

②去杂去劣：开花前认真检查和拔除雌性系中有雄花的杂株，以免产生假杂种。

③人工辅助授粉：授粉期如遇连阴雨，要进行人工辅助授粉，以提高种子产量和质量。

④选优质瓜留种：授粉结束后，及时摘除没有授粉或授粉发育不良的尖嘴瓜，以减少养分损耗。收获时选择瓜顶膨大、发育良好的瓜留种。

(四)生产实践范例

河西走廊黄瓜杂交制种技术

河西走廊是黄瓜制种的理想基地，经过多年黄瓜制种实践，总结出一套黄瓜杂交种子大田生产技术，现介绍如下，供河西及同类地区参考应用。

1. 设置隔离,选地倒茬

黄瓜为葫芦科高度异花授粉作物,天然杂交率在 60% ~80%,为确保种子质量,要求制种田要有严格的空间隔离,在 500m 以内不得有同种的其他黄瓜制种和其他黄瓜品种,以防蜂、蝶、虫及风等因素引起的串粉,使制种纯度下降。黄瓜为浅根性蔬菜,侧根稀少,生长要求土层肥沃,疏松,质地为沙壤土,四周无树木遮阴,含盐量小于 0.3% 的耕地栽培为好。黄瓜栽培地前茬以豆类、玉米、麦类为宜。前茬作物须早腾地,耕翻晒垡。同时应选择 3 ~5 年内没有种植过瓜类的地块制种,以防病虫害加重,影响植株生长及种性。

2. 播前准备

(1)整地施肥　前茬作物收获后,清除残根,烂茬,深翻晒垡,熟化土壤,秋季结合浅耕翻,施入腐熟有机肥料 45000 ~60000kg/hm^2,氮磷复合肥 225 ~300kg/hm^2,深度不小于 30cm。翻后耙耱保墒,冬季在早冻午消时冬灌,早春顶凌耙耱,镇压,防止土壤跑墒,早春 3 月中下旬,土壤消冻后按播种行距开沟,施入种肥,每公顷施饼肥 750 ~900kg,磷二铵 225 ~300kg。

(2)土壤处理　结合春季整地施种肥,播种前 5 ~7d 用 40% 的甲基乙柳磷拌细沙撒施地面,浅耙,做土壤杀虫处理。对草害严重的地块,整地时每 667m^2 用 100mL 氟乐灵兑水 30kg 喷洒地表,然后及时耙耱,使药土混合均匀,镇压再覆膜。

(3)起垄覆膜　黄瓜采用双行高垄覆膜栽培,起垄标准是:宽 60cm ~70cm,高 30 ~40cm,垄间距 40cm,将垄坡整平,然后在播前4 ~5d 选用幅宽 90cm 地膜覆盖,要求膜两边拉紧,紧贴垄坡,用土把膜两边压实,膜上每 3 ~5m 压一小堆土,防止大风揭膜。垄底要求平直,便于管理和灌溉。

3. 把好播种关

(1)种子处理　经过严格品质检测的母本、父本种子于播前在凉席上暴晒 2 ~3d 后,放在 55℃ ~60℃温水中浸泡 4 ~8h,用湿布包好放在 25 ~30℃温度下催芽,待种子全部萌芽后播种。

(2)播种　为提供足够的花粉,保证母本下部正常发育的雌花及时授粉,要求母本比父本提前 10 ~15d 播种,在河西走廊,母本在 5 月 10 日至 15 日播种较理想,母本、父本应分垄种植,瓜蔓不能对爬或混爬,以免发生雌花误采。父、母本比以1: 6~1: 8为宜。覆膜后4~5d,按株距25~30cm在垄坡高度的1/2处带尺画线点种,深2~3cm,每穴内点种子2粒,萌芽点向上,再用湿土把穴孔和膜孔封好。

4. 田间管理

(1)查苗补苗　播种后勤检查出苗情况,若遇雨,用铲子破除板结层,若发现缺苗断垄的,将种子催芽后及时补种或结合间苗、定苗移栽,移栽时少伤根多带土,栽后加强肥水管理,达到长相与大田一致。

(2)间苗去杂　当黄瓜幼苗子叶平展,具有1~2片真叶时间苗定苗,为保证苗全苗壮,用利刀将小苗、弱苗、畸形苗、病虫苗沿膜面割除,带出田外处理,严防拔苗时将两株全部拔除,保证株距25~30cm,母本保苗60000~75000株/hm^2,在幼苗4片真叶时,按长相把亲本中的杂株拔除。

(3)搭架　为使母本充分接受阳光,完成开花、授粉结果,在6月中上旬黄瓜扯蔓前搭架,架材选用细木椽或竹竿搭成人字架,用铁丝固定成高度1.6m~1.8m的平行柱,然后架柱插在植株两侧栽牢,上面用铁丝将细木椽连接牢固,架两侧绑两层横杆或铁丝,以便枝叶杆均匀的分布在架面上。

(4)整枝绑蔓　经试验,黄瓜子蔓结瓜比主蔓结瓜好,因此黄瓜扯蔓后,将瓜蔓用马莲或包装绳绑缚于架面,使母本充分接受阳光,当黄瓜主蔓长到1.5m高时打顶,摘除主蔓上的雌花,选留5节以上的侧蔓3~4条做结瓜蔓。侧蔓雌花出现后套袋授粉,侧蔓结瓜后留2~3叶摘心,母本一般不整枝,不留瓜,抹去发育的雌花,减少营养消耗。

(5)浇水追肥　幼苗期在5月底6月头浇头水,以后根据天气和土壤干湿情况10~15d天浇一次水,保持土壤湿润,防止干旱,促使植株生长旺盛,营养体增大,抗病能力增强,浇水时要小水漫灌,灌水不可超过垄高的1/2,以免漫垄引起病害发生,结合灌水,根据苗势追肥,授粉结束果实坐稳后追硝铵或硫铵300kg/hm^2。若植株生长势弱则用微肥0.2%的磷酸二氢钾叶面喷施。

(6)病虫害的防治　实践证明用绿亨一号、二号、EM等制剂防病效果好。对黄瓜霜霉病、枯萎病、疫病等,选用甲基托布津、多菌灵、百菌清、代森锰锌、甲霜灵锰锌等农药交替防治。蚜虫用辟蚜雾防治。红蜘蛛用螨立克防治。西北地区鼠害严重,尤其后期注意防鼠害。

5. 杂交授粉

(1)劳力及器具准备　每公顷需经培训的授粉工人 8～12 人,农户家可联合作业,用油光纸做成长 11cm、宽 5cm 的套袋,用油漆或毛线做标记。

(2)整枝去杂　授粉开始前严格检查,按长相把亲本中的杂株拔除干净,将蔓整顺,结合整枝抹去叶腋的雄蕾和开过的雌花,将摘下的母本雄蕾集中深埋。

(3)授粉

①雌花处理　进入授粉期,每天早上 6～8 时,把第二天早上即将开放的、发育完整的、健壮的母本雌花套袋,并在附近标记,以便第二天清晨寻找授粉。

②雄花采集　黄瓜雄花在每日清晨 5～6 时开放,开花前将当天即将开放的雄花全部采上,放在容器中,已开放的雄花不采集,也可在花蕾开放的头天傍晚摘采次日开的雄花蕾,均匀放入水盆,盖上报纸保存备用。

③授粉方法　清晨 6～10 时授粉,授粉时先取掉母本雌花上所套的袋,然后去掉雄花花瓣,一手扶住雌花,把雄花花粉均匀涂在柱头上,一个雄花可授雌花 2～3 朵,授粉完毕后再将已授粉雌花套住,授粉 6～8 时最好,8～10 时次之,10 时以后效果明显变差,中午 12 点以后基本不能受精坐瓜。

④摘心　每个子蔓保留授粉瓜一个,待授粉瓜坐稳后,对再长出的雌花、子蔓及时摘除,清除没标记的自然授粉瓜,然后留 2～3 叶摘心,将父本全部拔除。

6. 采种

授粉 30～35d 后,把充分成熟和带有标记环的种瓜采下后熟 5～7d,选晴天上午先用竹刀将瓜小心横切,防损伤种子,后熟一天后,将种子从瓤中挤出,放在清水中反复搓揉,洗掉种皮上的粘质,及时将洗干净的种子放在纱窗上,置于干燥阴凉通风处晾干,待种子含水量降至 6% 以下后进一步挑选,清除秕种子、沙粒等杂物,净度达到 100% 方可包装入库,注意挖洗种子时不能用铁或金属容器,以防变黑,种子不可在水泥地面或阳光下暴晒,以防种皮变形或种胚烫死。

二、西瓜种子生产技术

西瓜(*Citrullus vulgaris Schard*)是人们喜爱的生食瓜之一。我国北方春季阳光充足,温度适宜,雨季到来前种子可以收获,非常适于进行种子生产。因此,我国华北地区和西北地区是西瓜种子生产的主要产区。

(一)西瓜繁种的生物学基础

1. 开花结果习性

西瓜一般为雌雄同株异花作物,也有部分品种为两性花。这种两性花的雌蕊、雄蕊都有正常生殖能力,在杂交制种时必须去雄,以防自交。西瓜花冠黄色,上分五裂,合于同一花筒上,花萼五片、绿色,雌蕊位于花冠基部,柱头宽4~5mm,上有很多细毛,柱头先端为三裂,与子房内心皮数相同。子房下位,雌花出现时即可见花冠下有与将来成熟果实同形的子房。雌、雄花都有蜜腺,异花西瓜雌蕊在开花前1~2d和开花后1~2d都具有受精能力,但开花当天授粉结果率最高。雄花的花粉在开花前一天或后一天均有发芽能力,但开花当天的花粉发芽率最高。

2. 采种对环境条件的要求

(1)温度

西瓜喜温怕寒。发芽期的适宜温度为25~30℃,低于16℃或高于40℃极少发芽。茎叶生长适宜温度18~30℃,10~13℃生长停滞,低于5℃,有冻死的危险。开花结瓜期的适宜温度为25~32℃,低于18℃,果实发育不良。膨瓜期和变色期以30℃左右最好。西瓜的耐热能力比较强,能忍耐35℃以上的高温。春季种子生产不管是育苗或直播,播种时地温要稳定在15℃以上。

(2)光照

西瓜喜光怕阴。对光照要求比一般蔬菜要严格,日照时间在10~12h以上时才能生育良好。光补偿点为4kLx,饱和点为80kLx。但变色期的瓜不耐强光,长时间照射果面时,容易发生日烧。光照充足时,雌花发育肥大,雄花花粉多,容易授粉坐瓜。相反在光照不足的条件下,植株易续长,不利于授粉受精。

(3)水分和湿度

西瓜是需水较多的作物,1 株西瓜在整个生育期内耗水 200 升左右。同时,西瓜耐干燥和干旱的能力强。适宜的空气湿度为 50% ~ 60%,开花坐瓜期要求 80% 左右。适宜的土壤湿度为半干半湿润,土壤湿度长时间过高,通气不良时,容易发生烂根。因此,在北方干旱、半干旱区种子生产田都应具备灌溉条件。

(4)土壤与营养

西瓜对土壤的要求不严格,适应性强,以土层深厚、疏松通气的沙壤土为最好。不耐碱,适宜的土壤 pH 为 5 ~ 7。西瓜生长快,产量高,对养分的需求量较大,其中需钾最多,其次为氮,磷最少,三要素的吸收比例为氮(N): 磷(P_2O_5): 钾(K_2O) =3. 28: 1: 4. 33。

因此,为制种田西瓜在生长发育过程中创造良好的温光条件和土壤环境是夺取种子高产优质的前提。

(二)西瓜原种种子生产技术

西瓜属异花授粉作物,自然异交率较高,极易引起品种混杂退化,因此在种子生产中要选择适宜的方法。

1. 原种提纯方法

西瓜原种生产多采用株系选优提纯法,即单株选择、分系比较、混系繁殖的方法,在品种纯度较高的种子田中也可采用单株选择、混系繁殖的方法生产原种。

(1)单株选择

方法是:在播种前严格挑选种子,剔除形状、颜色、大小不一致的混杂种。幼苗期和植株生长前期进行去杂去劣,拔除与原品种特征不一致的植株。开花坐果期选择符合原品种特征特性的单株,严格套袋单株自交,做好标记和授粉日期。果实成熟期选择果实形状、皮色、发育天数、抗逆性与原品种一致的单瓜进行室内考种,依据果实品质性状及种子性状,对入选单瓜种子进行编号。

(2)株系选择

对上年入选单瓜按小区种 1 ~ 2 行。依据主要的植株学特性对每个株系进行调查比较,符合原品种优良株系混合收获,混合采种,直接进行原种生产。

2. 原种生产技术

(1)选地隔离

选择地面平整，肥力均匀，排灌方便的沙壤土为最好，要求 5 ~ 7 年内未种过西瓜的地块，四周隔离距离要保持 1000m 以上。

(2)栽培方式

采用小拱棚直播栽培，行距 2.5 ~ 3m，做成高 10 ~ 15cm，宽 60 ~ 70cm 的小高畦，覆盖地膜。按株距 40 ~ 45cm，双行播种，密度早熟品种 15000 株/hm^2，晚熟品种 13500 株/hm^2。播种时间西北地区一般在 3 月中下旬。

(3)人工授粉

采用单株套袋自交。具体方法是：第一天下午将同株上的雌花和雄花用纸袋或纸帽套住，第二天上午 6 ~ 10 时，摘下雄花将花粉均匀地涂在本株雌花的柱头上，把纸袋重新套好，用塑料条绑在雌花着生的节间上作为标记。

(4)选优去杂

在授粉前对整个地块进行一次普查，根据植株的特征，幼瓜形状及时拔除与原品种不符的杂株及病弱株。收获种瓜时，严格检查授粉时做的自交标记，没有标记或标记不清的，果形、果色有变异的单瓜提前采收，不能做种瓜用。

(5)水肥管理

植株进入伸蔓期后，一般需浇一次伸蔓水，伸蔓水不宜过早，以免降低地温，影响西瓜根系发育，形成僵苗。此次浇水一般不需要追肥。当大部分幼瓜发育到鸡蛋大小时，开始浇膨瓜水，并追施尿素 225 ~ 300kg/hm^2 或磷酸铵 225kg/hm^2，结合防病，叶面喷施磷酸二氢钾。膨瓜期果实发育速度加快，需水量增加，此时要保持土壤见干见湿，浇水因植株长势和天气而定，一般有 2 次水即可。

(6)病虫害防治

西瓜的病虫害较多，在种子生产田管理上，要坚持预防为主，农业综合防止措施与化学防治结合的原则。农业综合防治措施主要包括：选用抗病的亲本材料，深耕深翻，轮作换茬，清洁田园，加强水肥管理，培育壮苗等。北方地区常见病害有：

①蔓枯病　西瓜蔓枯病又叫黑腐病、斑点病，为害西瓜的叶片、茎蔓和果实，而以叶片受害最重。

发病症状：叶片受害时，最初出现黑褐色小斑点，逐渐变成直径1 ~

2cm 的病斑。病斑近圆形,黑褐色或有同心轮纹。发生在叶缘上的病斑,一般呈弧形。病叶干枯时病斑呈星状破裂。连续阴雨天气,病斑迅速发展可遍及全叶,叶片变黑而枯死。蔓枯病与炭疽病症状相似,区别在于蔓枯病病斑上不产生粉红色粘稠物质,而是生黑色小点状物。

药物防治:可选用 80% 代森锰锌可湿性粉剂 700 ~ 800 倍液,或 50% 多菌灵可湿性粉剂 500 倍液,或 70% 甲基托布津可湿性粉剂 600 倍液,每隔 7d 喷洒一次,连续 2 ~ 3 次,以上药剂可交替使用。

②炭疽病　是瓜类常见病害,主要为害西瓜叶片及果实,多发生在西瓜生长的中后期。

发病症状:幼苗期发病,多在子叶边缘出现圆形或半圆形病斑,上有黑色小点及淡红色粘稠物质。叶片发病,最初呈水浸状淡黄色斑点,很快变为黑色圆斑,外围有紫黑色晕圈,有的出现同心轮纹。潮湿时病斑出现粉红色小点,病斑干燥时易碎。蔓和叶柄上病斑呈圆形或纺锤形,果实上病斑圆形,褐色凹陷。

药剂防治:根据当地常年发病时期,提前 3 ~ 5d 喷药防治,雨后要及时喷药。可选用 75% 百菌清可湿性粉剂 600 倍液,70% 甲基托布津 1000 倍液,40% 多硫胶悬剂 600 倍液。

③枯萎病　西瓜整个生长发育期间都能发病,以结瓜期发病最为严重。

发病症状:病株生长缓慢,下部叶片发黄,逐渐向上发展。发病初期白天萎蔫,早晚恢复,数天后全株枯死。茎基部纵裂,常流出胶状物,横切茎可见维管束变褐。

防治方法:防治枯萎病目前还没有特效药物。最有效方法是进行 5 ~ 7 年的轮作倒茬。也可用黑籽南瓜进行嫁接。一旦发现病株,全田用重茬剂 1 号进行灌根。也可用 50% 多菌灵 500 倍液,10% 双效灵水剂,45% 特克多悬浮剂灌根。

④病毒病

发病症状:西瓜病毒病分花叶和蕨叶两种类型。花叶症状主要是叶子上有黄绿相间的花斑,叶面凸凹不平,新生出的叶子畸形,蔓的顶端节间缩短。蕨叶的病株叶细长、皱缩、扭曲。

防治方法:西瓜病毒病的毒源主要靠蚜虫传播,因此,要及时发现并除治蚜虫。可喷 40% 乐果乳油或 50% 敌敌畏乳油 600 倍液。发病初期可用20%病毒A粉剂500倍液,1.5%植病灵乳油1000倍液进行预防。

⑤红蜘蛛　高温干旱的年份发生严重。西北4~5月份开始为害,6~7月份为害严重。药剂防治以50%三氯杀螨醇乳油1000倍液、2.5%天王星乳油2000倍液、21%灭杀死乳油2500倍液、73%克螨特乳油、35%杀螨特乳油1000倍液交替使用。

(7)种瓜采收和采种

西瓜果实一般需30~40d的发育时间,采种瓜一般比商品瓜晚采收5~6d。采收时要确认标记,没有标记或标记不清的瓜要剔除,果形果色有变异的要剔除。

收获的种瓜一般是就地剖瓜取种,取种的方法是用竹刀将瓜横切,用手将种子连同瓜瓤一起挖出,放入塑料盆内,采满盆后集中倒入塑料编织袋或特制的尼龙网袋中,用脚将袋内果肉尽量踏烂,放一个晚上第二天清洗。用塑料桶装上果肉及种子,注满水,成熟饱满的种子沉入水底,果肉及空秕种浮在上面。经2~3次的漂洗即可干净。种子冲洗干净后放入10%的磷酸钠溶液中浸20min,取出冲洗干净。再放入每升水加30mL醋酸溶液中浸5min,冲洗干净后晾晒,整个采种过程切忌用铁容器。凉晒最好摊放在席子上或布上,以散射光或阴干为好。不可在阳光下暴晒或直接放在水泥地上晾晒。

种子晾干后,进行包装,取样鉴定,标明品种名称,产地及种子质量情况,然后入库保存。

(三)西瓜杂交种子生产技术

1. 二倍体西瓜杂交制种技术要点

(1)父、母本的选择

西瓜一般都是雌雄同株异花作物,它的雌花、雄花通常都是单性花。但也有一些品种易受环境变化的影响而产生两性花,以这些材料育成的品种或自交母本,就很难保证杂交种子的纯度。因此,在育种阶段要慎重地对父、母本进行选择。母本应采用适应性强,坐果性强,种子含量多的亲本为好。父本纯度要高。另外,为便于对杂交种的纯度进行鉴定,母本与杂交一代还要有明确的标志性状。

(2)双亲原种的保持

杂交一代双亲原种的稳定保持是生产杂交种的关键,尤其是父本,哪怕是很低的异交率也可能给 F_1 代种子生产带来不可挽回的损失。有条件的制种单位,双亲原种的保持可采取一次制种,多年使用的方法。根据品种的适应范围及推广面积计算出至少 5 ~ 6 年双亲原种需要量,放入氯化钙或硅胶干燥器中贮藏。也可在低温种子库中长期保存。西瓜种子贮存 7 ~ 8 年仍能保持 70% 以上的发芽率。

(3)基地选择

西瓜种子生产最好选用土层深厚,肥沃疏松的沙壤土或壤土,一般 5 ~ 7 年没有种植西瓜的地块。前茬以玉米、谷子、豆类等作物为好。蔬菜地不宜作为西瓜制种地的前茬作物。种瓜地块一定要进行秋季深耕,结合深耕施入足够的底肥。一般施土杂肥或厩肥 60 ~ 75t/hm^2。翌年春季 3 月份浇地造墒,耕耙 2 遍,将地整平做畦。做畦时,按行距 1.2m 的距离开宽 30 ~ 40cm、深 20cm 的瓜沟,施入磷酸二铵 225 ~ 300kg/hm^2,硫酸钾 150 ~ 225kg/hm^2,腐熟的羊粪或鸡粪 1 ~ 2m^3,翻匀填平。杂交制种田要与其他西瓜品种的种子田或生产田的隔离距离在 1000m 以上。

(4)播种、覆膜

①播期:播种的时间根据当地的气候情况,一般在寒流过后,天晴时抢播。西北地区一般为 4 月上旬。

②种子处理:种子处理多采用温水浸种,将种子放人 55℃ 温水中,不断搅动 15min,在水温降到 30℃ 的条下,浸种 4 ~ 6h,然后将种子在清水中反复搓洗几遍,用清水洗去种皮上的粘液物质,摊开阴干 12h,即可播种。大面积种植时,由于当天可能种植不完,不适宜催芽。

③种植密度:种子生产田的种植密度比商品瓜生产的密度要大些。一般母本种植 22500 ~ 24000 株/hm^2。行距 1.3 ~ 1.4m,株距 30cm 左右。

④父、母本比例:西瓜 F_1 杂交制种父、母本的比例一般为 1∶10 ~ 1∶15。为防止采花时错误,父本要集中种植在田的一端,并种植几行花生、大豆等保护植物与母本隔开。为确保有足够的父本花粉来源,父本一般要比母本提早播种 5 ~ 6d,用小拱棚进行覆盖。

⑤播种方法:按株、行距开穴点播,每穴放 2 粒种子。播种深度1 ~ 1.5cm。播种完成后要及时覆盖地膜,地膜的规格一般为厚度 0.015mm,宽度为 90cm。覆膜时一定拉紧拉平,四周用土压严,增温保

墒，防寒防风，促进早发。

（5）苗期管理

西瓜从播种到出苗大约需要6～7d，在此期间主要是防止大风揭膜，保持适宜温度，促进种子发芽生长。管理的工作重点前期查苗补苗，及时放苗，后期注意通风，防止烤苗。出苗后一旦发现缺苗就要及时进行大芽补苗，方法是：播种时每行一端多放几粒种子备用。

进入5月下旬外界气温逐渐升高。西瓜幼苗已长到3～4片真叶，此时要注意防风炼苗，具体方法是在苗子正上方，将地膜划一个小十字孔，并随着气温的升高逐渐加大放风口。

（6）整枝压蔓

西瓜F_1种子生产一般采用两蔓整枝的方法。当主蔓长到30～40cm时进行第一次整枝压蔓。压蔓时在茎的基部培土，使苗向伸蔓的方向倾斜，称"扳根"。在距主蔓顶部10cm处压一刀土，选留一生长健壮的侧蔓顺主蔓方向摆开，多余侧蔓全部去掉。种子生产田为防止基部侧芽萌发产生雄花，侧蔓整枝一定要从基部去掉，基部小的侧芽也要去除干净。当主蔓长到13～14节时再压一刀土，侧蔓也压一刀土。坐瓜后一般不再整枝压蔓。

（7）人工杂交授粉

①整枝去杂

在开花期间，每天下午除去母本株上的全部雄花，让其雌花自然传粉，获得杂交种瓜。或在母本株上雄花全部摘除后，把留瓜节位第二天开放的雌花套袋，一般选主蔓的第二或第三雌花。用父本株上的雄花进行人工授粉。正式开始授粉前，要进行一次整枝去雄，每株只留主蔓和一条副蔓，去掉萌生的侧枝或侧芽。摘除已经开放过的雌花和幼瓜。摘除主副蔓上的雄花花蕾。整枝、去瓜、摘花工作一定要彻底、干净。另一项重要的工作是对父、母本植株进行一次认真的检查，去杂去劣。特别是父本要对照品种特性，逐株进行，保证万无一失。

②授粉用具准备

A. 塑料帽　制种单位特制的产品，形状与大号毛笔帽相似，以红颜色为好。

B. 纸袋或纸条　用报纸或硫酸纸制成，纸袋大小为长12cm、宽8cm，在开口的一端中间剪去1三角形缺口。纸条宽8～10cm，长14～

16cm。

C. 标记绳　可用红色聚丙烯绳、塑料条，长度 20～30cm 左右。

D. 放雄花的容器　塑料盆或瓷盆。

③授粉

各项准备工作就绪后，就可以正式进行杂交授粉。每个劳动力可以控制 333.5m^2 左右的面积。每天下午选择第二天将要开放的雌花，用红色的塑料帽套上。雌花开放的标志是花冠顶端稍见松裂，花瓣呈淡黄绿色。在找花套帽的同时，对植株进行认真检查，发现漏掉的或新长出的雄花摘除埋入地下。父本雄花也要在开放前进行套帽。

第二天清晨 5～6 时，对母本田进行最后一次巡视，发现将要开放而没有套帽的雌花补套、漏摘的雄花摘除埋掉。在父本雄花完全开放前采摘放入容器内，用纸盖好。6～8 时左右，开始授粉，将雄花的花瓣向后卷起，抓住花瓣和花柄，露出花药，用指甲轻轻一碰，若见有花粉散出即可进行授粉。先将雌花上的塑料帽取下，拿雄花花药在雌花的柱头上轻轻涂抹几下，注意授粉要均匀，整个柱头均应涂上花粉，一朵雄花一般可授 2～3 朵雌花。然后用纸袋把整个雌花套住，纸袋的缺口处卡在茎上，用手将两侧拧在一起，整个纸袋固定在茎蔓上。也可用纸条在食指上卷两圈，拧死做成纸帽，套在授过粉的雌花上。授粉套袋后，在雌花着生节上系上标记绳。整个授粉过程完成大约需 7d 时间，平均每株坐果达到 1 个以上时，结束授粉。

(8)种瓜采收

同原种生产相同。

2. 无籽西瓜的种子生产技术要点

无籽西瓜（三倍体）是以四倍体为母本，二倍体为父本的杂种一代。由于三倍体在减数分裂时染色体无法进行均衡分配，导致生殖细胞败育，雌雄配子不能正常发育和授粉受精，进而不能形成真正的种子。而只有一些幼嫩的空秕种皮，所以称三倍体西瓜为无籽西瓜。

三倍体西瓜制种与普通西瓜制种方法相同，要想不断地栽培无籽西瓜，必须年年进行杂交制种。其技术要点如下：

(1)搞好四倍体母本和二倍体父本的原种生产

繁殖四倍体种子一般采用人工自交的方法。也可采用系间杂交的办法。四倍体种子大，脐部宽，种皮厚而硬，与二倍体种子有明显区别。

播种前要认真分检，保证母本四倍体的纯度。因无籽西瓜的采种量低，只有准备足够数量的父、母本的纯种，才能保证配制到足够数量的无籽西瓜种子。

(2)选择合适的父、母本比例

进行无籽西瓜的种子生产时，若主要依靠昆虫传粉，人工辅助的方式，则田间父、母本的比例应为1∶3～1∶4较好，并在边行种植二倍体父本品种，以利授粉。若生产上主要运用人工授粉的方式制种，父、母本的比例可达1∶10，父本可集中种植在母本田的一侧，便于集中采集花粉。

(3)提高播种质量

①整地施肥

早春在秋耕整平地面的地块上分别按60cm、43cm、27cm、43cm的规格划线，即露地宽60cm，地膜带宽43cm，水沟宽27cm。在露地与地膜带间集中施优质农家肥37500～45000kg/hm^2，磷二胺225～300kg/hm^2。然后整平铺膜。

②催芽播种

A. 催芽　无籽西瓜亲本种子皮厚，种胚发育不健全，种子发芽困难。因此必须采用"破壳控温高温快速催芽"新技术。先将种子置于容器内，然后再将二开一凉温水(55℃)倒入(水量宜多些)，顺时针搅动，待水温降至35℃时，用双手反复搓擦种子。这样换温水数遍连续搓擦，直至种子表皮糖粘物质彻底洗净为止。再将搓擦过的种子浸泡在30℃温水中6h后捞出沥干，用干毛巾将种子表皮水分擦干，其上覆盖白毛巾，白毛巾上下用膜包好后，置于电褥子或火炕上催芽。催芽温度控制在30℃～35℃。待种子露白即可。

B. 播种　北方地区一般在5～10cm地温稳定在8～10℃时即可播种。选择无风晴天，按株距30～40cm挖穴点播。播深要深浅一致，覆土厚度2cm为宜，保苗密度27000～30000株/hm^2。

(4)苗期管理

苗期管理的目标是增温、保摘、促苗早发。出苗后发现缺苗断垄，要抓紧补栽(提前育好苗)。温度升高后要及时放风，放风方法是：早晨气温未升高前，用木棒将膜掏一小孔。千万不要对准小苗，以免烫伤苗子。以后逐渐加大孔口，霜冻过后，将瓜苗从膜下放出，并围土封严膜口，在整个苗期要注意防止地下害虫，对小苗弱苗要偏施肥和多浇水，确保苗全苗壮。

(5)授粉

①授粉前准备　提前用长8cm、宽4.5cm的书本纸卷好纸帽，每公顷大约需纸帽3.8万个左右；剪好标记绳或塑料环；准备1～2个装父本花用的罐头瓶。无籽西瓜前期生长缓慢，伸蔓以后长势强健。为了坐瓜，除留主蔓外，还要另选留一条健壮侧蔓作为子蔓，子蔓长至10片叶子时摘心打旁梢。第一果至根部全部采用开沟暗压，以控制徒长；第二果授粉；当日留第三果，并对该蔓摘心打头，强制坐果。彻底清除母本上所有未开放的雄花。母本雄花摘除，一直坚持至授粉结束，以避免自交。杂交开始前要逐株检查父本，发现杂株后彻底拔除，宁可错拔绝不漏拔。

②授粉操作安排天气晴朗、少雨、日平均气温在20℃～25℃的季节进行，尽量避开雨季。

A. 母本雌花套帽：每天下午逐株检查母雌花(幼瓜)，发现有第二天将要开放的雌花要套纸帽隔离，并就近插一尺余高的小棍，作为第二天授粉时的标记。

B. 父本雄花采集：授粉当天早晨5点钟，日出前采摘当天将要开放、但花冠尚未张开的父本雄花放置罐头瓶内，而后将罐头瓶放在易见阳光处，等其自然开放。

C. 纸帽检查：利用父母本雄、雌花未开放空档，逐行检查头天下午雌花上的纸帽是否掉落。如掉落及时补套纸帽。

D. 授粉：每天上午7～8时，父、母本雄、雌花开放时开始进行。先将父本花冠撕掉，露出雄蕊，在母本柱头上轻轻涂抹，然后再套上纸帽，在授粉雌花后扎上标记绳或将塑料环套在雌花上。晴天授粉需在上午11时前结束，阴天可适当延长。一朵父本雄花可授雌花3～5朵。母本雌花授粉量越多，产籽越高。

授粉结束后，将未去雄的母本雌花、幼果、腋芽摘除，并在瓜前留5～7片叶摘心，拔除未坐住瓜的母本植株。

(6)后期管理与采种

授粉结束后，及时追施尿素150～225kg/hm^2、硫酸钾(或草木灰)150kg/hm^2，浇1次膨瓜水。膨瓜期要保证全田不缺水。同时还要做好防涝排水准备和后期病害预防。

种瓜采收前应清除杂瓜和未授粉瓜,采种时切记进行酸化处理,即种瓜要随剖随淘洗干净,不要发酵和存放太长。晒种时不要在水泥地、房顶上直接暴晒,以免影响种子色泽,降低发芽率。

由于无籽西瓜的种子发芽力比普通二倍体西瓜的种子略低,故在采种技术上应注意提高其发芽率。

①种瓜必须充分成熟　三倍体种瓜一般需 35d 左右才能充分成熟。未充分成熟的果实必须后熟 5d 左右再取种,否则发芽率低。

②种子采收时不进行发酵处理　二倍体西瓜种子采收时,种子要连同西瓜汁一起放在非金属容器中经一夜的酸化处理发酵,然后再清洗。而无籽西瓜种子进行这种处理会降低发芽率。一般采种不过夜,种子从果实内取出后应立即搓洗干净、晾晒。

(四)生产实践范例

范例一　山东省西瓜杂交制种优质丰产技术

山东省泰安市是西瓜制种的重要基地。长期以来,由于受气候条件和栽培措施的影响,致使西瓜制种产量较低、质量较差。围绕这个问题,刘迎新等人经多年生产实践,总结出一套优质高产制种技术,现将该技术介绍如下,供同类地区参考。

1. 地块选择

西瓜制种田要选择排灌方便、土质适宜、光照条件好的地块。前茬以玉米等禾本科作物为佳,严禁重茬,实现 3 ~ 5 年轮作。制种田要求与其他品种的西瓜隔离 2000m 以上,以防串粉引起混杂。

2. 科学施肥

制种田要施足底肥,以有机肥为主,增施磷、钾肥,以增加产种量和种子饱满度。一般每 $667m^2$ 施优质腐熟有机肥 3000kg、磷酸二铵 25kg、硫酸钾 20kg。

3. 播种育苗、合理密植

为保证西瓜父、母本的盛花期温度适宜,播期不宜过早,一般采用育苗移栽。父本播种期在 3 月下旬,母本播种期在 4 月 5 日前后,父本比母本早播种 7 ~ 10d,以便在授粉前可看清果形和颜色,有利于去杂去劣,并有充足雄花供授粉使用。山东省一般于 5 月 1 日以后定植,栽植密度为1200～1500株/667m^2，父、母本种植比例为1：10～1：15，即每10～15棵母本种1棵父本，父本要明确标志，集中种植。

4. 杂交授粉

(1)严格除杂　授粉前要逐株对亲本进行认真观察，看其叶形、叶色、瓜蔓、茸毛、幼果形状及颜色是否符合本品种的标准，及时带根整棵拔除杂株、劣株。

(2)母本去雄　授粉前要严格摘除母本株上所有雄花和雄花花蕾。除平时结合整枝打杈去雄外，授粉前2d须逐株、逐蔓检查雄花花蕾是否除净，确认除净后再进行授粉。同时在母本株上发现雌花柱头周围长雄蕊的两性花时要随手摘除，不可授粉留种。

(3)戴帽标记　授粉期间于每天下午在母本田仔细检查，将第二天欲开放的雌花戴上隔离帽，并在旁边插上标记杆，以便第二天授粉。第二天授粉时摘下帽子，授粉后立即戴好，拔除旁边的标志杆，并在刚授过粉的果柄上套上塑料环做授粉标记。

(4)授粉　授粉用的父本雄花应在当天早晨开放前采摘，采下后放到上口较大的容器内，盖上遮阴物，待自然开放后给母本雌花授粉。刚开放的雌花受精力最强，2h后变弱，温度越高变弱越快，因此应在早上8点至10点进行。授粉时将雄花在雌花柱头上轻匀地涂满花粉，要用足够的花粉给1朵雌花重复授粉，增加受精胚珠的数量。

5. 田间管理

(1)整枝打杈　父本植株要多留侧蔓，促其生长，以获得较多的良好雄花。母本一般母株留1条蔓，以增加密度和单位面积结果数，并减少去雄用工，母本1株留1果，果实坐稳后，可在坐果以后留7～10片叶摘除顶尖，以利营养集中供给果实生长。

(2)水肥调控　根据需肥规律合理追肥，前期轻施，苗期结合浇小水，每667m^2追施尿素7kg。坐果后重施膨瓜肥，结合浇水，每667m^2施尿素7～10kg、三元复合肥15kg、钾肥10kg。并在果实膨大初期和中期喷0.3%磷酸二氢钾等叶面肥。

(3)病虫害防治　主要病害有枯萎病、炭疽病、疫病等，可用甲基托布律、多菌灵、百菌清、甲霜灵锰锌等农药交替使用防治。蚜虫用辟蚜雾防治，红蜘蛛可用虫螨立克防治。

6. 采收及采后处理

(1)足熟采收　制种瓜必须充分成熟,一般比商品瓜要迟 6 ~ 8d 采收。注意认清杂交标记,剔除无标记果、病果、烂果,以保证种子质量。

(2)淘洗晾晒　淘种前要将果实切开,将符合本品种特点的果肉和种子挖出,挖出后不可在铁器内长期存放。多倍体西瓜挖出后应尽快将瓜瓤瓜籽分离,并立即搓去、洗净种子上的瓜瓤粘质。二倍体西瓜挖出后可将瓜瓤和瓜籽装在编织袋内,放在阳光下或温暖处发酵,待瓜瓤发酵变质后,再用清水洗净种子。不论多倍体或二倍体的种子洗后都要立即摊成薄薄一层晾晒,保持均匀通风,防止堆沤变质。也不可将刚淘洗的种子混入晾晒过的种子中,使已晾晒过的种子种皮变质。

(3)风选去杂　晾晒干的种子,要搓去种皮上的粘膜,用风车或簸箕吹去秕籽,挑除不符合品种特点的种子和劣质种子及杂质。

范例二　河西走廊西瓜杂交制种技术要点

河西走廊是西瓜制种的重要基地,在长期生产实践中,形成了一套与当地气候条件和耕作制度相适应的西瓜良种繁育规程。现将陈学君等人总结的技术要点简介如下,供同类地区参考。

1. 制种基地选择

制种地应选择干燥、平坦、土壤肥沃、排灌方便、耕层深厚的沙壤土为宜。为防止病害发生,应选择未种过瓜类蔬菜作物或已间隔 8 年以上的地块。以小麦、豆类、玉米、葱蒜类等作物茬口较好。严格选择空间隔离区 1000m 以上的地带,在此区域内严禁种植同类作物。

2. 把好播种关

(1)精细整地

①选择制种的田块,前茬作物收获后深翻一次,深度 20 ~ 25cm 以上。封冻前灌足冬水,春天土壤解冻后耕耙整地,结合整地公顷施入腐熟农家肥 90000kg 以上,磷酸二铵 300kg 左右,混合后翻压到土壤中。

②做塘覆膜。做塘时要求旱塘 1.5m、水塘 0.5m,南北向划线开沟。整好后旱塘两侧各 30cm 处开沟。每公顷施入复合肥 750kg。选用幅宽 70cm 地膜及时覆膜,地膜要铺开、拉紧、压实,紧贴地面。也可采用先播种后铺膜的方法,采用此法要及时放苗,否则易引起秧苗因温度变化剧烈而死亡。

(2)规格播种

①种子处理:播种前应对种子进行一次精选,取掉秕瘦、损伤、霉变、虫蛀和畸形籽,并将异品种种子全部清除。精选后的种子需进行消毒处理,可用60℃左右的温水浸种10min,也可用40%福尔马林浸种30min,用清水洗数次直到种子清洁为止。种子消毒处理后,可用30℃左右的温水浸泡一昼夜,搓去表皮粘膜并洗净,置于25~30℃温暖处催芽,经24~26h种子露白时及时播种。土壤干燥,气温低时不宜采用此法。

②播期:以气温稳定在15℃、10cm土层地温稳定在10℃以上、种芽出土时间能避开晚霜为原则。当地播种时间为4月上旬至4月中旬。

③种植规格:开穴点播,穴距25~30cm,每穴3粒种子,每公顷30000~39000穴。先播父本,父本播后6~10d播母本,播种深度3~4cm,以播到湿土为宜,父、母本比例为1∶6~1∶8为宜。

3. 田间管理

(1)间苗、定苗

播种后应采取必要的防虫防冻措施,播种当天在田间四周消毒,诱杀老鼠及其他害虫。当出现1~2片真叶时间苗。每穴三苗的,将弱小株清除,3~4片真叶时定苗,定苗时要仔细选留具有本品种特征的幼苗,每穴留一壮苗,将杂株清除。

(2)水肥管理

在整个生育期间,要及时清除水旱塘的杂草,苗期一般不浇水,可根据墒情,土壤比较干时,开花前7d浇水一次,量要小,以见湿为标准。杂交授粉结束后浇水一次,量要中等。膨瓜期浇水一次,量要足。结合浇水进行追肥,以硝铵为宜,可每公顷施225~300kg,浇水时间以早晨或晚上为好,切忌中午浇水和病害发生时期浇水。膨瓜期用0.3%~0.4%磷酸二氢钾进行叶面喷施。

(3)整枝、压蔓及打头

父本不整枝,供足养分让其自然生长,以提供足够的花粉来源。母本必须进行整枝,如果制种田密度大,其余侧蔓全部清除。密度小,植株生长健旺时,可采用双蔓整枝,即主蔓长至30cm以上时,可在基部留一健壮侧蔓,其余侧蔓全部清除。整枝后的蔓均拉到旱塘中心方向。

将母本株上的雄花蕾一次性全部摘除。整枝后主蔓长到 50cm 左右时需要进行压蔓。压蔓有明压和暗压两种方法。植株生长健旺时重压(在需要压蔓的地方开一个小槽,将瓜蔓放在槽内,然后压土拍实)。明压是蔓不入地,用 0.5kg 的干土块或湿土压在蔓上即可。结瓜前要重压,结瓜后要轻压。结瓜部位前后压时均要留 2 片叶,待 16 ~ 18 片叶瓜坐稳后打头,抑制营养生长。

(4)病虫害防治

枯萎病,在 2 叶 1 心时,用瓜枯灵 1000 倍液连续灌根两次,每 10d 一次,每株用量 0.5kg。白粉病,授粉结束后用硫磺悬浮剂 800 ~ 1000 倍液连续喷雾 2 - 3 次,每间隔 10d 一次。蚜虫、红蜘蛛用快杀灵防治。

4. 杂交制种技术

(1)制种田去杂

在杂交授粉前全面系统地检查,发现杂株要彻底拔除,特别是父本去杂要严格做到"宁错不漏"。

(2)制种工具及劳力

镊子、隔离帽、标记环、罐头瓶是必须的工具。劳力视操作熟练程度和杂交授粉进程而定,一般每公顷需劳动力 30 ~ 45 人。

(3)去雄

每天下午选择母本株第二天将要开放的第二、三朵雌花进行去雄。具体方法是用镊子轻轻撕去花冠,然后将围绕在柱头上的雄蕊夹下,去雄的动作要轻,做到干净利落,防止伤柱头。去雄后套上隔离帽,并在花旁插上一枝条做为标记,同时摘取母本植株上的雄花蕾。

(4)采摘父本花

每天清晨太阳刚出来,气温回升时,在父本株上摘采含苞待放,即绿黄色、当天开放的雄花,集中放在罐头瓶内,放在阳光下直晒或灯光下升温,花开后即可进行授粉。

(5)授粉

每天早晨待露水干后将前一天下午去雄后的雌性花隔离帽去掉,用当天开放的父本花进行人工授粉。方法是用镊子撕取雄花花冠,在雌花柱头上轻轻涂抹,动作要轻,授粉要均匀。每朵雄花最多授粉 4 朵雌花。雄花多时,一朵雄花可授 1 ~ 2 朵雌花。授粉后套上标记环并及时套上隔离帽。标记环是确定杂交瓜的依据。

5. 种子采收

①采收　一定要待整个西瓜全部成熟后集中采收,采收前要进行多次去杂和清理自交瓜,并将标记不清、畸形瓜、烂瓜、落地瓜等全部清理掉。

②后熟、发酵、清洗、晾晒　杂交瓜采收后放在室内后熟 3d 左右,用竹刀将瓜切开,掏出瓜瓤及种子,放入非金属容器中发酵一昼夜(严禁用铁铝等金属容器),并不定期搅拌,等种子与瓜瓤完全脱离后,用清水将种子清洗 3 ~5 次,直至瓜瓤全部清掉后将种子放在通风阴凉干燥的地方阴干后清选,清除秕籽、畸形籽、特大籽、特小籽。

种子收购时单户收购,单户保管。袋内外均附标签,单户取样,单户进行纯度鉴定。

三、甜瓜种子生产技术

甜瓜(*Cucumis melo L.*)自古以来以其独特的风味及较高的营养价值和药用价值,倍受人们的喜爱。甜瓜分薄皮甜瓜和厚皮甜瓜。薄皮甜瓜全国各地均有栽培,厚皮甜瓜主要分布在西部。

(一)甜瓜特征特性及繁种条件

1. 花器构造及开花授粉习性

甜瓜为虫媒花,花冠黄色,多为 5 瓣,腋生。雄花单性、簇生,同一叶腋的雄花常分期分次开花。雌花多为两性花,柱头 3 裂,子房下位,有 3 组雄蕊围在柱头周围。雄花在植株上发生较早,第一节就有雄花产生,两性花的发生早晚因品种而异。以孙蔓结果为主的品种,孙蔓第一节上可着生两性花,其主蔓和子蔓上两性花则发生的晚而少;以子蔓结果的品种,其子蔓和孙蔓两性花出现得均早;以主蔓结果为主的品种,主蔓上 2 ~3 节上就有两性花产生。因此,栽培整枝管理上应按不同的结果习性进行不同的留枝处理。

甜瓜花一般清晨 6 时开花,午后萎蔫,温度是影响开花的主要因素。温度低时,开花延迟。气温越高花开得越快,低于 18℃不能开放。20 ~24℃是花药开裂散粉的最适温度。30℃左右适于花粉管萌发和生长,开花后 4h 内为最佳授粉期,午后相当多的花粉已没有受精的能力。雌蕊的柱头以开花当天授粉、受精能力最强,结实率最高,产籽最多。但开花的前一天蕾期授粉,也能坐果、结籽。

目前生产上用的甜瓜品种多是雄性花和两性花同株的类型，杂交种的亲本多数也是该类型，少数母本为全雌性花株。配制杂交种时两性花需要蕾期去雄，亲本繁育时两性花不授粉也可自花授粉，生产上为了多结种子，常常采用人工去雄授粉技术生产杂交种。

2. 繁种对环境条件的要求

(1)温度

甜瓜喜温耐热怕寒。生长发育最适温度是昼温25～30℃，夜温16～22℃，在30～35℃能正常生长，低于15℃、高于35℃则生长受到抑制，10℃以下生长停止，5℃以下引起冻害。温度不适会影响花器发育、花药开裂和花粉的数量。20～22℃是甜瓜生育的适宜土壤温度，低于15℃根毛不发生，根系停止生长，不能进行正常的水分和养分代谢。因此，繁种定植时30cm土层的地温应稳定在15℃以上，否则会使幼苗死亡。

(2)光照

甜瓜属长日照作物，喜光怕阴。光的饱和点为5.5万～6.0万Lx，补偿点为0.4万Lx。结瓜期要求每天10～12h的日照时间，短于8h结瓜不良。光照强、光照时间长，植株发育良好，节间短，叶色深，雌花多，病害少，植株光合作用强，形成的种子饱满、产种量大。

(3)湿度

甜瓜耐干燥干旱能力强。适宜的空气湿度为50%～60%，开花坐果期要求80%左右的空气相对湿度。湿度过高，影响植株的正常生长，并加重叶部病害的发生程度。甜瓜根系发达，较耐旱。一般在果实膨大期对水分的需求量最大，此时要求较高的土壤持水量，结果前期需水量中等，应适当浇水，防止徒长。在果实成熟期应控制灌水，否则会影响甜瓜的风味和品质。水分过多，贪青种子产量会下降。

(4)土壤

甜瓜对土壤要求不严，适应性强，以土层厚、土壤疏松、肥沃、通透性好的沙壤土最好。适宜pH6～8。较喜磷钾肥，对钙、镁、硼的需求量较大，对氯离子敏感，含氯的化肥不应使用，耐盐能力中等。施用化肥时，注意三种要素的合理搭配。

(二)甜瓜原种生产技术

原种种子的生产包括常规品种原种的生产和杂交一代亲本的生

产。二者均是从原原种经过严格的扩繁而得到的符合原种标准的种子。原种的标准是纯度 98%,发芽率 95%,净度 99%,含水量 7.5% ~ 8.0%。

1. 原种生产程序

甜瓜多数品种为雄花和两性花同株型,采种时应根据不同的性型选择不同的采种方法。

(1)严格隔离

甜瓜原种繁育的地块品种间应有 2000m 以上的隔离距离,不能进行空间隔离的应在网棚内繁种。为了保证纯度,在此基础上还应扎花隔离。

(2)人工授粉

甜瓜原种的繁育原则上进行自交授粉,即同一株上的雄花给雌花或两性花授粉。方法是:在开花的前一天将雌花套袋或扎花,同时将同株次日开放的雄花也扎住。次日花开后进行人工授粉,将雄花的花粉涂抹于雌花柱头上,并扎花、挂牌作标记。厚皮甜瓜每株授 5 朵以上,薄皮甜瓜需授 8 ~ 10 朵。在授粉过程中,发现每株已有适量果实坐住后,该株可停止授粉。

(3)株选、果选

株选应在授粉前根据该品种的特征特性进行一次初选,淘汰杂株及病株、劣株;结果后再根据其抗病性、熟性、雌花节位、果实的形状、颜色等特征进行第二次株选;成熟时,结合考种,从质地、风味、含糖量、果肉厚度和颜色等方面再一次决选。最后将符合本品种特征特性的果实混采留种。

(4)采种、留种

从单株中选择 2% ~5% 的最优良的单果混采可留作原原种,用于原种的扩繁。剩余的符合标准的将近 70% ~80% 的单株自交果实可混采作为原种。

2. 原种繁育栽培技术

甜瓜的原种繁育栽培技术与生产上大体相同,但应注意以下几个问题:

(1)培育壮苗

甜瓜育苗北方地区一般在温室、大棚内进行,最好用营养钵育苗,定植时可减少伤根，加快缓苗，提高成活率。

①播种　播种前用0.1%的高锰酸钾100倍液浸泡30min，再用清水冲洗干净，然后用温水浸泡4～6h，在28～30℃温度下催芽，1～2d种子露白即可播种。播前苗床浇足底水，播后覆土0.5cm。

②苗期管理　播种后要覆盖地膜，注意保温保湿，幼苗出土到子叶展平，控温在21～23℃，防止下胚轴伸长过快，形成徒长苗。真叶出现后，保持气温25～28℃，夜温15℃以上。定植前6～7d，应进行适当的低温锻炼，白天、夜间要适当通风。整个苗期要控制浇水，以防浇水过多引起病害发生。

(2)规格定植

苗龄以40d左右为宜，3～4片真叶即可定植。选择通透性能好、土层肥沃的壤土或沙壤土，施足基肥，前茬以大田作物为宜。做成60～70cm宽、20cm高的龟背型高畦，选用80～90cm幅宽地膜覆盖。当地表10cm地温高于15℃时，在膜上打孔定植，注意不要散钵。定植密度薄皮甜瓜24000～26000株/hm^2，厚皮甜瓜21000～22500株/hm^2，单行、双行均可。

(3)田间管理

坐瓜前，适当蹲苗、控水，以培育健壮植株为主，坐瓜后加强肥水管理，中耕，防病。

①中耕　浇缓苗水后，中耕2～3次，提高地温，促进根系发育，以蹲苗培育壮苗为主。

②整枝　不同品种类型整枝方式不同。厚皮甜瓜可进行单蔓整枝或双蔓整枝，单蔓整枝打掉9～10节以下的所有子蔓，留以上的子蔓坐瓜，子蔓见瓜后留一片叶摘心。双蔓整枝在主蔓3～4片真叶摘心，选2～3条强壮的子蔓，待子蔓6～7片叶时摘心，选择有雌花的孙蔓留1～2片叶摘心。薄皮甜瓜2～3叶时主蔓摘心，选强壮的子蔓，不再摘心。薄皮甜瓜主蔓结果的品种可采取主蔓5～6片叶时摘心，放任结果。整枝要掌握前紧后松的原则，坐果前严格整枝、去杈、摘心；坐瓜后可停止整枝，顺其生长。

③追肥灌水　根据墒情、长势确定灌水次数和追肥量。一般需浇3次水，缓苗后浇一次，以促进根系发展；开花授粉前浇促蔓水；坐瓜后浇一次膨瓜水。每次浇水不要过多，水不要淹没茎叶、果实。特别在果

实成熟期，限制浇水，田间禁止积水。

底肥充足时，可不追肥。蔓生期、坐瓜后结合灌水适量追施氮磷肥。果实膨大时，叶面喷施0.2～0.3%的磷酸二氢钾1～2次，可促进种子的发育，防止植株早衰。

④授粉　原种繁育需在开花前一天扎花隔离，次日当雄花散粉后，人工辅助授粉。生产用种生产在满足隔离条件后可用蜜蜂传粉或人工当天授粉的方式提高结实率。

⑤选瓜　当大部分果实坐住后，根据品种的特征特性选择幼瓜，其余去掉。原则上厚皮甜瓜每株留1～2个，薄皮甜瓜2～4个。留瓜太多，影响种子发育。

⑥采种　种瓜达到生理成熟后即可采收，采收后经一周左右的后熟后，可剖瓜取籽。将瓜瓤放人非金属容器里，发酵1～2d，将种子用清水冲洗干净，摊在席箔上晾晒，其间经常翻动，使种子干燥均匀一致，晒干后，去除瘪籽、杂物，达到种子质量标准后贮藏保管。

（三）甜瓜良种种子生产技术

常规品种的良种生产选用原种进行，在大面积繁殖时品种间隔距离在1000m以上，在昆虫多的平原地区应在1500～2000m以上。留瓜前进行1～2次株选，淘汰杂株和劣株，然后通过蜜蜂或人工辅助授粉提高种子产量。其他可参照原种种子的生产。

（四）甜瓜杂交种子生产技术

甜瓜在产量、早熟性、品质和抗性上具有很强的杂种优势，生产上杂种一代的应用已占主导地位。杂交种的生产需要培育好亲本种子，采用有效的杂交制种方法。

1. 亲本繁殖

亲本的质量直接关系到杂交一代的纯度，需严格自交扩繁。繁育方法同原种的生产，为了防止多年自交造成亲本退化，常常一年扩繁，多年应用。而且在扩繁的同时要加强选择，保持原有的种性。

2. 杂交制种方法

甜瓜的杂交制种，一般采用人工去雄授粉法进行，其技术要点如下：

(1)播种、定植

北方地区根据无霜期长短和品种特性，父、母本可直播或育苗移栽。为了保证双亲花期相遇,父、母本要分期播种。采用直播,一般外界温度稳定在 15 ~20℃时为适期。中晚熟品种采用育苗移栽,可在温室或大棚内进行。保证定植时有 30d 左右的苗龄。父本与母本定植比例:薄皮甜瓜为 1: 4 ~1: 6,厚皮甜瓜为 1: 8 ~1: 10,为了方便授粉,定植时可间隔种植,母本最好采用高畦单行栽培,株距 30 ~40cm,将母本定植于高畦的迎风面,瓜蔓沿顺风方向伸展。父本多栽植于母本的田头。

(2)人工杂交

①去雄　由于甜瓜雌花全是两性花,而雄花全是单性花。所以在授粉的前一天必须将母本雌花中的三枚雄蕊去掉,去雄方法是选择母本株上于第二天即将开放的雌花蕾,用镊子分开花冠,取出三枚雄蕊,然后套上纸袋,并在蕾下叶片拴上铁环,作为第二天授粉的标记。为避免自交,每做完一朵花后必须把镊子用 70% 的酒精消毒杀死其上的花粉。同时将第二早晨要开的父本雄花也进行套袋,防止昆虫串粉。

②授粉　去雄的第二天上午 6 ~8 时,在父本株上选择头天套袋的雄花,摘下放在盒子里,然后给母本授粉。授粉时把母本雌花上的纸袋取掉,用父本雄花的花粉涂抹柱头,授粉后仍用套袋隔离,严防非目的性杂交。同时挂牌,标记。

(3)选择

为保证杂交种子质量和纯度,在整个生育期间进行四次选择。①定植时选择。选择符合父、母本品种典型性状的幼苗定植。②授粉工作开始前对父、母本再次选择。③授粉去雄时选蕾,小瓜坐住后选瓜。④采收种瓜时选择。

(4)采种

采收时只收获挂牌杂交的果实,并根据考种情况进行最后一次选择,符合要求的可混合采种。

(5)鉴定

将不同产地的种子充分混合取样后进行室内和田间鉴定,符合标准的方可包装销售。

（五）生产实践范例

美国硬皮甜瓜杂交制种技术

美国硬皮甜瓜具有品质优良，风味佳美，高产耐贮运的特点。它适宜于高温干燥的气候，要求富含有机质的微酸性或中性沙质土壤。在河西走廊川水灌区经多年的制种实践，总结出一套高产优质种子生产技术，简介如下，供同类地区参考。

1. 整地育苗

为了争取雨季前果实成熟，一般采用斜面阳畦育苗，起垄埂栽，地膜覆盖新技术。

（1）整地

开春后及时耕耙，按行距 4.5 尺开沟，沟底施农家肥 4～5 万 kg/hm^2，磷肥 600～750km/hm^2，磷肥和农家肥应混合施入。做成高 20～25cm，宽 50～60 尺的鼓瓦形畦，要求畦面平直，以便覆盖地膜。

（2）育苗

催芽方法：用 50～54℃热水浸种 20min，种子倒进热水中应不断拌动，然后浸泡 3～4h。种子浸泡后要充分搓洗，使种皮上粘着的粘液洗净，并用干净的毛巾将种皮粘着的水擦干，然后将种子摊放在浸湿拧干（不滴水）的干净布上，再把布四角折上盖住种子，并卷成布卷，放在 30～32℃的温暖处催芽，大约 36h 即可出芽，催芽时注意投洗和翻动，以使温度均匀，出芽整齐，待胚根露出种皮，将种子播种到 3cm×3cm 大小的纸卷营养钵里（营养钵里营养土的配合比例是：表土占 50%～60%，充分腐熟的草粪占 20%～30%，充分腐熟的羊粪占 10%～20%，适量加些草木灰、磷肥，充分掺匀），放在阳畦里育苗。苗床的管理应注意温度的调剂，苗子出土前温度要高一点，最好床面上铺一层地膜，起到保温保湿作用，待芽子破土后及时将地膜抽出，同时要适当放风降温，见光，培育壮苗，还要注意防冷防烤，晚上温度不要低于 10℃，白天保持 25～30℃，定植前一周应注意幼苗锻炼。

2. 定植

苗龄 25～30d，选择晴朗无风的天气定植。定植株距 30cm，先定植父本，后定植母本，父、母本比例是 1：6～1：8。定植方法是按株距挖穴,及时将带营养钵幼苗栽植穴内,并用土将穴孔封严,接着覆盖地膜。覆盖地膜的方法有两种。一种是先定植后覆盖地膜,即将畦埂一边拉开沟2寸深,将地膜一边埋在沟里并压实,然后将地膜另一边拉到畦埂的另一边,在对正瓜苗处用刀豁开地膜二寸长的十字口,将瓜苗从口内拉出,再将地膜拉紧并开沟把另一边也埋地下,要求做到平展。同时取土把瓜根周围地膜破口盖严,防止热气外溢或冷风浸入。另一种是先按株距挖坑,然后盖上地膜,照坑开口定植,但封坑时要注意把地膜三角片(划开的三角尖)掀起来,否则影响根系伸长。

3. 田间管理

(1)母本植株整理:甜瓜的蔓分主蔓、子蔓和孙蔓,从两子叶中间伸出的蔓为主蔓,从主蔓叶腋间发生的分枝为子蔓,从子蔓上发生的分枝为孙蔓,甜瓜的结实习性是主蔓和子蔓上着生的花少而晚(但有些早熟品种例外)而孙蔓大多在第一节叶腋间就出现雌花,采用孙蔓留瓜。此时植株的营养面积已经相当发达,对果实膨大有保证,所以采用孙蔓留瓜产量较高,甜瓜杂交制种应采用孙蔓六蔓式整枝,其方法是当主蔓发生5片叶时摘心,并除去第1~2叶腋间的侧芽(因此芽长成的蔓细弱结瓜不大),促使第3~5子蔓长出,从中选长短粗细一致的健壮子蔓2条分别拉开,当子蔓长出5片叶时,进行第2次摘心,并全部除去子蔓上的雌花以利长出孙蔓,在每条子蔓上选择健壮的孙蔓3条,全株共留孙蔓5条,每条孙蔓结一个瓜,要求每株结6个瓜。往往因营养条件或外界不良环境的影响,一般坐果3~5个,为了使孙蔓不落果,在瓜前留两片叶时行第3次摘心,俗话说“西瓜靠压,甜瓜靠掐”就是这个道理,坐果后植株养分集中供给果实膨大,最好不让再抽出嫩芽,假若土壤肥沃,嫩芽仍然不断抽出,消耗养分,影响果实膨大,在这种情况下仍可继续打顶摘心。

去雄授粉开始前彻底清除杂株,并在去雄株时注意摘除无用侧枝、芽、雄花和已开的花、未杂交的果。

杂交工作结束后,全面检查一遍,摘除无用枝、芽、花、自交果。

(2)父本田管理及检查

父本田只作提取花粉用,可不进行整枝,任其自然生长,使其不断长出大量雄花,如发现雌花或已结的果应及时摘除。父本田应在苗期、定植后和采摘父本花前几次进行检查,彻底拔除杂株。原则是宁错拔而不漏拔，必须认真做好，切不可混有任何杂株。

甜瓜病虫害较多，尤其应注意防蚜，甜瓜对氯离子敏感，以菊脂类药剂效果明显。其他如白粉病、霜霉病也较严重，应注意打药预防。

4. 杂交授粉

(1)授粉前的准备工作。授粉前应拔除可疑杂株和病株，严格去杂。将母本田的雄花、已开放的雌花、无标记的幼瓜及侧枝全部摘除，保证授粉期间母本田无雄花开放。授粉工具主要有①镊子，取雄时用具。②隔离帽，即套在雌花上的小管，可用医用胶囊代替。也可用纸袋，做法是用长 8cm、宽 5cm 的羊皮纸袋，缠在左手食指上，右手将一端拧在一起，抽出便成 2～3cm 长，直径 0.8cm 的纸卷套。③标记铁环，用 26 号铁线卷成直径 1cm 的铁圈。④瓶子，采摘父本花用。⑤小铁桶(或纸盒)，携带以上用具。

(2)去雄。甜瓜一般是雌雄同株，也有的品种是雌雄异株，对母本去雄是保证杂交种子纯度的关键措施。每天下午选择第二天将开放的母本雌花(花蕾颜色黄中带绿，花冠微张)，用镊子将花冠及雄蕊去除干净后套上隔离帽，并在蕾下叶片插上铁环，作为第二天授粉的标记，同时将第二天早晨要开父本雄花也进行套袋，防止昆虫采蜜时带入其他花粉。

(3)授粉。每天早晨 6～8 时将头天套袋的雄花摘下，放人容器内。待雄花散粉时，撕掉花瓣，去掉母本雌花上的纸帽，用父本的雄蕊轻轻涂抹母本雌花的柱头，涂抹要均匀，一般 1 朵雄花可授 2～3 朵雌花。授粉后将标记铁环套在雌花的果柄上，再套上隔离帽，授粉即告完成。

(4)田间清理。当植株坐果率达到 95% 以上时，便可结束授粉工作，拔除父本全部植株，根据瓜的形状和颜色认真清理杂株，提高纯度。

5. 适时采收

(1)采收。授粉后 45d 左右种子成熟。此时，彻底清除田间的自然杂交瓜、标记不清的可疑瓜和烂瓜、病瓜，采收完全成熟瓜，不可提前采收。经采摘的成熟瓜应放在阴凉处进行一周左右后熟，进一步提高种子的饱满度。

(2)种子的发酵及晾晒。种子后熟一周后，将瓜瓤和种子一并掏出放入塑料编制袋或塑料桶内，常温发酵 24h，待种子与瓜瓤分离后，将种子表面粘液搓干净，用清水冲洗数遍、沥净，放于纱网或帆布上摊开晾晒，切勿在水泥地和铁器上暴晒。经常翻动种子，使其充分干燥。

6. 种子收藏

种子干燥后，要求其含水量在8%以下。清除秕籽、畸形种子和杂质，用包装袋包好，内外附上标签，注明品种、重量、制种地点和时间、技术员、批号，然后进行纯度鉴定，加工包装，批发销售。

四、西葫芦种子生产技术

西葫芦(*C. pepo L.*)又称白瓜、番瓜、角瓜、美洲番瓜等，是葫芦科番瓜属番瓜种。目前，其种子生产由常规品种向杂交一代逐步转化。

(一)西葫芦繁种的生物学基础

1. 花器构造

西葫芦为雌雄同株异花、靠昆虫传粉的异花授粉作物。雌雄花均着生于叶腋，花单生，黄色。雄花花冠基部联合成喇叭状，端部5裂，雄蕊3枚，花丝粗短，花粉粒大而有粘性；雌花为下位子房，开花时其环状蜜腺分泌大量粘液，此时为最佳授粉期。

2. 开花结果习性

西葫芦品种有矮生、半蔓生和蔓生3种类型，生产上主要栽培矮生型品种，矮生型品种的节间极短，4～8节着生第一雌花。苗期短日照和低夜温有利于雌花形成。一般在清晨5时以后开花，授粉多在6～8时，13～14时完全闭花。受精、坐果、结籽率最高的时间是上午9～10时。从授粉到种子成熟约50d左右。第一雌花的结籽数较少，第二、三雌花的结籽数最多。所以，西葫芦的种子生产一般用第二与第三个瓜做种瓜。

3. 繁种对环境条件要求

(1)温度

西葫芦喜温怕寒，不耐热，但较其他瓜菜的耐低温能力强。发芽的适宜温度为25～30℃，最低温度13℃，茎叶生长的适宜温度为20～25℃，8℃以下生长停止，开花结果期的适宜温度为22～25℃，低于15℃不能正常授粉，高于32℃，花器发育不正常，容易形成两性花。果实生长的适宜温度为25～30℃。苗期低温可促进雌花形成。

(2)光照

西葫产是喜光短日照蔬菜，适宜的光照强度为 50～60kLx。适宜的光照时间为 12h，短于 8h 或长于 14h 均不利于坐瓜和成熟。短日照下，雌化分化早、数量多，长日照利于茎叶生长。

(3)湿度

西葫芦根系发达，耐旱能力强，属半耐旱性蔬菜。土壤相对湿度 70%～80% 较好，适宜的空气湿度为 50% 左右，湿度过大，不利于授粉受精，也容易加重发病。高温干旱易诱发病毒病。

(4)土壤和营养

对土壤的适应性比较强，以土质疏松、保水保肥能力强的壤上为最好。适宜的土壤 pH 为 5.5～6.8。西葫芦较喜肥，对磷、钾肥的需求量比较大。氮肥施用过多容易发生旺长。

(二)西葫芦常规种子生产技术

1. 常规品种的原种生产

北方地区一般采用春季露地直播采种法和早春育苗移栽采种法。现介绍早春育苗移栽采种法的技术要点。

(1)培育壮苗

①确定播期。播种期为当地春季定植期(一般在晚霜过后)向前推 30d。西北地区一般在 3 月中下旬。

②育苗方式。西葫芦的育苗方法大致与黄瓜相同。可在阳畦或温室大棚内用营养钵或纸筒育苗，要求选择规格为 10cm×10cm 或 12cm×12cm 的营养钵或纸筒，使营养面积保证在 10～12cm 见方。

③播种。播前浇透底墒水，喷洒杀虫剂和杀菌剂，然后在每个营养钵中点播一粒催芽种子，种子上覆沙土 2cm 厚。然后盖好地膜及阳畦或大棚上的塑料膜与草苫。

④苗床管理。播种后至出苗前保持温度 25～28℃，出苗后白天降到 20～25℃，夜间 10～15℃，昼夜温差大和低夜温有利于雌花的形成和防止徒长，定植前 10d 开始逐渐揭膜降温炼苗。其他技术可参考黄瓜育苗。

(2)规格定植

①原种田的选择。选择 3～5 年内没有种过葫芦科作物、土壤肥沃的沙壤土，与其他西葫芦品种空间隔离 1000m 以上。施足底肥，做成高 20～25cm，宽 80～100cm 的小高畦，畦间距 40～50cm，覆盖地膜。

②定植。在苗龄 30～35d、3～4 片真叶时定植，晚霜过后，10cm 地温稳定在 10℃以上为定植适期。定植密度根据品种类型确定，通常为 30000～33000 株/hm^2。

(3)田间管理

定植后前期以提高地温、蹲苗、促进根系发育为主，结瓜后以调节好营养生长和生殖生长的关系为主。

①中耕与蹲苗。定植缓苗后结合追肥浇水一次，及时中耕、蹲苗。直到第二个种瓜坐住后，结束蹲苗。

②水肥管理。第一种瓜坐住后施硫酸铵或复合肥 150～225kg/hm^2，然后浇水一次，以后每隔 5～7d 浇一次水，保持土壤湿润。每隔一水，追一次肥，每次追施尿素 105～150kg/hm^2。果实收获前叶面喷施 0.2%～0.3% 的磷酸二氢钾 2～3 次，防止早衰，以增加种子产量。

③整枝。为了减少养分损耗，应打掉主蔓上多余的侧枝，当第二种瓜坐住后及时去掉第一雌花的根瓜，留第二至第四雌花结的瓜作种瓜。

(4)去杂去劣

方法是在第一雌花开后第二雌花开前，拔除不符合原品种特征的植株，剩余植株在隔离条件下自然授粉。

(5)人工授粉

每天清晨雄花散粉后给当天开放的雌花人工辅助授粉，用雄花花粉均匀地涂抹到雌花柱头上。授粉后扎或夹住雌花的花冠，并在其花柄上用棉线或铁丝拴上标记。若遇雨天要重新授粉。

(6)种瓜的收获及取种

西葫芦授粉后约 50d 种子成熟。分批带瓜柄采收，不要碰伤瓜柄，注意轻拿轻放。采收后，于阴凉处后熟 10～15d，以提高种子的饱满度和发芽率。

取种：将种瓜纵剖，把种子从瓜瓤中挤出，在水中搓洗干净，放到席上晒干。严禁将种子直接放在水泥地或金属器皿上于强光下暴晒。

2. 良种生产

良种生产常用播种原种，田间隔离下的自然授粉法。种子田与其他西葫芦或番瓜隔离 1000m 以上。授粉前彻底拔除病、杂、劣株，然后在种子田放养蜜蜂授粉。选留第二、三雌花留种，其余雌花及时打掉。种瓜成熟后，再进行一次去杂，最后收获的种瓜混合取种。其他栽培管理技术同原种生产。

3. 提纯复壮

当原种纯度降低时,在严格隔离的原种田,按以下步骤对原种进行提纯复壮。

①单株初选:在第一雌花开放后第二雌花开放前,选择符合本品种特征特性的植株作标记。

②隔离授粉:对标记的植株进行人工隔离(用棉线或细铁丝扎住大花蕾),异株间姊妹交授粉或拔掉非标记的植株,任标记的植株自然授粉。

③单株复选:瓜长成后,再一次根据商品瓜的特性淘汰不符合标准的植株。

将余下的瓜混采,第二年继续鉴定,直至纯度符合标准。

(三)西葫芦杂交种子生产技术

目前,西葫芦杂交种子的生产主要采用自交系进行人工杂交制种。

1. 杂交亲本的种子生产

杂交亲本的原种和良种生产分别同常规品种的原种和良种生产。

2. 杂交种一代的种子生产

(1)培育壮苗

西葫芦杂交制种的双亲育苗技术同原种生产,但是要根据双亲的始花期调节好播种期,为了增加前期授粉时的父本花粉供应,父本应比母本早播 10~12d。父、母本的用种量为 1∶4。

(2)选地隔离

制种田的选择同原种生产,采用田间隔离或网棚隔离,品种间田间隔离 1500m 以上。在空间隔离不够时,可在网棚内繁殖。

(3)定植

定植时父、母本按 1∶3~1∶4 的行比定植,父本早定植 5~10d。定植方法、密度及田间管理同原种生产。

(4)扎花隔离

采用田间隔离制种时,在开花期,每天下午将第二天要开放的父本雄花和母本雌花的花冠用棉线或花夹扎住隔离,同时去除母本上的所有雄花花蕾。如果遇阴雨天,需将父本的雄花大花蕾摘下放在塑料袋中或放入湿润毛巾的容器内保存,防止花粉遇雨吸水胀破死亡。网棚内可不扎花，第二天直接授粉。

(5)授粉

西葫芦一般清晨6时左右开花，花粉散出。当温度高于24～25℃，花粉很快失去活力。因此，授粉多在上午6～8时开始，10时前结束。授粉方法是：取父本隔离的雄花，去掉花冠，同时打开隔离的母本雌花，用父本的雄蕊轻轻涂抹母本雌蕊的柱头，授完粉后将母本的花冠扎夹隔离，并在花柄上绑绳或挂牌做标记。网棚隔离制种可直接选用当天开放的父本花粉给当天开放的母本授粉，在花柄上做好杂交标记。

扎花授粉的部位是第二节以上的雌花，扎花时随时打掉畸形瓜和节位太低的瓜，同时打掉所有的侧枝，每株扎花授粉4～5朵花，当已有2～3朵花坐果后，即可掐尖，以保证种瓜种子的养分供应。

(6)种瓜的收获与取种

种瓜的收获及取种同原种生产，但注意只收有杂交标记的种瓜，无标记或标记不清、不典型、畸形瓜不收。

(四)生产实践范例

河西走廊西葫芦杂交种子生产技术

河西走廊西葫芦种植历史悠久，也是西葫芦种子繁育的重要基地。现将积累的生产经验介绍如下，供同类地区参考。

1. 选地、整地

选择3～5年未种过葫芦科作物的地块做制种田，空间隔离距离1000～1500m。播前每公顷施60000～75000kg农家肥，750kg过磷酸钙作基肥。按垄距120cm起垄，垄面宽70cm，垄高25～30cm。将垄面耙平覆膜。

2. 规格播种

采用直播采种法，河西走廊一般于4月上中旬播种，播种后搭小拱棚，方法是：在地膜上按行株距50cm×50cm开穴，穴深约2cm，每穴内播2粒种子，覆1cm土将孔口盖严。一般每公顷种母本33300～33750穴，为调整花期相遇，根据品种特性，父本可提前10d左右播种，父、母本比例为1∶8～1∶10，相间种植。晚霜过后揭去小拱棚，自然生长。

3. 去杂授粉

授粉前对制种田进行一次彻底去杂。摘除母本上的所有雄花，去掉第一果胎瓜，从第二朵雌花开始授粉。方法是前一天下午选第二天将要开放的母本雌花套上纸套，同时摘取第二天即将开放的父本雄花放在盛水的桶中（或在当日早晨5～6时摘取雄花），首先去掉纸套，用父本雄蕊轻轻涂抹母本雌花柱头，使其沾满花粉，然后再套上纸套，在瓜码上轻轻划一条线作标记，一般一朵雄花可授3～4朵雌花，每株授2～3朵花，留1～2个瓜。

4. 田间管理

（1）中耕除草

终霜过后，苗子3叶1心时定苗，同时中耕培土，防除杂草，封严膜口，以利保墒，提高地温，促进幼苗生长。

（2）水肥管理

授粉结束，瓜坐稳后，每公顷施150～225kg磷酸二铵或150kg尿素。施肥时用铲子在距植株10cm的地方开一个口子，将肥料撒入，再将口子封严，施肥应与浇水结合进行。在瓜膨大期，可用0.2%磷酸二氢钾水溶液叶面喷施2～3次，以提高千粒重，增加产量。

（3）整枝

授粉结束后进行打顶，掐去多余的枝叶和果胎，减少养分消耗，改善田间通风透光。

5. 采种

种瓜成熟后开始采收，没有标记或标记不清的瓜坚决不收。采收后，置于阴凉处后熟7～10d。取种时保证种子完好，种子取出后冲洗干净，晾晒风干，避免用铁器淘洗种子或将种子放在水泥地面上晾晒。

五、南瓜杂交制种技术

（一）南瓜的繁种条件和繁种制度

1. 繁种条件

南瓜根系发达，吸收力、耐旱力较强，茎蔓性、分枝性强，叶掌状五裂。花在凌晨4～5时开放，6～8时为授粉的最适时期。南瓜喜高温，种子发育最低温度为13℃，最适温度30℃，根生长最低温度为8℃，最适温度25－30℃，茎叶生长温度不能低于12℃，生育适温18～30℃，果实在22～23℃产量高、品质好。南瓜需水量大，制种田要求有良好的水源。南瓜喜光,花器形成要求 11~12h 短日照。花形成后对日照长短的反应不甚敏感。南瓜适于微酸性(pH5.5~6.8),较肥沃的沙质壤土。

2. 繁种制度

①制种单位和农户要严格按照技术规程操作。制种田四周严禁种植其他瓜类品种。

②授粉开始,要求每天早晨 5 时上地,严格去杂去劣,父本不能留瓜,母本不能有雄花和两性花。做好授粉瓜的标记,标记不清者一律摘除,若田间问题较大,如雄花过多,做好记载,并让农户签名,作为种子检验的依据。

③在制种期间不能弄虚作假,一旦发现,视情节程度,种子报废处理。不能私自倒卖种瓜及种子,否则追究法律责任,

(二)南瓜常规种子生产技术(参照西葫芦)

(三)南瓜杂交种子生产技术

1. 制种田的选择与整地

①选地　要求选择 3~5 年内没有种过瓜类蔬菜的地块,并且四周通风,无树木遮荫。空间隔离距离为 1000~1500m。

②整地　开春土壤解冻后耕翻施肥,南瓜以条施基肥为主,一般施有机肥 22500~30000kg/hm^2,过磷酸钙 600~750kg/hm^2 尿素或硝铵 150~225kg/hm^2,或磷二铵 150~225kg/hm^2,施肥后耙耱整平起垄,采用水旱塘栽培,水旱塘为3m,旱塘为 2.7m,水沟为 0.3m。整平拍实后覆盖地膜,提墒保墒。

2. 播种

播种以直播方式为好。田间种植规格是:父、母本配置比为 1∶8,母本保苗数为 21000~22500 株/hm^2,按棵距 35~40cm,开 2cm 深的穴,每穴播 1~2 粒,种子上盖过筛后的细土,最后搭小拱棚(膜宽 140cm,拱条长 140cm),小拱棚于晚霜后揭去。为了保证花期相遇。父本较母本早播 10~15d,甘肃河西地区,父本播种期约为 4 月 15 日左右。父、母本应分塘种植,瓜蔓不能对爬,以免雄花被误采。

3. 田间管理

(1)定苗。当幼苗具有 1~2 片真叶时定苗,保证苗全,拔除发育不正常的畸形苗。

(2)放风。待幼苗出土以后，视温度高低，揭膜放风。方法是在幼苗正上方取一个小通风口，以后随气温的升高通风口逐渐放大。

(3)中耕除草。第一次压蔓前将旱塘深翻除草，并且向苗周围培土。

(4)整枝、压蔓。①整枝。父本一般不整枝不留瓜。母本采用双蔓式整枝，当苗具有 4 ~5 片真叶时对主蔓摘心，选留两个生长健壮的子蔓，每蔓留一瓜，使其平行生长，摘除其余子孙蔓。②压蔓。压蔓前首先要理蔓，使蔓均匀分布于畦面，当长到 50cm 压一次，以后每隔 30 ~50cm 压一次，前后共压 4 次。

(5)摘除根瓜。为保证种子质量及单瓜产种量，在坐瓜初期摘除根瓜。

(6)追肥浇水。浇水切忌大水漫灌，以免引起病害发生。授粉结束后，当果实坐稳以后，追施硝铵或硫铵 225 - 300kg/hm^2，若植株生长较弱则进行叶面喷肥。

4. 杂交授粉

南瓜是典型的异花授粉作物，一般要求从第二个瓜开始授粉。

(1)杂交前的准备

①清杂。把父本中的杂株及早拔除。

②准备标记环和标记棒。标记环用废旧的自行车胎剪成 0.5cm 的圈即可，标记棒用树条或芨芨做成。

③准备束花器具。可用马良、毛线、橡皮筋等。

④母本去雄。母本整枝时顺手抹去叶腋上的雄蕾。每天早晨授粉开始前再集中检查一遍，并去除遗漏的雄蕾，摘下的母本雄蕾要集中深埋。

(2)授粉的方法步骤

①选中雌花。进入授粉期，每天傍晚时分，把要在第二天早上开放的发育良好的母本雌花束花，并且在附近插上标记棒，以便第二日寻找。

②采集雄花。南瓜雄花开放很早，在花蕾开放前(早晨 5 ~6 时)把当天即将开放的父本雄花全部采上，并且放在容器中，已开放的雄花绝对不许采集。也可在花蕾开放前头天傍晚采摘雄花蕾，留花柄，用橡皮筋扎住花瓣，再套上塑料袋，插入水桶，在水中保存备用。

③授粉。授粉必在早晨10时以前进行,具体方法是首先取掉母本雌花上的束花器具,然后去除雄花瓣,一手扶住雌花,把雄花花粉均匀涂在雌花柱头上,一个雄花可授雌花2~3朵,授粉完毕,拔除标记棒,套上标记环,然后束花。

④每蔓保坐授粉瓜一个,待授粉瓜坐稳后,对以后生长出的雌花、子蔓及时摘除,还要摘除自然授粉瓜,同时于坐稳瓜后留3-4叶摘心。另外,授粉瓜坐稳后拔除全部父本。

5. 采种

(1)把充分成熟和有标记环的瓜采下后熟10~15d。再挖洗种子,以利提高种子的饱满。

(2)剖瓜掏籽。要在晴天上午进行,用竹刀将瓜纵切开,将种子从瓜瓤中挤出,放在清水中反复揉搓,洗掉种皮上的粘质。(挖洗种子时,不可与铁等金属器具接触。)

(3)晾晒。将洗干净的种子放在窗纱上连续晾晒1~2d,严禁直接放在水泥地上晾晒。种子水分降到8%以下,清除秕籽、沙子等杂物,装袋贴好标签保存。

第六节　绿叶菜类作物种子生产技术

绿叶菜类作物种类多,主要以柔嫩的叶片或叶柄供食,深受人们的喜爱。主要包括菠菜、芹菜、空心菜、苋菜、芫荽等。

绿叶菜类作物多为异花授粉,品种易产生混杂退化现象,故必须重视其良种繁育工作,保证品种纯度,充分发挥良种的作用。

一、菠菜种子生产技术

菠菜(*Spinacia oleracea L.*),别名波斯草,俗称青菜。藜科菠菜属一、二年生草本植物。原产中亚西亚,属于低温长日照作物。我国北方地区广泛栽培。

(一)菠菜繁种的生物学基础

1. 开花结实习性

菠菜的花为单性花,少数为两性花,一般为雌雄异株,少数为雌雄同株。两性自交或与同株上雄花交配均能结籽。不完全花,雄花花序穗状，生长于花茎顶端或簇生于叶腋处，花萼 4～5 裂，无花瓣；雄蕊4～5 枚，花药纵裂，内有较多的黄绿色花粉，花粉轻，借风力传播，为风媒花。同一花内花药开裂时间不同，可延续数日。雌花簇生于叶腋处，子房单生，无花柱，有雌蕊 1 枚，子房 1 室，内含 1 个胚珠，两性花有雄蕊和雌蕊，无花瓣，可以受精结籽。果实为瘦果，种子成熟后为黄绿色，寿命 5 年，使用年限 2～3 年，千粒重 8～12g。

2. 植株的性型

菠菜从性别看可以分为四种性型。

(1)绝对雄株　又称纯雄株，植株上只生雄花，植株较矮小，基生叶较小，茎生叶不发达。雄花穗状，密生于茎顶端和叶腋间，抽薹极早，叶数少，花期短，叶丛小，为低产株型。此类型所结种子易引起种性退化，采种时应及早拔除。

(2)营养雄株　植株高大，植株上只生雄花，花茎叶与雌株上的叶相似，并生于花茎顶部。雄花群生于茎上叶间，抽薹较纯雄株晚，叶丛发育良好。为高产株型，是理想的供粉植株。

(3)雌雄同株　在同一植株上着生雌花和雄花，同花内具有雌蕊和雄蕊(两性花)，这类植株往往同时生有单性花(或雌或雄)，能结籽，抽薹期、株态与雌株相似。为高产株型。

(4)雌株　植株上只有雌花，抽薹较晚，比纯雄株晚 7～14d，茎生叶发育良好，直达茎顶，叶丛大而重，植株高大，生长旺盛，为高产株型。

3. 生长发育对环境条件的要求

(1)温度　菠菜种子发芽始温 4℃，适温 15～20℃，超过 35℃时发芽率不到 20%。叶面积增长的最适日平均温度是 20～25℃。植株能长期忍耐 0℃以下的低温，冬季平均最低气温为 -10℃的地区可露地安全越冬。

(2)光照　菠菜是典型的长日照植物，在 12h 以上的长日照条件下才能抽薹、开花、结实。温度和光照对菠菜的孕蕾及抽薹开花有交互作用，日照时数相等时，在一定范围内温度愈高，孕蕾抽薹开花愈快；温度相等时，日照时数愈长则孕蕾抽薹开花愈快；低温短日照条件时，孕蕾抽薹开花均延迟。

(3)湿度　菠菜不耐干燥和干旱，对土壤和空气湿度要求较高，适宜的土壤湿度为 70%～80%，空气湿度为 80%～90%。

(4)土壤　菠菜对土壤适应性广，较耐盐碱。在氮、磷、钾齐备的情况下，应注重氮肥的使用。对硼较敏感，缺硼时心叶卷曲，生长停止。

（二）菠菜常规种子生产技术

1. 采种方法

北方地区采用秋播老根采种有利于保持种性、提高种子产量和品质。步骤是：秋季播种（约9月上旬日平均气温16～18℃时播种有利于叶原基分化），以幼苗状态在露地越冬，春季抽薹、开花、结籽。一般产籽2250～3000kg/hm^2。

2. 选地隔离

选地势平坦有水源、土层深厚肥沃的沙壤土种植，不宜连作，同一田块应间隔3年再种植。可与玉米、大豆、瓜类、茄果类及十字花科作物前后接茬进行轮作。同时，菠菜是异花授粉作物，自然异交率在20%～96%。不同品种繁种地应相隔1000m以上，原种繁殖时应隔离2000m以上。

3. 整地做畦

收完前茬作物后，进行耕翻整地。施入腐熟农家肥3万～4万kg/hm^2，复合肥450～600kg/hm^2。耕细耙平后做畦，一般做成宽3m左右、长5～6m的平畦。

4. 规格播种

为了便于管理和节省种子，一般采用手工条播，行距25～30cm，株距3～4cm，播深2～3cm，播后适度镇压。大面积繁种时可采用机械播种，播种量为15～22.5kg/hm^2。

5. 加强管理

①越冬前的管理。此阶段约40～50d，主要是培育壮苗能够安全越冬。田间苗齐后，结合间苗进行一次去杂去劣。长出1～2片真叶以后，根据田间墒情补充水分，中耕除草。②越冬管理。这一时期管理重心是保证植株安全越冬。要根据土质和气候情况适时浇好“冻水”，一般以夜冻昼消，浇水后当天全部渗完为适时。在土地封冻后及时在田间覆盖一层马粪或有机肥，以保护秧苗安全越冬。如遇到雨雪大的年份，早春要及时清除积雪，防止引起死苗。③返青后的管理。及时进行2～3次中耕，提高地温，促使苗壮而不旺，防止营养生长过旺而延迟抽薹。当苗高6～8cm时，结合中耕进行间苗，淘汰杂株、劣株和病株，保

持株距 8～10cm。当有少数植株抽薹时,开始追肥浇水,每公顷施尿素225kg,促使多分枝。在抽薹期间不宜多浇水,以免花薹细弱倒伏。进入始花期后再追施一次速效氮肥,每公顷施尿素 300kg 或碳铵 600kg。同时增加浇水次数,促使籽粒饱满。在开花后期用 0.3% 的磷酸二氢钾与尿素2∶1 的混合液进行 1～2 次叶面喷肥,可提高种子产量。

6. 去杂去雄株

原种田在开始抽薹前结合间苗,进行两次去杂去劣,把不良株、病株、非本品种种株、纯雄株拔除。开花抽薹时拔去早抽薹株。花蕾伸长,花未开放前再进行去杂去劣,拔去纯雄株和不良的营养雄株。原种田共去杂3～4 次,良种种子田可去杂 2～3 次。早期抽薹的植株绝大多数是纯雄株,应及早拔除,以利雌株充分发育抽出较多的健壮花枝。授粉完成后,雌株已结成种子时拔除全部营养雄株,以利通风透光,增加营养面积,提高种子产量。

7. 种子采收

菠菜种子充分成熟后易脱落,当植株 1/3 或 1/2 变黄时可全部收获。任其后熟干燥后进行脱粒、清选、过筛、贮藏。

(三)波菜杂交种子生产技术

菠菜杂种优势明显,商品性状好,且杂种二代仍有利用价值。目前欧美、日本等国已在生产上大面积使用杂交一代种子。我国近几年也在生产上开始使用杂交种。生产菠菜杂交种有简易制种法和利用雌性系制种法两种。

1. 简易制种法

基本程序。①单独设置隔离区生产母本种子。方法与原种生产基本相同。②采用秋播老根采种方式生产杂交种。方法是秋季(约 9 月上旬)选择空间隔离 1000m 以上的制种区,将父、母本按1∶3～1∶4的行比,相间条播。翌年春季根据性型特征在母本行中雌株开花以前,将所有能产生花粉的绝对雄株、营养雄株及雌雄同株彻底拔除干净,仅保留雌株,同时将父本行内的绝对雄株拔除干净,只保留雌株、雌雄同株和营养雄株,然后任其自由传粉。种子成熟后,在母本行的植株上采收的种子是杂交一代种子,在父本行采收的种子则是父本种子。这种制种法的缺点是拔除母本行中能产生花粉的植株,需要及时、多次进行,劳动强度较大,同时雌株和营养雄株及雌雄两性株在早期难以鉴别,因而不能及早拔除,会造成杂交一代种子纯度降低,从而降低杂种优势。

2. 雌性系制种法

菠菜杂种一代是用稳定的雌性株系与一父本自交系或品种(均为两性系)杂交而成的。但雌性株系的保持需要一保持系,即雌性95%和雄性5%的两性系。制种要点如下:

(1)雌性株系的繁殖

把雌性株系(100%)和保持系(95%雌性+5%雄性)按2∶1或4∶1的比例种植在雌性株系隔离区内,隔离距离在2000m以上,让它们任其自由授粉,在雌性株系上收获的种子就是下一代的雌性株系,从保持系上收的种子,下代还是保持系。

(2)父本自交系或品种的繁殖

将父本自交系或品种种植到父本隔离区内,任其自由授粉就可收到父本种子,其方法同常规品种。

(3)杂交制种

把雌性株系和父本自交系按10∶1或8∶1的比例相间种植在杂交制种隔离区内,将母本行中少量的(5%左右)雄株和两性株拔除,父本行中拔除绝对雄株,任其自由授粉,待种子成熟后,在雌性株系上收获的种子即为杂交种种子,父本上收获的种子也可继续作制种的父本。这样可以减轻劳动强度,降低种子的生产成本。雌性系的繁殖可另设隔离区,利用本身的雌雄两性株或少量雄株授粉留种。

4. 加强田间管理

(1)安全隔离 空间隔离距离在1500m以上。

(2)提前播种 秋季播种比一般采种田提前7~10d,使植株在冬前即能呈现本品种的特征特性。

(3)分期去杂 冬前进行两次去杂去劣,第一次在2片真叶时结合间苗进行;第二次在严霜到来之前,依据叶片的形状、大小、平皱、厚薄以及开展度等特征进行严格的去杂去劣。翌春返青时首先要拔除返青迟缓的植株。在开始抽薹时进行第三次去杂去劣,拔除所有抽薹早的植株,这些植株大部分是绝对雄株。在开花前进行第四次去杂去劣,再次拔除绝对雄株和营养体小的营养雄株,以提高雄株的质量。在授粉结束后为了增加营养面积和田间通透性,把全部雄株一次性拔除。

（四）生产实践范例

河西走廊杂交菠菜采种技术

1. 选地

菠菜采种田应选择地势高，土质疏松，pH 值为 5.5～7.0，四周无树木遮荫，保水保肥力强的沙质土壤为好。与其他菠菜品种空间隔离 1000m 以上。

2. 整地、播种

（1）整地：采种田应深耕、耙耱、半整，为培肥地力，结合耕翻要施足底肥，一般每公顷施优质农家肥 5～6 万 kg，过磷酸钙 500～600kg，尿素或硝铵 150～225kg，或磷二铵 150kg。

（2）起垄：采用低垄地膜覆盖栽培，垄高 10cm，垄面宽 1.2m，做好后拍实，选幅宽 1.4m 的农用地膜覆盖。

（3）播种：河西走廊川水区约在 4 月中旬为适宜播期。采用三角错位点播，行距 25cm，株距 20cm，每垄点播 5 行，其中 4 行母本，最边的一行为父本（田间种植如图 6—1 所示），密度母本 20～21 万株/hm^2，父本 5～6 万株/hm^2，每穴 2～3 粒，播后随即盖沙灌水。

2. 田间去杂

开花前彻底拔除母本行中能产生花粉的绝对雄株、营养雄株及雌雄同株，仅保留雌株。同时将父本行内的绝对雄株拔除干净，然后任其自由授粉。这样，由母本行的植株上采收的种子便是杂交一代种子，由父本行采收的种子则是父本种子。

3. 田间管理

（1）及时放苗、间苗、中耕除草、去杂。

（2）拔除雄株：待雌性株全部结籽后，将田间的雄性株全部拔除，以改善通风条件。

（3）追肥：根据田间植株长势情况及时追肥，每次结合溉水追施尿素或硝铵 150～225kg/hm^2。后期控水控肥，防止贪青晚熟。

4. 种子收获

波菜种子成熟后易脱落，应及时采收，当植株半数以上的枝叶变黄，果皮呈黄绿色时收割，在晒场上堆放后熟 5～7d，然后进行脱粒，将采收种子中的秕粒、烂粒、霉粒彻底清除。

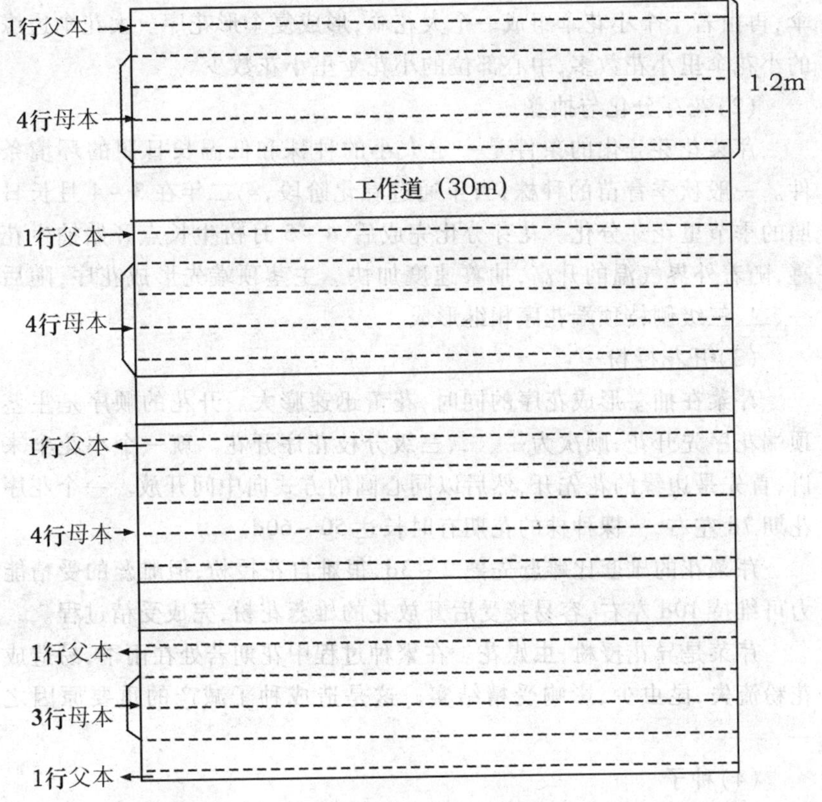

图 6－1　田间种植示意图

二、芹菜种子生产技术

芹菜（*Apium graveolens L.*）为伞形科芹属的二年生草本植物，原产地中海沿岸及瑞典等地的沼泽地带。目前是我国春、秋、冬三季的主要蔬菜种类之一。在北方各地春、夏、秋均可露地生产。

（一）芹菜繁种的生物学基础

1. 芹菜的开花结实习性

（1）花器结构

芹菜的花较小，白色，由 5 枚萼片、5 枚花瓣、5 枚雄蕊和 2 个结合在一起的雌蕊组成。由于退化的原因，雄蕊、雌蕊数目多少有所变化。

芹菜的花序为复伞形花序。先由 10 ~ 30 朵数目不等的小花组成小花伞,再由若干个小花伞组成一个大花伞,形成复伞形花序。大花伞边缘的小花伞里小花数多,中心部位的小花伞里小花数少。

(2)花芽分化与抽薹

芹菜花芽分化的条件是一定大小的种株和低温长日照的环境条件。一般秋季育苗的种株,当年通过春化阶段,第二年在 3 ~ 4 月长日照的季节里花芽分化。花芽分化完成后,4 ~ 5 月份生长点开始抽生花薹,随着外界气温的升高,抽薹速度加快。主茎顶端先形成花序,随后一、二、三级侧枝顶端花序相继形成。

(3)开花授粉

芹菜在抽薹形成花序的同时,花蕾迅速膨大。开花的顺序是主茎顶端花序先开花,顺次为一、二、三级分枝花序开花。就一个小花伞来讲,首先是边缘的花先开,然后以同心圆的方式向中间开放。一个花序花期 7d 左右,一棵种株的花期有时长达 50 ~ 60d。

芹菜花的雄蕊比雌蕊先熟 2 ~ 3d,很难自花授粉,但雌蕊的受精能力可维持 10d 左右,容易接受后开放花的雄蕊花粉,完成受精过程。

芹菜是异花授粉,虫媒花。在繁种过程中花期若处在雨季,易造成花粉流失,昆虫少,影响受精结实。这是造成种子减产的重要原因之一。

(4)种子

从开花到种子成熟大约需 30 ~ 40d 左右。生产上用的芹菜种子实际上是果实。芹菜的果实为双悬果,成熟时自然开裂成两个单果。单果近似扁圆球形,内含 1 粒种子,粒极小。果皮为深褐色,革质,不易透水,发芽慢。种子寿命 6 ~ 7 年,使用年限 2 ~ 3 年。

2. 对环境条件的要求

(1)温度

芹菜属半耐寒性蔬菜,适宜在凉爽的气候条件下生长。种子发芽的适宜温度为 15 ~ 20℃,苗期可耐短时间 -4 ~ -6℃ 的低温;营养生长的适宜温度为 15 ~ 20℃,气温低于 10℃ 生长缓慢,高于 25℃ 生长不良,易发生病害。芹菜为绿体春化类型,具有 3 ~ 4 片叶的幼苗在 2 ~ 5℃ 下经 5 ~ 10d 就可通过春化阶段,幼苗在长日照条件下通过光照阶段后即可抽薹开花。

(2)光照

芹菜属长日照蔬菜。种子在有光照的条件下比黑暗条件容易发芽。光照时间的长短对营养生长影响不大,但生殖生长时期则要求长日照,以利于花芽分化、抽薹、开花、结实。

(3)水分

芹菜的根系较浅,吸收能力弱,但生长旺盛,所以,要求较高的空气湿度和土壤湿度。有喜水、耐涝而不耐旱的特点。

(4)土壤肥力

芹菜需肥量较大,尤以氮肥为多。繁种用的种株,应注意增施磷、钾肥,以利于开花结实。芹菜对土壤要求不太严格,以土质肥沃的壤土和保水保肥的轻黏壤土为好。

3. 生长发育周期

芹菜是二年生蔬菜,第一年是营养生长时期,以形成种株为主。第二年进人生殖生长时期,种株通过春化后,在长日照和适温条件下抽薹、开花、结实。

(二)芹菜的采种技术

1. 采种方式

采种方式根据种株的播期可分为成株采种和小株采种。

(1)成株采种　也叫老根采种。其方法:①第一年在充分长成的秋芹中选留种株。选择标准是根据品种特点的要求,选叶柄肥厚、实心不裂、基部五分蘖、没有抽薹、无病虫害、生长健壮的单株为种株。将种株连根拔下,切去上部叶柄,留15~20cm长。然后将种株假植于阳畦或埋藏于沟内越冬。②第二年春季将种株定植到采种田繁种,每单棵栽植,密度52500~60000株/hm^2,加强田间管理,直至收获种子。如东北地区成株采种可在6月上旬播种,10月下旬植株充分长成,经选择后贮藏越冬,翌年3月底或4月初定植于采种田,6月下旬即可采种。华北地区一般在6月中下旬播种,10月上旬选株,翌年3月下旬定植于采种田,7月中下旬即可采收种子。西北地区常在5月下旬播种,10月上旬选株,翌年4月中下旬定植采种。

成株采种的特点是:对种株能够进行选择,所繁种子纯度高,饱满度好,产量高,但繁种周期长,成本也高。所以,此法多在繁殖原种时采用。

(2)小株采种　这种方法是第一年秋季播种育苗，越冬前长成小种株，贮藏小株越冬，第二年春季把小株栽植到采种田繁种。如华北地区一般8月中下旬播种，10月上旬长成15～20cm高的小株时，于阳畦或地窖中越冬，或在风障前露地越冬，上盖杂草等物，其后同成株法。东北地区一般采用温室育苗，当年播种当年采种，即2月中旬温室育苗，3月中旬移至阳畦内春化，5月1日后可定植于采种田。

此法与成株采种相比，种子产量偏低，纯度稍差，但繁种成本低。所以，大面积繁殖生产用种时多采用此法。

2. 采种技术要点

(1)严格选择种株

一定要选具本品种特征特性的植株为种株。

(2)采种田的隔离

空间隔离距离在1000～2000m，小面积采种田可机械隔离，人工辅助授粉。

(3)对良种繁育的要求

为降低生产成本，繁殖良种可采用小株法或成株法与小株法相结合的方法进行。即成株采种所收的种子留作原种，供小株采种用，小株采种所收的种子供生产上使用。

(4)及时采收

当大部分花序变黄时开始采收。由于花期较长，种子的成熟期不一，要分期采收，随时剪下成熟的种子更好。将收下的种株或花序，晾晒2～3d后，脱粒去除秕粒及杂质，净度达99%以上时贮藏。芹菜种子一般产量750～1200kg/hm^2。

3. 芹菜提纯复壮方法

芹菜属异花授粉作物，长期栽培易造成种性退化，影响芹菜的产量和质量。因此，要搞好芹菜的提纯复壮。

芹菜的提纯复壮可采用单株选择，再进行株系田间鉴定比较。选择符合品种特点的优良株系，用成株采种法繁种，所收种子留作原种用。也可采用混合选择法，即从田间选择优良种株，在繁种过程中，主要是在种株收获贮藏前，要根据品种特点进行严格选择。混合采种，如纯度高也可留作原种，一般情况当生产用种使用。不同品种的芹菜繁种田应有1000m的隔离距离。另外在第二年定植后，田间个别抽薹早的种株应拔掉，因为这样的种株所收种子，往往在生产上也容易出现早期抽薹现象。

三、茴香种子生产技术

茴香（*Foeniculum Vulgare Mill*）属伞形花科，茴香属，多年生草本植物。原产地中海沿岸，以嫩叶菜用或以果实为调味品供食。我国华北、东北、西北各地栽培较普遍。甘肃省河西走廊发展速度较快，截止2001年，走廊内面积达0.6万hm^2，得天独厚的自然条件有利于茴香高产优质栽培。

（一）茴香繁种的生物学基础

1. 类型特征

茴香依其植物形态可分为三类：小茴香、大茴香和球茎茴香。小茴香主要分布在华北等地，株高20～35cm，全株有叶片7～9片，叶柄较短，叶片深绿色，生长较慢，抽薹晚。大茴香主要分布在西北地区，植株高30～45cm，全株叶片5～6片，叶柄长，叶片绿，生长快，抽薹早。球茎茴香，是从西欧等国引进，植株形态酷似大茴香，但其基部的叶鞘部分肥大呈球形，栽培面积较小。

2. 开花结实习性

茴香的花为两性花，花器小，金黄色或黄绿色，花瓣5片，倒卵形，雄蕊5枚和花瓣互生，下位子房2室，果实为双悬果，果皮黄褐色，各单果内含1粒种子，种子外层包有果皮。在生产上称为“种子”，实际是果实，双悬果千粒重3.2g左右。

茴香是异花授粉作物，虫媒花。在春季长日照下抽薹开花，主茎高度及分枝数和植株的生长年限关系密切，一般多年生种株，主茎高达1.5～2m，分枝较多，密集丛生，2～4级分枝20～30个，每分枝顶生复伞形花序。种子产量以主茎及1～2侧枝为主。

3. 生长发育对环境条件的要求

茴香的适应性强，我国四季均可栽培，属耐寒性蔬菜作物。茴香发芽最适温度在16～27℃，出土适温为10～16℃。茴香在月平均温度为15～18℃时，生长良好，在24℃以上或7℃以下生长缓慢，苗期能耐－2℃的低温。

茴香为长日照作物，在长日照下抽薹开花，但菜用栽培时，喜较弱的光，可适当密植，采种栽培则喜欢较强的光照，要求株行距较大，适当稀植。

茴香种子小，根系分布较浅，要求土壤湿润肥沃，播前精细整地才能丰产优质。

(二)茴香采种技术

1. 小株采种法

(1)采种田的选择　选择地势较高，土质疏松肥沃，排灌方便的地块作采种田。采种田在中等肥力条件下，要求耕翻、整地同时，每公顷施入充分腐熟的农家肥 45000 ~ 60000kg、过磷酸钙 375 ~ 450kg 做底肥。茴香采种多畦作，通常畦长 6 ~ 10m，宽 1 ~ 1.1m。采种田要求与其他作物实现 3 ~ 5 年的轮作，空间隔离距离 1000m 以上。

(2)播种　北方地区在 3 月下旬至 4 月上旬为播种适期。播种时在 1 ~ 1.1m 宽的畦上开沟条播。沟深 4 ~ 6cm，播后覆土 1 ~ 1.5cm 厚，最后轻微镇压保墒。每公顷播种 45 ~ 60kg。

(3)田间管理　茴香幼苗生长缓慢，为了促进幼苗生长，除了及时疏苗外，还要随时中耕、松土。间苗同时进行苗期选择，拔除病弱苗和杂苗。当小苗长至 10 ~ 15cm 高时开始定苗，苗距约 20 ~ 25cm。出苗后 5 ~ 7d 灌第一次水，定苗后每公顷追施磷酸二铵 225 ~ 300kg 及磷肥 150kg、钾肥 75kg。从抽薹至终花期应勤水勤肥，一般要求每 7 ~ 10d 灌一次水，在此期间可增施氮肥 225kg/hm^2，叶面喷施 0.2% ~ 0.3% 的磷酸二氢钾。终花期之后减少或停止灌水，以促进种子成熟。

(4)种子成熟和收获　茴香花薹抽出有早有晚，种子成熟期不一致。因此，必须采取随熟随收的办法，才能避免过熟种子自然落地，以提高采种产量。

2. 大株采种法

大株采种法也称为老根采种，根据植株生长年限又可分为 2 年、3 年及多年老根采种，一般种株年限愈久，主茎愈粗，分枝数越多，种子质量愈好，种子产量愈高。采种技术要点如下：

(1)第一年春季或秋季播种，播前先浸种催芽，每平方米播 10g 左右，播后保持土壤湿润，齐苗后浇水施肥，但当年不采种，收割 2 ~ 3 次后，养根壮株，留根茬越冬，北方寒冷地区要求在封冻前将种株刨出，并及时入窖贮藏越冬。

(2)第二年将入窖贮藏的种株春季定植露地。采种地要选择地势高、排灌方便的肥沃田块，并深翻、施足基肥后定植。不同品种采种，空间隔离距离要达到1500m 以上。定植株行距一般为30～50cm，为防倒伏应支架。种子成熟后及时分期采收。

(3)多年生采种

在第二、三年，收割2～3次，抽薹后加强田间管理，疏花疏果，养根壮株，留根茬或入窖贮藏越冬。定植密度根据种株生长年限而定，2～3年生种株为60cm×60cm，每穴1株，4年生以上的则为75cm×75cm。其他管理技术和2年生采种相同。

第七节 葱蒜类作物种子生产

我国葱蒜类作物主要包括洋葱、大葱、大蒜、韭菜等。此类作物多为二年生或多年生。食用部分主要是叶子或叶子的变态。

葱蒜类作物中葱类和韭类都能开花结实，用种子繁殖。大蒜虽也抽薹或开花，但多不结实，只能进行无性繁殖。种子繁殖的葱类作物，为异花授粉，但自交也能结实。因此，进行此类作物的种子生产，搞好品种的提纯，具有重要作用。

一、洋葱种子生产

洋葱(*Allium cepa L.*)俗称葱头、圆葱，原产中亚，属百合科二年生蔬菜，具有喜温、耐寒、耐贮存、产量高，供应期长的特点，是我国最早栽培的蔬菜作物之一。

(一)洋葱繁种的生物学基础

1. 开花结实习性

洋葱的花为单伞状花序，两性花，每个花序上着生200～800朵花，每朵花有花被6枚，雄蕊6枚，中生雌蕊，子房上位。开花时6枚花被首先开展，3枚雄蕊先熟，3枚后熟，待6枚雄蕊成熟凋谢时雌蕊伸出，柱头成熟。果实为蒴果，成熟时开裂。

洋葱为雄蕊先熟的异花授粉作物，采种时应注意隔离。刚开花时，花柱长约0.1cm，直到花粉全部散落后才生长到最大长度(约0.5cm)，其授粉最好时间是开花后3～4d，5d以后失去受精能力。雄蕊以开花当日及次日生活力最强。在高湿条件下，花药在开花后1～3d不开裂，而且保存在未开裂花药中的花粉发芽力不受影响，干燥后再放出花粉。

洋葱同株异花序间授粉的结实率较同花序间授粉高，分别为42.9%和15.2%。自由授粉时有效结果率及单果种子粒数远较套袋人工抖动纸袋及套袋后放任授粉为高。洋葱在授粉后70d左右，种子成熟。种子呈盾形，外皮坚硬多皱，黑色，千粒重3～4g，种子寿命较短。

2. 对环境条件要求

(1)温度

洋葱具有较强耐寒性和适应性，不同生育时期对温度要求不一样，种子12℃时迅速发芽，幼苗生长适温为12～20℃，鳞茎膨大期为20～26℃；在休眠期间，耐寒性强，外叶可忍耐－6～－7℃的低温。各生育时期根据温度要求进行管理。

洋葱属绿体春化类型，抽薹开花都要求低温通过春化阶段。春化温度为0～5℃，洋葱花芽分化又需一定低温，一般为2～5℃，需60～70d。因此，在贮藏期间应注意，使其感受低温，通过春化，生产上要注意防止先期抽薹现象。

(2)光照

洋葱对光照敏感，属长日照作物。长日照是诱导花芽分化与鳞茎形成的必要条件。在短日照条件下，即使具备较高温度，鳞茎仍形成困难，而延长日照时数，可加速鳞茎形成和成熟。

不同类型品种对日照时数要求不同，早熟品种在13h以下短日照形成鳞茎，晚熟品种必须在15h左右长日照条件下，才能形成鳞茎。因此，在引种过程中应注意光照时数的长短。

(3)水分

洋葱在发芽期，幼苗生长盛期和鳞茎膨大期均需充足的水分，需要较高土壤湿度，缺水将严重影响鳞茎膨大。在后期，临近鳞茎收获时，较低土壤湿度有利于鳞茎形成，水分过多反而会推迟洋葱的成熟。进入休眠期，其鳞茎具有极强的抗旱能力，能在极干旱的条件下，长时间保持肉质鳞片中的水分。繁种时应根据需水规律调节水分管理。

(4)土壤

洋葱适于种植在肥沃、疏松保水保肥力强的沙壤土上。适合中性土壤,pH6~8。幼苗对盐碱反应敏感,在盐碱地上易引起黄苗和死苗,栽培时应注意。

(5)养分

洋葱喜肥,对土壤营养要求较高。在中等肥力条件下,每 $667m^2$ 氮磷钾施用标准为氮为 12.5~14.3kg,磷为 10~11.3kg,钾为 12.5~15kg。氮肥的施用时期对鳞茎形成影响很大,只有在有较高温度和较长日照时数时氮肥才能促进鳞茎形成,反之,施氮肥会延缓鳞茎形成。合理施用钾肥,可促进鳞茎细胞分裂和膨大。施用磷肥可促进对氮肥吸收和提高产品品质。因此,繁种栽培时要注意氮磷钾的合理搭配。

(二)常规品种采种技术

1. 原种生产

洋葱原种种子生产主要采用成株采种法,即春播三年采种法。从播种算起到第三年才能完成。北纬50°以北的地区,在土壤化冻后及时播种,第一年收获小鳞茎,经去杂去劣后风干贮藏,第二年培育母茎,再经贮藏,到第三年春,栽植采种母球,6~8月收获种子。此法采种量高,种子质量好,但周期长。其技术要点如下:

(1)精细整地

洋葱对土壤的适应性强。可与茄科、葫芦科、十字花科蔬菜进行轮作,切忌重茬。由于根系弱,所以整地要细致。翻耕前每公顷施腐熟农家肥6万~7.5万kg,过磷酸钙600kg,深翻整平后,做成宽2m、长10m苗床,准备播种。

(2)提高播种质量

①播期　洋葱的播期很严格。因为播期决定苗子大小,播期偏早,大苗多,先期抽薹的多。播期过晚,虽苗小,先期抽薹的少,但越冬时冻死苗多,产量低。西北地区一般为3月中旬。

②播种方法　常用播种方法有两种,一是先浇水,待水渗后撒播,而后覆土0.8~1cm。二是先播种,然后用耙子耧一耧,使种子与表土混合,再浇水。育苗移栽的,采用撒播法每公顷地撒种7500g,可移栽 $1hm^2$ 地。直播用条播法,每公顷用种30~37.5kg,按行距20cm条播。

③培育壮苗　出苗后的管理目的是培育壮苗,即要防止种苗过大而导致先期抽薹,又要防止幼苗过于细弱。因此,在幼苗出土后,应根据苗情进行肥水促控,对播期过迟的或幼苗长得过细的应以促为主。

结合浇水追肥 1～2 次，每次每公顷追硫酸铵 75～150kg。定植前喷磷酸二氢钾对幼苗生长效果明显，在此期间应及时拔除杂草、病株、劣株，一般不需间苗。

④定植　由于洋葱的根系浅而小，吸收能力弱，要求肥沃疏松的土壤。定植前要细致整地，施足基肥，一般中等肥力每公顷施有机肥 6 万～7.5 万 kg，以满足植株生长需要。

定植时期北方寒冷地区一般春栽，春栽时间应为土壤化冻后及早定植。力争在鳞茎膨大前有较长的叶生长期，以获得较大母球。如西北地区可在 5 月上旬定植。

洋葱幼苗栽植前要严格选苗分级，淘汰病苗、虫苗、矮化苗、徒长苗、分蘖苗和有先期抽薹危险的苗。将选出的壮苗按大小分级，分畦栽植，分畦管理，使田间植株生长一致。

定植深度大约 3cm 为宜，覆土后能埋住小鳞茎，浇水后不倒秧为度。定植方法采用干栽法。干栽法是按株行距栽好后放水漫灌。栽植密度应根据品种、地力、气候以及采种方式确定。一般以行距 17～20cm，株距 10～13cm，45～60 万株/hm^2 为宜。

(3)加强田间管理

田间管理应根据不同生育时期的生长特点及需肥需水规律进行。①定植缓苗后，根茎叶开始生长，一般掌握小水勤浇，多施肥多中耕。栽后浇一次水，并及时中耕松土，促进根系恢复生长，迅速缓苗。②叶片生长期，气温逐渐升高，应及时追肥浇水，一般追 1～2 次肥，追肥以速效氮肥和磷钾肥为主。一般每公顷追施硫酸铵 150～225kg，硫酸钾 75～90kg，促进茎叶生长。但应注意施肥不要过量，否则造成地上部生长过旺而使种株成熟推迟。③鳞茎膨大期，需肥量达到最高峰，为促进鳞茎膨大，获得高产的种球，应在鳞茎膨大期重施追肥。应在地上部功能叶基本形成、生长显著缓慢、小鳞茎明显增大时，及时追肥。每公顷施硫酸铵 300～625kg。以后视具体情况酌情追肥。在整个鳞茎膨大期应经常浇水，保持土壤湿润。鳞茎接近成熟时，叶部和根系吸收机能减退，应逐步减少灌水。收获前 7～8d 停止灌水，以减少鳞茎中水分含量，增加鳞茎耐贮性。

当洋葱基部 2～3 片叶开始枯黄，假茎逐渐失水变软，开始倒伏，鳞茎停止膨大，外层鳞片革质状时，表明鳞茎成熟，应抓紧在雨季前收获。

收获后应充分晾晒以利贮藏。

(4)选种

为了保证原种纯度,收获时必须在田间根据品种特征,对鳞茎进行严格选择。选择时应注意以下要求:A. 鳞茎大小适中,形状周正。B. 选用假茎细而紧实的葱头。C. 选用色泽纯正的鳞茎。应根据不同色泽品种严格把关。D. 外皮光滑不裂皮,假茎中无鳞芽萌发而形成侧芽的鳞茎。收获后,将种球放于阴凉干燥的场地,搭架贮藏,防止雨淋日晒、烂架,以备采种用。

(5)采种技术

洋葱鳞茎采收后,经过冬季贮藏,第二年春季定植。定植前先整地施肥,搞好隔离,一般两品种间隔离离应在1500m以上。整好地后按行株距40cm×30cm定植,一般每穴1~2头,栽后浇水。为避免倒伏,抽薹前应控制浇水,进行中耕保墒。在花薹抽出后10余天开花,在花球形成时期应及时追肥,促进花蕾分化。花后应增施磷钾肥,有利于种子饱满。

为了防止倒伏,可用竹竿木棍支架。为了提高制种量,开花期可在采种田附近放蜂并进行人工辅助授粉。另外洋葱采种量与雨水有密切关系。当空气湿度过大时花粉吸水膨胀丧失生命力。5月下旬至6月上旬是洋葱开花期,此时雨量多少影响采种量,应做好排水沟。花球成熟后变白,种子显露黑色即可采收。应分期采摘,防止落籽。在晴天收获时带20~25cm的花薹,割取花球,采摘花球晒干后,脱籽、去杂、精选,待种子含水量降到13%以下进行贮藏。

2. 良种生产

良种生产要用原种播种。可采用三年采种法,北方寒冷春播地区一般采用春播二年采种法。第一年培育采种母球,收获后贮藏过冬,第二年定植采种。用二年采种,从播种到采收种子约需500d左右,其优点是采种周期较短,成本较低,缺点是有些品种不能充分形成鳞茎,不能对原品种优良性状进行充分鉴定,也不能淘汰先期抽薹株,长期使用此法,易引起品种的退化劣变。

春播二年采种法,在播种期及第一年的苗期管理要求上和三年采种法有根本的不同。要求在第一年必须长成可通过低温春化的幼苗,播期不宜过晚,以早为主。苗期管理应以促为主。当年秋季采收鳞茎,贮藏越冬后第二年春定植。定植后的管理技术基本同三年采种法。

(三)杂交种子生产技术

洋葱杂种优势明显。但由于花器小,单果种子少,人工杂交制种成本高,在生产上目前主要应用雄性不育系制种法。

1. 雄性不育系及保持系的繁殖

利用三年一代采种法,繁殖雄性不育系和保持系。其技术要点是:将经过严格去杂的不育系种株和保持系种株按 4~8:1~2 或 7:1 的行比在翌年春季定植。采种田空间隔离 1000~2000m,自然授粉或人工辅助授粉。人工辅助授粉选晴天上午 9 时左右露水干后、花球散粉时进行,用泡沫塑料先抚摸保持系植株盛开的花球,再抚摸不育株的花球,每天 1 次。这样在不育株上收获的种子就是不育系种子,主要供制种用,少量供下年不育系繁殖用;从保持系株上收获的种子就是保持系的种子。收获时,应分收分打,防止机械混杂。种子晾晒后,干燥后的种子含水量最高不得超过 12%,最好在 8% 以下,便于贮存和保持发芽率。

各地由于气候条件、栽培方式或所用亲本系统的花粉量和传粉昆虫活动情况不同,不育系和保持系栽植方式和具体的行比,应通过试验来确定。注意在开花初期及时彻底拔除不育系内的可育株。

2. 父本自交系(恢复系)的繁殖

父本自交系需经过多代人工控制自交,并在 F_2 代严格选择优良单株,分系比较,用同样办法人工控制自交,经 3~4 代,才能获得若干经济性状优良的自交系,不育系经过配合力测验证明有最高配合力的亲本,做恢复系。

采用三年一代法或二年一代法繁种。把父本自交系种球栽到周围 1000~2000m 内没有其他洋葱品种开花种株的隔离区内,自然授粉或人工辅助授粉,然后采种。

3. 配制杂交种

生产杂交种常采用小株不结球法。这种方法采种周期短,生产成本低,产量较低。由于这种方法难以进行严格的去杂和选种,植株不经鳞茎肥大而直接抽薹开花,从而完全缺乏对鳞茎的选择。因此,在保持优良种性方面不如三年一代大株结球采种法。小株不结球法技术要点如下:

(1)适期早播,培育大苗,保证抽薹

洋葱的植株必须具备一定的大小和一段时间的低温处理才能抽薹。适当早播,使小苗在越冬前假茎直径在1cm以上,是保证抽薹的好办法。北方地区小株不结球采种法的播期在7月底较为合适,基本上可以使90%以上的幼苗达到1cm以上,而低温的时间也在60~70d以上。11月上旬将幼苗(去掉1厘米以内的小苗)分别假植于露地越冬,接受自然的低温处理。

(2)规范定植

第二年3月中下旬定植,父(恢复系)、母(不育系)的定植行比为1∶4~1∶6。隔离距离在1000m以上。由于花芽少,定植密度可提高到27~30万株/hm^2,由于小株没有肥大的鳞茎,本身营养不充分,要比大株管理更精细,及时供应水肥,以保证种株顺利抽薹、开花和结实。

(3)去杂去劣

要严格去掉杂株、劣株、病株,并及时拔除拔净不育系行内的有粉株(一般不育株花丝短,花药皱缩不开裂,药色较浅呈灰褐色,初期呈透明状带绿色,花药无花粉,有的缺雄蕊),田间检查时可用手摸花序,进一步鉴别。在一般情况下进行自然授粉,但为了保证杂交率和种子纯度也可进行人工辅助授粉。要调节好父、母本花期,保持雄性不育系和父本自交系的花期一致,将花期不一致的花和花序摘掉,保证杂交率。这样从不育系株上采收的就是一代杂种种子,从父自交系上收的种子仍为父本种子。

生产中采用小株不结球法进行杂种一代制种,不宜连年连续使用。在有条件时还可采用三年一代或二年一代大株结球法进行杂交制种,可以提高杂种一代种子产量和质量。

二、大葱种子生产

大葱(*Allium fistulosum L.*)属于百合科,是我国广泛栽培的调味蔬菜之一。大葱种子具有寿命短、采种周期长、种性易退化的特点,生产中常因采种技术落后而存在种子产量低而不稳和种子纯度下降等问题,直接影响新品种的大面积推广与生产者的经济利益。

(一)大葱繁种的生物学基础

1. 生育周期

大葱为二年生耐寒性蔬菜。其生育过程明显地分为营养生长和生殖生长两个阶段。①播种到抽薹以前为营养生长时期。大致可分为发芽期、幼苗期、葱白形成期。由播种到第一片真叶出现为发芽期,约需15d。应创造适宜条件使出苗顺利,整齐健壮。从第一片真叶出现到定植为幼苗期,此期应进行间苗和除草防止幼苗拥挤生长,培育壮苗。定植后经过短暂缓苗期进入葱白形成期。初期生长很慢,进入冷凉气候后开始旺盛生长,进入葱白形成盛期,是肥水管理关键时期,也是培土软化关键季节,应分期培土,追施速效氮肥,加强灌水,促进植株生长,增加营养物质积累,加速葱白形成。当气温降至4~5℃时大葱生长迅速减慢,进入葱白收获季节。②抽薹到种子采收为生殖生长时期。经历抽薹、开花和结果期三个时期,与繁种关系密切。大葱由营养生长过渡到生殖生长要经过冬季休眠期,并要求在低温长日照条件下完成阶段发育。大葱完成阶段发育需2~5℃低温,60d左右,而后抽薹开花,形成种子,完成整个生育期。

2. 开花授粉习性

大葱花薹粗壮,顶端着生头状伞形花序,每花序上有小花400~600朵。花为两性花,异花授粉,虫媒花,主要传粉媒介为蜜蜂,空气干燥时,成熟的花粉可随风漂移数米至几十米。据试验,大葱有一定自交率,自花授粉结实率为33.3%,以6枚花药全部露出花被到花谢后5d坐果率高,种子量多、质优。同一花序各花间授粉,结实率高于同花授粉,而且单花结种子多而饱满。

大葱授粉后40d左右种子成熟,因为早期花易受霜冻影响,而不易受精,后期的花因温度较高,成熟速度较快,需20~30d,又易遇干热风或连续阴雨天影响。采种以中期花为主。授粉时应注意隔离。

大葱果为蒴果,每果含种子6籽,种子粒小,黑色,种皮较厚,千粒重12.2~3.6g。种子的生活力低,寿命短,种子采收后第二年发芽率显著下降,一般都采用当年的新种。

3. 对环境条件的要求

(1)光照

大葱是长日照植物,要求中等光照。光补偿点为1200Lx,光饱和点为25kLx。只要植株在低温下完成春化,无论长、短日照都能正常抽薹开花。

(2)温度

大葱具有较强耐寒性和抗热性。在营养生长时期,适于凉爽的气候条件,生长适温为13~25℃。种子在13~20℃的低温下经7~10d可发芽出土。大葱以绿体春化并要求长到一定大小(一般直径在1cm以上)后,感受2~5℃低温2个月左右后完成春化而抽薹开花。

(3)水分

大葱耐旱不耐涝。在其生长期间要求较高土壤湿度,而空气湿度又不宜过高,因此在管理上应根据不同生育时期进行水分管理。

(4)土壤及养分

大葱适于土层深厚、保水强的肥沃土壤。沙质壤土通气性好,排水、松土、培土操作便利,易获高产。要求中性土壤,不耐盐碱。大葱喜肥,每产1000kg大葱约吸收氮3kg、磷1.22kg、钾4kg。整个生长期需钾最多。前期应多施氮肥,后期应多施磷钾肥。

(二)大葱常规品种的采种方法及配套技术

1. 采种方法

(1)成株采种法

就是生产上选用已充分长成的大葱做种株采种的方法。西北地区是在第1年3月下旬至4月上旬播种育苗,小麦收后(约7月上中旬)移栽,在秋季生长期进行田间优良个体选择,原地越冬,第2年春季返青后在4月上旬收刨时进行第2次选择,将入选优良单株定植在有隔离条件的田块,于6月下旬采收种子。由于该采种法从播种至收获种子经14~15个月,植株已充分长大,营养体发达,品种性状充分表现,经过田间多次淘汰选择,更有利于提高产量,保持品种纯度和种性,可作原种生产,但其缺点是采种周期长,成本较高。

(2)半成株采种法

就是利用原种播种繁殖生产用种常用的方法。当地做法是第1年6月中旬播种育苗、9月上旬移栽,或7月上中旬开沟直播,冬前培土,并强化肥水管理,就地越冬,第2年6月中旬采收种子。该采种法从播种至收获种子需12~13个月,周期较短,省工,有利于节省成本、衔接种植茬口和提高土地利用率。缺点是冬前营养体生长不够充分,产量较低,田间由于未经严格选择,易导致生物学混杂、种性退化、纯度降低。因此,生产上一般利用成株和半成株结合采种,即成株采种做原种，半成株采种繁殖生产用种。

2. 采种技术

(1)母株的选择

选择综合性状好的母株是大葱采种的关键。生产原种的母株要经4次选择。第1次在移栽时进行，除去杂苗、弱苗、病苗、伤残苗以及不符合本品种特征的苗；第2次在生产田秋季植株旺长时选择生长势强、植株高大、葱白长而粗壮、上下一致、叶片直立、叶肉肥厚、不分蘖、不抽薹、抗倒伏、抗病性强具有本品种特征的单株挂牌标记；翌年春季返青后，在4月上旬收刨时对挂牌单株进行第3次选择，剔除返青迟、腐烂、受冻、发病的异常母株；采种时进行第4次选择，淘汰侧生花球和不良单株。半成株繁殖生产用种时母株选择除在苗期进行外，主要在生产田抽薹期进行，要及时清除一些侧花薹和不良单株。

(2)培育壮苗

培育壮苗是提高大葱产种量的先决条件。选择3年内未种过葱蒜的地作苗床，要求地势平坦、肥力中等、排灌方便，播种前7d整地施肥，施腐熟有机肥37500～45000kg/hm^2、磷二铵150kg/hm^2，浅耕耙平，镇压后待播。河西灌区适宜的播种期为成株采种3月下旬至4月上旬，要求7月上旬移栽时葱苗有90d以上苗龄，5～6片真叶；半成株采种6月中旬播种，要求8月下旬至9月上旬移栽时葱苗有80d以上苗龄，4～5片真叶。发芽率90%以上的良种播种量22.5kg/hm^2，存放1年以上的种子，发芽率不足50%，不能再用。播种后及时灌水，确保全苗。苗床管理的关键是：出苗后及时除草，苗高5cm左右时进行第1次间苗，苗高20cm左右时进行第2次间苗，苗距2～3cm，3叶期后结合灌水追施尿素150～225kg/hm^2，5月中下旬及时用40%甲基异柳磷乳油500倍液灌根防治葱蛆为害，保证幼苗健壮生长。

(3)采种田选择

采种田应选择土壤肥沃、保水保肥力强、排灌方便的壤土地。为确保种子纯度，采种田要做好隔离工作，一般原种生产隔离距离不小于5000m，生产一代种不少于2000m，生产二代种不少于1000m。在其周围不应再安排其他大葱品种和洋葱的采种田，避免病虫害传播及相互串粉。

(4)适期移栽，合理密植

不同的采种方法定植密度不同。成株采种当地在麦收后7月上中旬定植,半成株采种在8月下旬至9月上旬定植,方可保证冬前种株长到一定大小的营养体感受低温而通过春化阶段,翌年在长日照条件下抽薹开花。据试验,大葱成株采种以行距60~70cm,株距6~8cm定植,保苗33万~36万株/hm^2为宜,半成株采种以行距40~50cm、株距4~5cm定植,密度60万~75万株/hm^2为宜。定植时葱苗按大、中、小分级,南北向开沟,沟深15~20cm,做到行直、株匀,深浅适宜,灌水及时,保证成活。

(5)田间管理

大葱繁种田重点抓好冬前管理和冬后管理。定植前深翻土壤、多施基肥,一般施有机肥45000~60000kg/hm^2、过磷酸钙225~300kg/hm^2。定植后到越冬前要及时中耕,适期培土2~3次,每次培土以不超过葱心为标准。根据土壤墒情浇好缓苗水、攻叶水和攻棵水,土壤封冻前浇透封冻水,并适当培土以防冬旱,保证种株安全越冬。越冬返青后浇足返青水,及时中耕封土。抽薹期控制灌水,以免花薹徒长和倒伏。开花前追一次肥,以氮肥为主,可追尿素225kg/hm^2或碳铵450kg/hm^2;开花期增施磷、钾肥,可追复合肥450kg/hm^2;开花后籽粒形成期应保持土壤湿润,满足肥水供应,叶面喷施浓度0.2%~0.3%的磷酸二氢钾溶液1~2次,否则种子不饱满,降低产量。同时在开花期应于温暖晴天8:00至10:00和16:00至18:00用鸡毛掸子进行人工辅助授粉,提高结实率。在高温高湿季节应注意大葱霜霉病和紫斑病的防治,一般在发病初期用75%百菌清可湿性粉剂600倍液、64%杀毒矾可湿性粉剂500倍液或58%甲霜灵锰锌可湿性粉剂500倍液喷雾防治,各种药剂轮换使用,每7~10d喷1次,连喷3~4次,发病较重时可用50%甲霜铜可湿性粉剂800倍液或72.2%普力克水剂800倍液,连喷2~3次,防治效果好。若发现葱蛆,可结合灌水冲施40%甲基异柳磷乳油22.5kg/hm^2防治。

(6)采收

采种田中由于同一花球上顶端先开花,种子也早成熟,不同种株间种子成熟期也不一致,且种子成熟后易脱落,因此必须多次分批采收。大葱盛花期后20d左右,当花球顶部有少量蒴果变黄开裂、种子还未散落时,为采收适期。采收时选择晴天早晨或傍晚,用剪刀将整个花球剪下，放通风干燥的背阴处后熟几天再晾晒脱粒，脱粒后再晾晒，直到充分干燥后去杂，装入布袋在低温干燥处贮藏。成株采种一般产种 900 ~ 1050kg/hm^2，半成株采种产种 750 ~ 900kg/hm^2。

2. 大葱品种提纯复壮技术

大葱属雌雄同花，易进行同株或非同株异花授粉。生产上菜农常因连续多年自己留种，导致大葱种性退化，影响产量和品质。为此，结合新品种引进推广，我们总结出以下提纯复壮技术要点。

(1) 单株选择，自交制种

10 月中旬大葱收获时，从整齐度高、性状优良、符合本品种特性的丰产田中选择母株 500 ~ 1000 株贮藏在温湿度适宜的窑中，翌年春季土壤化冻后按春栽法定植母株。即 4 月上旬按行距 60 ~ 70cm、株距 8 ~ 10cm 定植在沟中，培土灌水，以后加强田间管理，保证正常生长，当花球开放时，再选择 1 次，淘汰不良单株，摘除杂株花球，确保株选纯度。然后按株编号套袋，每株旁用竹杆支架，与纸袋固定在一起，以防风折。盛花期每天 8:00 至 9:00 用手摇动套袋花球，进行人工辅助授粉，提高结实率。6 月中下旬种子开始逐渐成熟，应分期采收，以花球上部种子开裂而不脱落为适宜采收期。采种时要认真细致，保证入选单株单收、单打、单藏(装上标签编号)。

(2) 株行混选混交制种

7 月上旬选好留种田直播单选自交种，建立株行比较圃，留种田隔离区要在 500m 以上，选择 3 年以上未种过葱蒜类作物的肥沃土壤，结合整地施有机肥 45000kg/hm^2 左右、过磷酸钙 525kg/hm^2、硫酸钾 375kg/hm^2。田间管理同大田。在株行比较圃内再进行多次选择，淘汰不良的株行，保留整齐度高、综合性状优良的株行田间越冬，翌年 6 月中下旬混合收种，即为提纯复壮的原种。

(3) 繁殖生产用种

第一次提纯复壮的原种，留少部分播种育苗，并在下年继续从成株中进行株选，按上述程序再次提纯复壮，另一部分用半成株采种法繁殖生产用种。

三、大蒜种子生产

大蒜(*Alliumsti Sativum L.*)，别名葫蒜，原产中亚高原，在我国已有2000余年的栽培历史。属于百合科一、二年生蔬菜。以蒜瓣作为播种材料进行无性繁殖。

(一)大蒜繁种的生物学基础

1. 形态特征

大蒜根系分布浅,主要根群密集于25cm以内的表土层内。营养生长时期茎为不规则的短缩茎,茎基部生根,顶端分化叶原基,生长点被层层叶鞘所覆盖。花芽分化后,茎盘顶端抽生花薹,同时内部叶鞘的基部开始形成侧芽,逐渐发育成鳞芽。花薹长60~70cm,圆柱形,实心,在花茎顶端的气生鳞茎可播种繁殖。

2. 生长发育周期

春播大蒜生育期为90~110d,秋播大蒜为220~250d。大蒜的一生分为萌芽期、幼苗期、鳞芽及花芽分化期、蒜薹伸长期、鳞芽膨大期和生理休眠期。①从播种到基生叶出土为萌芽期。春播需7~10d,秋播因休眠和高温的影响需15~20d。②从初生叶展开到花芽和鳞芽开始分化为幼苗期。春播大蒜约需25d,秋播则需5~6个月。此期根的增长速度达到高峰。③从花芽和鳞芽开始分化到分化结束为花芽和鳞芽分化期,约需10d左右。此期植株的生长点形成花原基,同时在内层叶腋处形成鳞芽。④从花芽分化结束到收蒜薹为蒜薹伸长期,约需30d。此期叶面积达到最大值,鳞芽逐渐膨大。⑤从鳞芽分化到收蒜头为鳞芽膨大期,约需50d。其中前30d与蒜薹生长重迭,故在采薹前鳞芽生长缓慢,采薹后顶端优势被解除,于是鳞芽得到充足的养分迅速膨大。生长后期地上部逐渐枯黄,外层的鳞片则干缩呈膜状。⑥蒜头收获后即进入生理休眠期。此期长短因品种而异,需20~75d。在生理休眠期内即使提供适宜的温湿度,蒜瓣也不会萌芽发根。秋播时为打破生理休眠,可采用剥除包裹蒜瓣的薄膜或切除蒜瓣尖端一部分的方法。

3. 对环境条件的要求

大蒜喜冷凉的气候,耐寒性较强。蒜瓣萌发的适宜温度在12℃以上,萌芽的最低温为3~5℃,幼苗生长的适宜温度为14~20℃,可耐-3~-5℃的低温,鳞茎形成的适宜温度为15~20℃,10℃以下生长缓慢,25℃以上鳞茎进入休眠期。大蒜为绿体春化类型,幼苗在-4℃的低温下经30~40d通过春化阶段。春播过晚,不能满足春化所需的低温和持续时间,就不能形成花芽,而形成无薹多瓣蒜头,如果植株偏小,营养又供应不足，则只能形成不分瓣的独头蒜，影响繁种。

大蒜属长日照作物，在13～14h以上的长日照下，才能抽薹。另外，大蒜的鳞芽分化和形成也需要长日照诱导，光照时数不足，则只长蒜叶而不能形成鳞茎。对土壤的适应性强，以土层深厚、富含有机质、微酸性的沙壤土繁种效果最好。大蒜对氮、磷、钾的需要量基本相同。

(二)大蒜采种技术

1. 春播采种法

(1)种蒜选择

播前按本品种特性选择种蒜。标准是：色泽洁白、顶芽肥大、无病无伤的蒜头、蒜瓣。最好按大、中、小三级分别播种，分别管理。

(2)播种

做到适时早播，播种晚的大蒜只分瓣不抽薹，播种过晚的既不抽薹也不分瓣，只能形成独头蒜，从而降低采种产量。一般北方地区在春分至清明期间播种。大蒜适于浅栽，覆土不宜过厚，一般要求栽植深度为3～4cm。种植密度应在3～4万株/hm^2，播量为1500～1875kg/hm^2。

(3)田间管理

同生产大田基本一致。

(4)种蒜成熟和收获

当蒜薹收获20d左右，叶片枯黄，假茎松软，即可收获蒜头。收获时应选晴天，蒜头挖出后原地晾晒，待外叶柔软时编成辫，切不可遭雨。当蒜皮干燥后即可入库贮存。春播采种每公顷可收获大蒜15000kg。

2. 气生鳞茎繁殖法

这一方法是将当年植株上发生的气生鳞茎采摘下来，当年秋或次年春栽植，形成独头蒜，将这些独头蒜于当年秋或次年春再播种栽植就可形成多瓣蒜，而且产量显著提高。此法除了扩大繁殖量外，还有复壮作用。

3. 有性繁殖法

大蒜在正常情况下，一般不能形成种子。但采取切除刚刚形成的鳞茎和气生鳞茎的办法，人为改变营养的流向，使养分集中供给开花结实，从而就能获得大蒜的种子。用大蒜种子播种，当年形成独头蒜，第二年用独头蒜播种，可形成分瓣、抽薹的蒜头。此法在大蒜的新品种选育中应用广泛。

四、韭菜种子生产

韭菜(*Allium tuberosum Rottl. ex spr.*)原产中国,为百合科多年生宿根性蔬菜。在我国北方地区广泛栽培。韭菜品种的多样性及品种混杂退化现象,迫切要求提高韭菜种子的生产技术。

(一)韭菜繁种的生物学基础

1. 形态特征

韭菜的根纤维状,无主、侧之分,根毛少,入土浅,吸收能力弱。根系入土深度一般在20~30cm,水平扩展30cm。在生长期间可进行新老根系的更替,并表现逐年上移的特点,因此韭菜根寿命长。韭菜的茎分为营养茎和花茎两种。一二年生营养茎在地下短缩成盘状,叫做茎盘,下部着生须根,上部着生叶片。随着年龄增大和逐年分蘖,营养茎逐年向地表延伸,形成杈状分枝,又称根茎。一般根茎寿命只有2~3年。随着生长,老根逐渐枯死,新根茎不断产生。茎盘上着生叶片,贮藏营养物质后肥大成葫芦状,又称鳞茎。韭菜的叶由叶片和叶鞘组成。叶鞘基部是营养物质的主要贮藏器官,肥大后成葫芦状,可供冬季和早春及每次收割后营养生长需要。叶片是韭菜的食用部分,有宽叶窄叶两种类型。

韭菜为伞形花序,花序球状或半球状。每花序上着生20~30朵小花,花两性,有花被6枚,灰白色,雄蕊6枚,列为两轮,基部合生并与花被片贴生,花丝等长,花药短圆形,向内开裂,中央有雌蕊一枚。柱头三裂,子房三室,每室结种子2粒,种子黑色。韭菜为虫媒花,属异花授粉作物。

2. 开花结实习性

韭菜是典型的雄蕊先熟的异花授粉作物。雌蕊柱头大量出现分泌物充分接受花粉是在6枚花药全部开裂散粉后,即6枚花药全部开裂散粉是雌蕊受精结实的临界期,在此之前雌蕊不能受精结实。因此,人工授粉工作应对授粉时间加以注意。柱头的最佳授粉期在开花后的2~4d,花粉以开花当天的生活力最强。

韭菜虽为异花授粉,但花期同花自交或同花序间授粉自交都具有较高的结实率。套袋任其自由授粉时结实率低,这是由于雄蕊先熟,且花丝向外伸展,花药远离柱头,又无传粉媒介所致。在套袋自交留种时，用手指多次轻弹纸袋，则可提高结实率。韭菜单花从开花到果实成熟需35～40d，通常前期花发育为成熟果实所需的时间较长，后期花因温度较高，所需的时间短。成片种株的采种地，由初花期到种子采收期需50～60d左右，每公顷可采种600kg左右。

3. 生长发育周期

生育过程分为营养生长和生殖生长两个阶段。营养生长期包括发芽期、幼苗期、营养生长盛期。当年播种的韭株在营养生长盛期过后，遇到低温长日照条件即开始花芽分化，进入生殖生长阶段。二年生以上的韭菜，营养生长与生殖生长交替进行，春季播种，当年不抽薹开花，必须经过冬季低温和翌年春季长日照条件，到夏季才抽薹开花，秋季种子成熟。韭菜花期较短，单株花期为7～10d，但全田花期不齐，种子很难同时成熟，要分批采收。从开花到种子成熟约需30d。收获种子后，植株又转入分株生长，到第二年夏季又转入生殖生长。

4. 对环境条件的要求

(1)温度

韭菜喜冷凉气候，耐寒力强，叶片能忍耐-4～-5℃的低温。在-6～-7℃时萎蔫进入休眠状态，又称回根。根茎-40℃时不会受冻，北方韭菜露地越冬。发芽适温15～18℃，生长适温15～25℃。

(2)光照

韭菜是长日照作物，喜光、耐荫。经低温春化后还需经夏季长日照才能抽薹开花，对光照强度要求适中，过强则纤维增多，过弱则叶小色黄，分蘖少，产量低。

(3)水分

韭菜喜湿、耐干燥，要求较低的空气湿度，适宜的空气相对湿度为60%～70%。对土壤湿度要求较高，为80%～95%。由于韭根吸收能力弱，土壤要经常保持湿润。苗期根小，干旱容易枯死。生长盛期缺水，会降低产量品质。受涝后根系腐烂死亡，叶片变黄。

(4)土壤养分

韭菜对土壤适应性强，在土层深厚，疏松肥沃的土壤上长势强，产量高，寿命长。成株有一定的耐盐碱能力，在含盐0.2%土壤上能正常生长。

韭菜喜肥力中等，每生产1000kg产品，吸收氮1.5～1.8kg、磷0.5

~0.6kg、钾 1.7~2.0kg。当氮肥供应充足时,叶片肥厚浓绿,长势壮,分蘖多,商品菜产量高。采种时,还要注意磷钾肥施用。

(二)韭菜采种技术

韭菜的繁殖方式有两种:一种是用种子繁殖,直播或育苗移栽;另一种为分株繁殖,但生活力弱,寿命短,长期用此法,易发生种性退化现象。生产上多用有性繁殖。

1. 原种生产技术采用有性繁殖采种法

(1)直播或育苗

①播前准备　育苗地要选择排水良好、肥沃疏松的沙壤土。冬前深耕 15~20cm,细耙 1~2 次,浇足冻水。早春土壤解冻后,每公顷施入优质基肥 6 万~7.5 万 kg。整平做畦,做成 1.0~1.5m 宽的低畦。播种期从早春土壤化冻至秋分,可随时播种。早春用干籽播种,其他季节催芽后播种。催芽时,用 20~25℃的清水浸种 8~12h,洗净后置于 15~20℃的环境中,露芽后播种。

②播种方法

A. 播种育苗　干播时,按行距 10~12cm,开深 2cm 的浅沟,种子条播于沟内,耙平畦面,浇透水。湿播时浇足底水,撒籽后覆 2~3cm 厚的过筛细土。用种量 7.5~10g/m^2。

B. 直播　按 30cm 间距开宽 15cm、深 5~7cm 的沟,趟平浇水,水渗后条播,再覆土。用种量 3~4.5g/m^2。

③苗期管理　出苗后,畦面干旱时浇一次水或播后覆地膜增温保墒。株高 6cm 时结合浇水追 1 次肥,以后保持地面湿润,株高 10cm 时结合浇水进行第 2 次追肥,株高 15cm 时结合浇水追第 3 次肥,每次追施尿素或碳酸铵 150~225kg/hm^2。以后进行多次中耕,适当控水蹲苗,防倒伏烂秧。

(2)定植

①采种田的选择　根据采种的特点最好选择土层深、富含有机质、保水力强的沙壤土,定植前结合翻耕,施入充分腐熟粪肥75000kg/hm^2,做成 1.2~1.5m 宽的低畦。为防生物学混杂,异品种采种田的隔离距离要在 1000m 以上。

②种株的选择与定植　选择具本品种特征特性、叶片数目多、分蘖力强、生长健壮、鳞茎肥大的作种株。原种生产要严格单株选择。

定植最好错开高温季节，株高 20cm 左右为定植适宜的苗龄。栽植深度以不超过叶鞘为度，将幼苗按大小分级，分区栽植。

定植方法有宽垄丛植和窄行密植两种，前者适于沟栽，后者适于低畦。沟栽时，按 30～40cm 的行距、15～20cm 的穴距，开深 12～15cm 的马蹄形定植穴，每穴栽苗 20～30 株。该栽苗法行距宽，便于软化培土及田间作业。低畦栽，按行距 15～20cm、穴距 10～15cm 开马蹄形定植穴，每穴定植 8～10 株，栽后立即浇水，促发根缓苗。

③定植当年的管理　定植后连浇 2～3 次缓苗水。缓苗后中耕松土，并将定植穴培上防积水。秋分后每隔 5～7d 浇一水，保持地面湿润。白露后结合浇水每 10d 左右追 1 次肥，每次用尿素或碳酸铵 150～225kg/hm^2。寒露后减少浇水，保持地面见干见湿。立冬以后，封冻前应浇足稀粪水。

(3)第二年及以后几年的管理

技术措施与第一年大同小异。应围绕培育壮秧这一中心，合理解决采割和采种的关系。注意以下几个问题：

①韭菜经过低温长日照可抽出花薹，开花结籽。但由于鳞茎小，一般第二年不采种，采种韭菜以 3～4 年生为最好，这样采下的种子饱满，产量高。

②采种地块不要与生产田块混用，对留种地块应去杂去劣，以防退化。

③韭菜是虫媒花，异花授粉，为防杂交，要有 1000m 以上的隔离区。

④控制收割次数，为积累更多营养供抽薹之需，春季割最好不要超过两刀，而且割茬要高一些。

⑤采种田春季第二刀割后，进行适当控水，以防营养生长过旺。从谢花至灌浆，要及时浇水，保证供应。后期应逐步停水。第二刀割后，要及时追施磷钾肥，以提高抽薹率。

(4)种子成熟和收获

采种的韭菜花期较长，种子成熟约需 30～40d，而且种子成熟期不一，要注意分批收获。

2. 良种生产技术

用原种繁殖，严格田间去杂去劣。其他措施同原种生产。

3. 无性分根繁殖采种法

此法是将韭菜的老根挖出，以分蘖芽为单位分割，然后定植发育采种。

利用此法采种，可节省育苗时间，但繁殖系数低，植株分蘖能力和生活力弱，且长期应用容易引起品种退化。

第五章　牧草种子生产技术与实践

第一节　牧草种子生产的生物学基础

一、牧草的生长发育

（一）豆科牧草的生长发育特点

1. 豆科牧草种子构造与萌发

豆科牧草种子由种皮包裹着子叶和胚构成。子叶是幼胚叶，贮藏营养物质，胚由胚根、胚轴和胚芽组成。大部分豆科牧草属子叶出土发芽的植物，在种子吸水萌发时，下胚轴伸长，将子叶和胚芽一起送出土面。豆科牧草种子发芽时，需要吸收大量的水分使种子膨胀，首先胚根突破种皮向下生长，而后是胚芽向上生长，下胚轴的伸长使子叶保护着的胚芽伸出地面。子叶展开后胚芽的第一片真叶出现，紫花苜蓿和三叶草的第一片真叶为单叶，百脉根则为三出复叶，随后出现第二片真叶，当第三、四以及之后各真叶出现后形成莲座叶丛。

种子萌发条件主要与水分、温度和空气相关。一般种子要求土壤水分在10%以上才能萌发。暖季型牧草发芽的最低温度为5～10℃，最高温度为40℃，最适温度为30～35℃；冷季型牧草发芽的最低温度为0～5℃，最高温度为35℃，最适温度为15～25℃。

2. 豆科牧草的生育阶段

包括营养生长阶段和生殖生长阶段

（1）营养生长　主要指根、茎、叶等营养器官的生长，是获得鲜草产量，为生殖生长打基础的关键时期。

豆科牧草出苗后形成的莲座叶丛，由于下胚轴和初生根的收缩生长，使与子叶相连的第一节逐渐收缩于土壤中，下胚轴和初生根上部变粗变短，豆科牧草根和地上部分交接处膨大的根颈贮藏大量营养物质。冬性豆科牧草往往以莲座叶丛度过冬季，次年从根颈上每个叶的叶腋处产生新枝条；春性豆科牧草莲座叶丛生长一段时间，每个叶的叶腋处开始长出腋芽，腋芽向上生长产生新的枝条。新枝条的每个节（叶着生处）上的叶腋处都有产生侧枝的能力，侧枝上的叶腋处也具有产生次级侧枝的能力。

豆科牧草种子萌发时胚根向下突破种皮形成的初生根，随着幼株的生长逐渐伸长，发育为主根，并在其上产生侧根，形成直根系。当地上部分开始形成真叶时，根系进一步伸长，侧根增多，并开始形成根瘤。当地上部形成莲座叶丛时，根系伸长长度较大，超过地上部几倍至数十倍，根瘤亦增多。然后根系进一步增粗，接近地面处膨大形成根茎，从而形成豆科牧草完整的根系。

豆科牧草根系入土深度随草种不同而不同，一般入土深 1.5 ~ 2.5m，紫花苜蓿可达 3 ~ 6m，白三叶主要分布在 40 ~ 50cm 的土层中。豆科牧草的根系常与根瘤菌共生形成根瘤，根瘤具有固氮作用，可增加土壤有机氮的含量。

（2）生殖生长　主要指花、果实和种子等生殖器官的分化发育时期。

豆科牧草从营养生长到生殖生长在形态上的第一个变化是第一叶原基的叶腋处出现花序原基，花序原基发育为花序。然后在花序上进行小花的分化，进而进行花萼、雄蕊、花冠、雌蕊的发育。当雄蕊的花药或雌蕊的胚囊发育成熟时，开始开花，进行传粉、受精和种子发育。

豆科牧草的营养生长和生殖生长之间存在着对光合产物的竞争，成为影响开花和种子产量的基本因素。当环境条件（光照、温度、水分）有利于营养生长时，产生的花少，种子产量也低；相反当环境条件有利于花的发育时，营养生长受到抑制，种子的生产潜力就会发挥出来。豆科牧草的生殖生长对日照长度有一定的需求，如短日照植物有矮柱花草、大翼豆等，长日照植物有紫花苜蓿、白三叶、白花草木樨等。因此，协调好营养生长与生殖生长，是提高种子产量的关键环节。

（二）禾本科牧草的生长发育特点

1. 种子的构造与萌发

禾本科牧草的种子主要由胚、胚乳和种皮构成。胚是形成新植株的基础，由胚芽、中胚轴、胚根和盾片组成，胚芽之外包被着一个鞘状胚芽鞘，胚根之外包被着胚根鞘。胚芽将来形成牧草的地上部分，胚根将来发育成初生根，盾片在种子萌发时吸收营养物质供胚生长。部分禾本科牧草靠中胚轴的伸长在种子萌发时将胚芽送出土面，另一部分禾本科牧草种子萌发时仅靠胚芽鞘的伸长将胚芽送出土面。

当种子萌发时，首先开始吸水膨胀，随后胚根突破种皮向外伸出，向下生长形成初生根，胚芽鞘和胚叶接着伸长，向上生长，露出土面后，第一胚叶突破胚芽鞘形成第一营养叶，与此同时，幼茎的生长点周围依次产生新的叶原基，相继出现第二、第三叶的发育与生长。

2. 生育阶段

(1)营养生长

主要指根、茎、叶、蘖等营养器官的生长发育。

禾本科牧草的叶和枝由胚芽而成的主枝基部和叶鞘圈里的顶端生长点发育而成。种子萌发过程中或苗期从生长点按互生的顺序有规则地长出叶原基，随后这些叶原基逐渐伸长，形成叶鞘和叶片。当外围的一个叶鞘和叶片完全伸长之后，便停止生长，而内部的叶继续伸长，在生长点和完全伸长的叶之间，通常有 3 ~ 4 片正在伸长的幼叶，它们从外到内按顺序发育。

当种苗发育到一定阶段，通常幼叶出现 3 ~ 5 个时，往往从第一叶或第二叶内侧的叶腋处相继产生分蘖。分蘖的数量和位置随牧草的种类而异，并受光照、温度和营养条件的影响。当种苗的主茎生长到 5 ~ 10 个叶时，分蘖节中的节间开始伸长，牧草进人拔节生长期。有一些多年生禾本科牧草，如多年生黑麦草、草地羊茅、鸭茅的分蘖速度快，在花序开始发育之前，仅有少量的分蘖枝节间伸长，大部分分蘖枝条处于未拔节状态，使叶的生长点和基部分生组织处于近地面的位置，家畜采食或刈割不会伤害其生长点和分蘖节，仍可产生新叶和分蘖，使植株形成茂密的分蘖簇。有些禾草，如燕麦草、老芒麦、披肩草等，植株在幼苗时，节间便开始伸长，而且拔节后的枝条保持直立，使顶端生长点和许多腋芽长出地面，当刈割或放牧时，生长点被破坏而长不出新芽来，因此，这类牧草只能轻度放牧或采用较大的留茬高度刈割利用。少数禾草的分蘖幼枝，沿地面匍匐生长，在节上产生不定根，腋芽会长出短期直立生长的侧分蘖,这些分蘖很快又发育为匍匐生长的枝条,这类牧草较耐牧。部分禾草产生的分蘖在地下沿水平方向生长,形成根茎,如羊草、无芒雀麦、象草等,这类牧草也较耐牧。

(2)生殖生长

牧草的花、果实、种子是生殖器官,生殖器官的生长发育阶段为生殖生长阶段。在营养生长期间,禾本科牧草生长点不断以规则的互生顺序长出叶原基,之后这些叶原基又延伸扩展成叶。当禾本科牧草感受了环境因素的成花刺激之后,茎尖便转入了幼穗分化阶段。分化开始时,茎尖顶端的半球形显著伸长,扩大成圆锥体,渐渐在下部两侧相继出现苞叶原基;接着从下部开始,由下向上在苞叶原基的叶腋处分化小穗原基;随后在小穗原基基部分化出颖片,并自下向上进行小花的分化。小花的分化依次为外稃、内稃、雄蕊、雌蕊和浆片,当雄蕊的花药或雌蕊的胚囊发育成熟后,花器展开,使雄蕊或雌蕊暴露出来,称为开花。开花后的植株进入了传粉、受精和种子发育的过程。

二、牧草的繁殖方式

(一)牧草的有性繁殖

牧草的有性繁殖就是用种子繁殖。一年生牧草和多年生牧草第一次种植一般都采用有性繁殖。多年生牧草,多属禾本科及豆科两大类,种子一般小而轻,贮藏营养物质少。禾本科牧草种子实际是一个果实,称为颖果,种子常具有芒及其他附属物;豆科牧草的种子则是植物学上所称的种子。豆科牧草种子硬实率较高,要求在种子的生产、播种和收获等方面做好相应技术处理,以便获得优质的牧草种子。

优质牧草种子有两个方面的含义:一是指具有各种优良性状的品种;二是指种子具有高度的播种品质。前者主要通过育种及种子培育的技术措施来完成,后者则是通过一系列栽培措施和种子的收获、清洗、干燥、贮藏等过程来保证。

(二)牧草的无性繁殖

牧草的无性繁殖就是利用地下茎、根颈或分蘖节等营养器官形成新个体或枝条的繁殖方式。多年生牧草放牧、刈割后的再生主要靠这些营养器官繁殖完成的。栽培牧草主要有疏丛型、根茎型、匍匐茎型、轴根型等营养繁殖方式。

1. 疏丛型牧草

繁殖特点是:茎基部形成若干缩短节间的节组成的分蘖节群,位于地表以下 1 ~ 5cm 处,节上具有分蘖芽,分蘖芽向上形成侧枝,侧枝基部的分蘖节也可产生次级分蘖枝条,能产生多级分蘖,各级分蘖枝条都形成各自的根系,地面上形成疏松的株丛。分蘖节接近地表,对土壤空气的要求不严,土壤水分暂时过多的情况下能很好生长,在具有透性的粘质壤土、腐殖质土壤上生长最好。适于刈割或放牧兼用。优质牧草中疏丛型牧草有多年生黑麦草、苇状羊茅、象草、鸭茅等。

2. 根茎型牧草

繁殖特点是:牧草从地下分蘖节长出与主枝垂直、平行于地面的地下横走茎,称为根茎。根茎由若干节和节间组成,节上常见小而退化的鳞片状小叶,叶腋处的腋芽向上长出垂直枝条,伸出地面后形成绿色的茎和叶,茎节向下长出不定根。根茎分布于距地表 5 ~ 10cm 处,通气好的土壤可达 20cm。根茎型牧草具有很强的营养繁殖能力,当根茎部分腐烂或耙地切断后,每一根茎片段便成为一独立的繁殖体,向上产生新枝条,向下产生不定根。繁殖时往往向四周辐射延伸,纵横交错,在一处形成连片的植被。根茎对土壤通气条件敏感,当土壤空气缺乏时,分蘖节便逐年向上移动,以满足对空气的需求。土壤表层水分较少时移至一定深度根茎便死亡,故根茎型牧草在疏松、通气好的土壤中生长良好。优质牧草中根茎型牧草有羊草、无芒雀麦等,适于刈割利用,如放牧利用以轻度放牧为宜。

3. 匍匐茎型牧草

繁殖特点是:母株根颈、分蘖节或枝条的叶腋处向各个方向生出平匍于地面的匍匐茎。匍匐茎的节向下产生不定根,腋芽向上产生新生枝条、株丛或匍匐茎继续产生新的匍匐茎。匍匐茎死亡后,节上产生的枝条或株丛可形成独立的新个体。匍匐茎的繁殖能力强,在地面上纵横交错形成致密的草层,带节的匍匐茎片段就可进行营养繁殖形成新个体。耐践踏性强,适于放牧利用。优质牧草中匍匐型牧草有狗牙根、白三叶等。

4. 轴根型牧草

繁殖特点是:具有垂直粗壮的主根,主根上长出许多粗细不一的侧根。入土深度一般从 10cm 到 200 ~ 300cm 或更深。茎基部在土壤表层下 1 ~ 3cm 处与根融合在一起的加粗膨大部分为根颈，其上有许多更新芽，可发育为新生枝条，并以斜角方向向上生长。枝条上叶腋处具有潜在芽，能发育为侧枝，侧枝可继续分枝。刈割或放牧后根茎上的更新芽萌发使牧草返青。在通气良好、土层较厚的土壤上发育最好。适于刈割或放牧利用。优质牧草中轴根型牧草有紫花苜蓿、草木樨、红豆草、红三叶、柱花草等。

三、牧草种子生产对环境条件的要求

牧草种子生产基地的建设要充分考虑到牧草种子生产的地域性特点。我国北方地域辽阔，地形地势复杂，自然资源独特，不仅为各种牧草的生长提供有利的条件，而且也为各种牧草种子的繁育创造了条件。实践证明，牧草种子生产对生产地区的要求与牧草生产截然不同。不同种及品种或同一种牧草在不同地区之间的种子产量存在着较大差异，例如紫花苜蓿在辽宁地区大田产量为 75kg/hm^2，而在甘肃河西地区最高可达 600kg/bm^2。高羊茅在北京产量为 607kg/hm^2，而在宁夏银川可达 2266kg/hm^2，在新疆石河子可达 2000kg/hm^2。许多牧草种子生产单位由于不了解牧草种子生产对生产地区的特殊要求，选点不慎，往往造成巨大的经济损失。因此，必须根据具体草种或品种生长发育特点和结实特性，选择最适宜的地区进行种子生产，为获得种子的高产奠定基础。其中生产地区的环境因子是决定种子生产成败的首要条件。

（一）温度

适宜的温度是牧草植株进行营养生长和生殖生长最基本的条件。不同的牧草生长的最适温度不同，只有生长在最适温度条件下，才能获得较高的结实率。多年生禾草如草地早熟禾、无芒雀麦、紫羊茅、多年生黑麦草等，只有在 15 ~ 24℃ 的温度条件下才能正常生长，温度太高则会影响其生长发育。而像矮柱花草、狗牙根、雀稗、象草等在较高的温度下才能正常生长，温度太低则会造成种子产量下降，如矮柱花草在最低夜温 9℃ 以下时完全不能结籽。

各种牧草开花、授粉及结实也受到温度变化的影响，适宜的温度可提高牧草种子的产量，温度偏高或偏低都将造成种子产量的降低。例如，当气温低于 20℃ 或高于 30℃ 时，对无芒雀麦开花授粉极为不利，影响花粉成熟和散出。老芒麦开花的最适温度为 25 ~ 30℃，紫花苜蓿开花的最适温度为 22 ~ 27℃，羊草开花的最适温度为 20 ~ 30℃，苏丹草开花期温度不能低于 14℃。

（二）光照

大多数牧草品种的开花受日照长度控制，根据牧草对光周期的反应不同而形成不同的生态类型，即长日照牧草、短日照牧草和中日照牧草。

在低纬度的热带和亚热带地区有利于短日照植物开花，并提高结实率，这些牧草在高纬度地区不能进行种子生产。另外，在短日照植物中还有一些牧草在花芽分化时要求通过短日照及低温条件才能开花结实，像无芒雀麦、萌草等牧草必须在高纬度地春季或秋季通过短日照和低温条件的刺激后才能开花。多数温带牧草的开花需经过双诱导，即植株必须经过冬季（或秋春）的低温和短日照感应，或直接经短日照之后再经过长日照的诱导才能开花，一般短日照和低温诱导花芽分化，长日照诱导花序的发育和伸长，如草地早熟禾、看麦娘、鸭茅、猫尾草、多年生黑麦草、草地羊茅等牧草。在高纬度的温带地区适于长日照牧草进行繁殖种子，这类牧草有紫花苜蓿、白花草木樨、箭舌豌豆、白三叶、羊草、高羊茅、多年生黑麦草、紫羊茅等，必须通过一定时期的长日照才能进行花芽分化。在临近赤道的低纬度地区，一般长日照植物不能进行种子生产。

开花成熟期具有稳定、晴朗的天气，充足的光照条件有利于牧草的光合作用和开花授粉，尤其是借助于昆虫授粉的豆科牧草尤为重要。充足的光照还有利于抑制病害的发生，有利于营养物质向种子转移。在长期荫蔽条件下影响牧草的开花授粉，会明显降低牧草的种子产量。

（三）水分

适量的降水对牧草种子发育是必要的，适宜的水分是获得饱满籽粒的重要保证。有些牧草开花需要适中的相对湿度，如老芒麦需要 45% ~ 60% 的相对湿度，羊草需 50% ~ 60% 的相对湿度，紫花苜蓿为 53% ~ 75%。部分豆科牧草种子成熟期如湿度太低将造成荚果炸裂引起收获前种子的大量损失。但种子成熟期和收获期过多的降雨量将造成种子产量的大幅度下降，大部分牧草种子在成熟期要求干燥、无风、晴朗的天气且昼夜温差大。因此，种子生产基地要尽量避开结实期阴雨连绵的气候区。

4. 土壤

适宜的土壤类型、良好的土壤结构、适中的土壤肥力对获得优质高产的牧草种子是非常必要的。大部分牧草喜中性土壤。紫花苜蓿、黄花苜蓿、白花草木樨、红豆草等牧草适于钙质土。紫花苜蓿、羊草、碱茅等牧草适宜轻度盐碱土壤。用于牧草种子生产的土壤最好为壤土,壤土较粘土和沙土持水力强,有利于耕作和除草剂的使用,壤土还适于牧草根系的生长和吸收足够的营养物质。土壤肥力要求适中,肥力过高或过低,会导致营养生长过盛或不足从而影响生殖生长,降低种子的产量。土壤中除含有足够的氮、磷、钾和硫之外,还应含有与牧草生殖生长有关的微量元素硼、钼、铜和锌等。

第二节 牧草种子生产技术

一、种子田的选择及隔离

(一)种子田的选择及隔离

选好种子田是为牧草播种及种子发芽出苗创造良好的条件,并防止杂交和品种混杂。

1. 选地与耕作

按牧草种子生产对土壤的要求选择地块。用作生产牧草种子的地块,应选择在开旷、通风、光照充足、土层深厚、排水良好、肥力适中、杂草较少,病、虫、鼠、雀等为害轻,便于隔离、交通方便、相对集中连片的地块。在山区进行牧草种子生产最好选择在阳坡或半阳坡地上。一般使用普通的收获机械,土地的坡度应小于10°,坡度太大,种子和秸秆在收获机的平筛内难以分离,使大量种子混于秸秆之内,造成减产。紫花苜蓿、红三叶等牧草要求排水良好的土地。豆科牧草最好布置于邻近防护林带、灌丛及水库近旁,以利于昆虫传粉。属异花授粉的同种牧草的不同品种如果在同一地区进行种子生产,在各品种之间为了防止串粉造成生物学混杂,必须建立隔离带。

牧草种子田的耕作措施应抓好耕翻、耙耱、镇压、保墒等环节。北方地区秋季深耕可以熟化土壤,改善土壤的通透性,蓄水保墒。深耕深度以30~40cm为宜。早伏耕疏松土壤,耕后及时耙耱,可减少水分蒸发。牧草种子小，播种宜浅，但表土播易干燥，因此在播种季节干旱、多风、降水量少、蒸发量大的地区，必须严格做好春季整地保墒工作，才能保证草籽发芽出苗所需要的水分，当地表刚化冻时就要顶凌耙地，切断土表毛细管，耙碎大土块，防止水分蒸发。播前土壤含水量过低，耙后镇压，防止跑墒，便于控制播种深度。也可在播前用不带犁壁的犁深犁一遍，深6~10cm，然后耙耱播种。春季播前整地以疏松表土和平整地面为主，可用轻型钉齿耙深耙2~4cm，耙深不要超过播种深度。为控制播种深度，可播前进行镇压。

2. 隔离与防杂

在种子繁殖过程中，异花授粉和常异花授粉牧草容易产生天然杂交，引起生物学的混杂，使一些品种丧失其原来的优良特性，从而导致产量下降，品质低劣。因此，在牧草种子生产中，特别要做好隔离工作，防止互相串粉。隔离除人工套袋之外，还可采用空间隔离、时间隔离、高秆作物隔离和自然屏障隔离等。其中空间隔离应用最普通，具体方法的选用应结合各地实际情况灵活掌握。

(1)空间隔离

即通过空间距离将亲本繁殖区与其他品种隔开，防止其他牧草花粉传入。空间隔离的关键是确定隔离距离，关于不同品种间隔离的距离，首先考虑的因素是种子级别和地块大小。例如世界经济合作发展组织(OECD)规定，如果生产狗尾草等原种种子，种子地大于$2hm^2$隔离距离为100m，种子地小于$2hm^2$隔离距离为200m；生产田用种，相应为50m和100m；若生产亲本材料种子，则要达到几千米。我国在禾本科和豆科牧草种子生产技术规程中规定，禾本科牧草种子田周围100m不得种植不同种(或品种)的牧草；豆科牧草种子田相互间距离为800~1000m，生产两种或两种以上不易发生天然杂交的豆科草种(或品种)时，应相隔30~50m，以防机械混杂。

其次考虑的因素是牧草开花授粉方式与特点，一般自花授粉牧草要求的隔离距离较小，异花及常异花授粉牧草要求距离要大，单纯靠花药开裂力量和借风力传粉的牧草要求距离较小，借昆虫传粉的牧草要求距离要大。如虫媒花的紫花苜蓿、红三叶、红豆草等豆科牧草，其空间隔离的距离应在1000~2000m。风媒禾本科牧草的串粉程度与植株高度、花粉传播距离、花粉活力及花粉的存活率有关，如无芒雀麦、披碱草、羊茅、老芒麦等,可在400~500m之间。当繁殖两个或两个以上不易天然杂交的品种时,各品种间也要有适当的空间隔离,以防止机械混杂。间隔的距离约为25~30m,作为保护带,在保护带上种植与繁殖品种易于区分的牧草或饲料作物。同时需要考虑大气紊流及方向影响串粉程度,牧草所处的自然地理位置与可能的串粉源的相互关系。

(2)时间隔离

如果空间隔离条件不具备,可通过错期播种等措施使不同品种间花期错开,从而避免外来花粉混入。隔离时间的长短主要由花期长短决定。一般自花授粉牧草相差10~25d,异花和常异花授粉牧草相差20~30d。如果需要繁殖同一种类牧草的不同品种较多,除分期播种外还可采用同期播种,开花前只留一品种开花牧草其余刈割的办法,避免花期相遇,以达到保种隔离的目的。此法对多年生牧草在品种较多、播种面积较小的情况下较为适用。

(3)高秆作物和自然屏障隔离

采用高秆作物隔离,就是在需要隔离的田块四周一定范围内种植玉米、高粱、苏丹草、御谷、千穗谷等高秆作物或牧草达到控制外来花粉,安全隔离的目的。这样做可以使空间隔离距离降至50~100m,而且隔离效果较好。其技术关键是高秆牧草或作物要提前播种,以保证在制种田花期到来时有足够的高度。有些地方利用山沟、建筑、果园、江河、树林等自然屏障进行隔离,防止其他花粉的混入,也能达到良好的隔离效果。此法在原原种和原种小面积繁殖时要求严格、安排隔离又较困难的情况下尤为适用。在生产实践中,为防止机械混杂,种子成熟收获时常将其边行剔除不作种子。因此,种子田块不宜过窄。否则机械混杂的可能性增大,如除去边行过多,将会减少种子收获量。

(二)播种材料的准备

1. 品种选择

一个地区从事牧草种子生产时首先需要进行引种,引进适合当地栽培的品种,才能确保种子生产的顺利进行。引种不应盲目地进行,应根据气候和牧草生态特性有目的的引进。一般规律是:采用同纬度同海拔地区或纬度相近东西地区之间引种,比采用经度相近而纬度不同的南北地区之间引种更易成功;同纬度高海拔地区和平原地区引种不易成功,而纬度低的高海拔地区与纬度高的平原地区相互引种成功的可能性较大。

不同生态环境选用不同的草种是播种成功的关键。干旱地区宜选耐干旱的草种,如沙打旺、草木樨、红豆草、冰草等;寒冷地区宜选耐低温的草种,如披碱草、无芒雀麦、扁蓿豆、黄花苜蓿等;盐碱地区宜选用耐盐草种,如碱茅、野黑麦、籽粒苋等;在红壤丘陵地区宜选用耐高温、耐酸性土壤的草种,如柱花草、雀稗等。同一草种又有早熟、中熟、晚熟之分,可根据栽种地区生育期长短,因地制宜地选择品种类型。草种的抗病虫能力不同,在病虫害为害严重地区应选用抗病性和抗虫性强的种和品种繁殖。总之,种子生产者可以从大量品种中选择适应不同生产体系和不同生态环境的高产优质牧草种和品种。

2. 种子处理

(1)休眠种子的处理

牧草种子的休眠是牧草长期自然选择的结果,是植物在系统发育过程中所形成的抵抗不良环境的适应性,对于种质的延续、种子收获和贮藏也有非常重要的意义。但休眠种子的大量存在,会影响播种质量和草地的成功建植。因此在播种前对休眠性较强的种子要采取有效方法以打破种子的休眠,提高种子的田间出苗率和幼苗的整齐度。不同的牧草种子休眠期的长短各不相同,经常采用以下方法来破除种子休眠。

①低温处理　利用适当的低温冷冻处理能够克服种皮的不透性,促进种子解除休眠,方法是将种子湿润在低温下保持一段时间,通常牧草种子在5~10℃的条件下处理7d,发芽速度会明显加快,发芽率显著提高。实践证明,低温处理可提高冰草属、雀麦属、羊茅属、黑麦草属、羽扇豆属、苜蓿属、草木樨属、早熟禾属和野豌豆属牧草种子的发芽率。

②高温处理　就是利用较高的温度处理某些牧草种子,使种皮龟裂为疏松多缝的状态,从而改善种子的气体交换条件,解除由种皮造成的休眠,促进萌发。如110℃高温处理紫花苜蓿和红三叶种子4min,使紫花苜蓿种子的硬实减少81%,红三叶种子的硬实减少61%。多数硬实种子温水浸泡后可解除休眠,提高发芽率。此种方法要控制好温度高低和处理时间。

③变温处理　未通过生理休眠的种子或硬实种子经过变温处理后,种皮因热胀冷缩作用而产生机械损伤,种皮开裂,促进种子内外的

气体交换,使其解除休眠,加速萌发。如生产中常常将硬实种子用温水浸种后捞出,白天置于阳光下暴晒,夜间移至凉处,经2~3d后达到解除休眠、促进萌发的目的。种子播在土中经受寒冷或霜雪,可改变种皮特性,打破休眠。如冬播白花草木樨,到春天可获得41%的种苗,而春播只产生1%的种苗。

④擦破种皮　用擦破种皮的方法可使种皮产生裂纹,水分沿裂纹进入种子,从而打破因种皮而引起的休眠。生产上适合于小粒豆科牧草种子的处理。方法是:用除去谷子皮壳的碾米机进行处理,处理时以压碾至种皮起毛为止。实践证明,用这种处理方法可使草木樨种子的发芽率由40%~50%提高到80%~90%,紫云英种子的发芽率可由47%提高到95%,苜蓿种子的发芽率一般可提高5%~20%。

⑤化学药物处理　这种方法是利用有些无机酸、盐、碱等化学药物能够腐蚀种皮、改善种子的通透性,或与种皮及种子内部的抑制物质作用而解除抑制,从而打破种子休眠,促进萌发。实践证明,不同的种子其药物处理的时间、药物作用的浓度不同。如果用多种药物处理,则各种药物处理的顺序及药物处理时的温度对休眠的解除都有影响。生产中应合理应用化学药物。一般浓硫酸常用作处理硬实种子。如当年收获的多变小冠花种子用95%的浓硫酸处理30min可使发芽率从对照的37%提高到81%。当年收获的草木樨种子用98%的浓硫酸浸泡30min发芽率由4.5%提高到92.25%。此外,多数具有休眠特性的禾本科牧草种子用0.2%的硝酸钾溶液处理7d可打破休眠,提高发芽率。用双氧水(H_2O_2)浸泡休眠或硬实种子,浓度为25%,处理时间因植物种而异,从5min到15min不等,可使种皮受到适度损伤,增加种皮的通透性,使种子解除休眠。很多有机化合物也有一定的打破种子休眠,刺激种子萌发的作用,如二氯甲烷、丙酮、硫脲、甲醛、乙醇、对苯二酚、单宁酸、秋水仙精、羟氨、丙氨酸、苹果酸、琥珀酸、谷氨酸、酒石酸等,生产上加强实验,合理应用。

(2)豆科牧草根瘤菌接种

生产实践证明,首次种植豆科牧草,特别是种植于新垦的土地上,或经4~5年后再次种植于同一土地上时,土壤中由于缺乏相应的根瘤菌,或者由于根瘤菌丧失其固氮能力,在根上不能形成根瘤,无法固定空气中游离的氮供应牧草,从而影响牧草的生长发育。所以在土壤中补充一定数量的根瘤菌，是防止牧草缺氮，促进其生长，提高种子产量和品质所必不可少的措施。

豆科牧草根瘤菌接种的方法是：通常在豆科牧草播种前，将其所需要的专门根瘤菌与种子拌合。由于根瘤菌与所接种豆科牧草具有专一性，因此，豆科牧草进行根瘤菌接种时，要正确选择所需接种根瘤菌的种类。一般豆科牧草根瘤菌分为6个种族，同一族内的根瘤菌可互相接种，不同种族间接种无效，苜蓿族内有苜蓿属、草木樨属和胡芦巴属。生产中一般苜蓿用 Rhizobium. meliloti 菌系；百脉根、红豆草和鹰嘴紫云英用 Rh. japonicum 菌系；毛苕子、豌豆和箭舌豌豆用 Rh. leguminosarum 菌系。目前根瘤菌接种有4种方法，其中利用工厂化生产的根瘤菌剂进行拌种使用，不仅经济而且简便易行，只须在播种前按说明规定用量制成菌液洒到种子上搅拌均匀即可。

(3)种子的常规处理

①选种　可用机械清选、人工筛选或水溶液清选等方法，除掉皮壳、瘪粒及其他杂质，使播后达到苗齐、苗壮，为草种高产打好基础。

②晒种　将种子在播种前摊平放在阳光下暴晒3～4d，每日翻动3～4次，可以促进种子后熟，打破种子休眠，提高发芽率。

③浸种　繁种田土壤潮湿或可以灌溉的地区，种子播前用温水浸种，使种子充分吸收水分，加速种皮软化，可促进种子迅速整齐萌发。一般豆科牧草浸种12～16h，禾本科种子浸种1～2d，其间换水1～2次或3～4次，浸后放在阴凉处晾种，待表皮风干即可播种。若土壤干旱则不宜浸种。

④去壳去芒　有些种子如老芒麦、披碱草等禾本科牧草种子往往具有芒、刺、茸毛等，它们常使种子粘在一起，播种时堵塞输种管，影响播种质量，播后使种子不能与土壤紧密结合，难于吸水发芽。对于这类种子，播前必须进行脱芒处理。其方法是首先将种子充分晒干，再用石滚在打谷场上滚压，或用碾子适当碾压，利用脱芒机则更好。去芒时防止过度而对种子造成机械损伤。带有荚壳的草木樨种子发芽率低，可用石碾、碾米机去壳。

⑤种子消毒　用药剂拌种或浸种，可预防通过种子传播的病虫害。如防治禾本科牧草的黑粉病、坚黑穗病，可用35%菲醌粉剂或50%的福美双粉剂，按种子重量的0.3%拌种；防治苜蓿轮纹病，可用种子重

量0.2%～0.3%的菲醌拌种或用50倍福尔马林液浸种防除。

⑥豆科牧草硬实种子处理　有些豆科牧草种子,因具特殊的结构,如种皮厚而坚硬,或有角质包被,播入土中后难于吸水、透气,发芽很慢或不能发芽,这类种子叫硬实种子。为了提高这类种子的发芽率,播前必须进行处理。常用的方法是机械处理,即用碾子碾压,或在石板上摩擦,使种皮起毛或产生裂纹而不伤害种胚为度。另一种方法就是变温处理,即将种子在温水(50～60℃)中浸泡一昼夜捞出,在阳光下暴晒,夜间移至凉处,并洒少量水使种子保持一定湿度,经2～3d,使种皮膨胀裂开,即可播种。还可用化学方法处理,如用浓度5%～10%的稀盐酸将种子浸泡15～20min,然后捞出,水洗干净,晾干后再播。

(三)播种技术

1. 播种方式和方法

(1)播种方式

用于牧草种子田的种子必须是原种或良种,严禁使用混杂退化的劣质种子。种子田通常采用不保护的单播方式。因为单播可以迅速获得优良种子,增加结实率和产量。如在保护播种下,保护作物对牧草的生长有一定的影响,造成种子产量下降。例如内蒙古农牧学院曾将无芒披碱草以黍子为保护作物,紫花苜蓿以谷子为保护作物,结果两种牧草的种子产量均较无保护播种的减少了25%～34%。甘肃农业大学不同作物覆盖播种红豆草试验表明,无论覆盖作物是春小麦、大麦还是燕麦或苏丹草,其覆盖播种使红豆草种子收获量大幅度下降,两年平均,红豆草种子产量覆盖播种较无覆盖播种减少了57.7%～74.2%。

随着耕作制度的优化改革,有些国家和地区,在采用早熟、矮秆和不倒伏的品种,加强田间管理的情况下也有将种用牧草播种在保护作物之下,并能获得高额的种子产量。通常在下述情况下多不采用保护播种,①为了加速牧草种子繁殖,播种当年即能收到种子。②短寿多年生牧草由于在生活第二年种子产量较高,而在保护播种下,种子产量会显著降低的牧草。生产中要灵活运用。

(2)播种方法

种子田的播种可采用点播、条播和散播的方法。植株高大的牧草或分蘖能力强的牧草可采用点播的方法,一般点播的株行距采用60cm×60cm或60cm×80cm。多年生牧草的种子生产最好实行条播,条播又分窄行条播和宽行条播,窄行条播的行距一般为15cm,通常在地力较高,田间杂草少,施肥又较多能较快形成稠密的草丛,提高繁殖速度时采用。田间宽行条播视牧草种类、栽培条件不同,有30cm、45cm、60cm、90cm、120cm的行距。一般来说,粗壮的疏丛型多年生禾本科牧草行距为36~40cm,散开型禾本科牧草和豆科牧草行距为36~60cm。采用宽行条播或点播方式,有利于改善田间通风透光条件,在肥沃的土壤上能培育壮株,提高繁殖系数,延长牧草的利用年限,便于田间管理。生长期内杂草非常严重的情况下可考虑撒播,有利于对杂草的抑制,撒播草地土壤不易侵蚀,管理费用较低。部分豆科和禾本科牧草的播种行距与播种量有具体规定(见表2-1)。

表2-1 牧草种子田的播种技术

牧草种类	播种量(kg/hm²)	行距(cm)	牧草种类	播种量(kg/hm²)	行距(cm)
紫花苜蓿	6.0~7.5	45~60	猫尾草	4.5~7.5	50~90
白花草木樨	7.5~12.0	40~50	老芒麦	10.5~15.0	30~40
黄花草木樨	6.0~9.0	40~50	披碱草	7.5~15.0	40~50
白三叶	3.0~4.5	30~40	羊草	22.5~37.5	30~50
红三叶	4.5~6.0	30~40	多年生黑麦草	15.0~22.5	15~30
百脉根	4.5~6.0	30~40	多花黑麦草	7.5~10.5	30~40
沙打旺	3.0~4.5	45~60	冰草	7.5~10.5	30~40
多变小冠花	1.5~3.0	45~60	无芒雀麦	15.0~21.0	35~45
红豆草	30.0~37.5	50~60	苏丹草	15.0~22.5	45~55

(中华人民共和国农业部,1989)

2. 播种时间及播种量

(1)播种时间

播种期的确定,主要取决于地区气候条件、牧草种类和田间杂草的发生规律及危害程度等。一般有春播、夏播、夏秋播,一年生牧草只能进行春播,越年生牧草可秋播,次年形成种子。同时要考虑牧草的光温反应,多年生长日照牧草可进行春季播种,如紫花苜蓿、红豆草春季播种到秋季可收获种子。要求短日照和低温条件的牧草适合于夏末或初秋播种,以便在冷季到来之前形成足够的分蘖,在低温和短日照刺激下使分蘖形成生殖枝。要求短日照和低温之后需长日照的牧草也适于秋季播种，次年可进行种子生产，如多年生黑麦草等牧草。此外白三叶、无芒雀麦、百脉根等牧草既可春播也可秋播。我国北方一些有灌溉条件的地区，夏季气温较高不利于牧草生长及幼苗越夏，一般采用春播。当土表0~5cm温度上升并稳定到种子萌发所需最低温度时播种，以4~5月为宜。在春季气温较低，春旱严重，风沙较大的地区可在夏季或秋季气温较高而稳定，降水较多时实现夏季雨后抢墒播种或秋季播种，一般夏季5~7月为宜。秋播在8月底前结束，过迟则不利于牧草越冬。

(2)播种量

根据栽培目的、品种类型、播种方式确定播量。一般收种子用的播种量要比收牧草用得少，窄行播种时的播量只是牧草生产播量的一半。宽行播种量更少，只是窄行播种量的1/2~2/3。例如红豆草，在收草利用时，播量为48.0~60.0kg/hm²，收种时采用窄行条播为30.0kg/hm²，宽行播种时为22.5kg/hm²。进行种子生产时，禾本科牧草若播量太高，营养枝增加，会抑制生殖枝的生长发育，导致减产。豆科牧草宽行播种，留有一定空间，有利于昆虫传粉。关于各种牧草种子田的播种量见表2-1。生产实际中可用下列公式计算牧草的实际播量：

$$\text{实际播量}(kg/hm^2)=\frac{\text{保苗系数}\times\text{田间合理密度}(\text{株}/hm^2)\times\text{千粒重}(g)}{\text{净度}(\%)\times\text{发芽率}(\%)\times10^6}$$

保苗系数一般为3~9，有时高达10。

(3)播种深度

影响播种深度的主要因素有种子大小、土壤含水量、土壤类型等。一般牧草种子较小，以浅播为宜。豆科牧草和禾本科牧草相比应更浅一些，因豆科牧草大部分属子叶出土类型，出苗顶土比禾本科牧草困难。一般牧草种子在沙质壤土上以2cm播深为宜，粘壤土为1.5~2cm。大粒种子以3~4cm为宜，小粒种子播深可更浅，如红三叶播深为1~1.5cm，白三叶播深为0.5~1cm，草地早熟禾等牧草的种子播于地表，播后轻耧、镇压与土壤充分接触即可。

二、牧草种子田的管理

牧草种子田的管理是指从牧草播种到种子成熟收获前的整个生长

期间采用的一系列田间农业技术措施,包括间苗、定苗、补播、中耕、耕地、灌溉、排水、施肥、防治病虫草害及抵御各种自然灾害等。田间管理的目的在于优化牧草生长的环境条件,趋利避害,协调植株营养生长和生殖生长的关系,建立一个合理的群体结构,以便提高种子产量,改善种子品质和降低生产成本。

(一)合理施肥

施肥是在牧草生长过程中,调节土壤肥力,补充牧草养分,保证牧草稳产、高产、优质的主要措施。合理施用肥料,才能有效提高肥料利用率,降低生产成本。一般根据牧草种类、土壤肥力、肥料种类、土壤水分状况、产量水平和牧草种子生产对营养物质的需求进行合理的施肥,可最大限度地提高牧草种子产量。

1. 禾本科牧草

禾本科牧草是喜氮的植物,施肥应以氮肥为主,配合使用磷、钾肥。追肥可在禾草分蘖、拔节、抽穗及开花期进行。分蘖拔节期生长繁茂,植株进入旺盛生长期,幼穗开始分化,这一时期需肥量最多。由于多年生禾草在夏秋及春季进行分蘖,为了促进其侧枝的形成,应根据禾草类型在不同时期施用适量的氮、磷肥。对于冬性禾草而言,夏秋分蘖时期追肥的数量可适当多些,以氮肥为主。有关研究表明,在一定范围内多数禾草的种子产量与施氮量成正比,随着施氮量的增加,种子产量迅速增加,接近最高产量时,增加幅度减少,若再增加施氮量,则引起种子产量下降。春季追肥,既有促进春性禾草分蘖的作用,也有助于春季分蘖期和夏季分蘖枝条的生长。冬性禾草在春季由于前一年越冬的枝条很快进入拔节、抽穗期,此时除追施氮肥外,磷肥亦应适当增加,以促进穗器官的分化。而春性禾草的春施氮肥数量应较越冬性禾草的为多。禾草进入拔节期、抽穗期应注意氮、磷、钾肥的配合施用。施用氮肥可促进生殖枝的生长,促进形成更多的小穗小花。磷肥对花器官发育和种子产量也有重要作用。钾肥在这个时期可促进碳水化合物的形成和运转,对提高光合作用效率、促使茎秆坚韧、防止倒伏都有重要作用。在肥料充足时,可在拔节期和剑叶出现期两次施肥,但应本着前重后轻的原则。当肥料不足时,可在拔节时一次施用。

牧草在开花灌浆时期,主攻目标是粒大粒饱,要求施用适量磷、钾肥和充足水分,也可追施少量氮肥,但不宜过多,否则引起徒长,延误成熟,造成减产。在无霜期较短的地区,追施还要防止贪青晚熟。

2. 豆科牧草

豆科牧草可有效地利用共生的根瘤菌固定空气中游离的氮素,从而增加土壤氮的含量。因此豆科牧草对氮的需要量较禾本科牧草少。但豆科牧草种子生产中对磷、钾肥的需要量远较禾本科牧草为多,故应以磷、钾为主。氮肥施用在生长早期,磷、钾肥可在拔节、抽穗及开花期施用,磷肥也可作种肥施入。

(二)灌溉

根据不同牧草的需水规律,所处环境条件,降雨量,牧草生育状况进行合理灌水是提高牧草产量的重要措施。北方地区干旱少雨,人工灌溉非常重要,不但能满足牧草生育需求,灌溉还能调节土壤温度和空气湿度,防止早期干热风为害,并能控制土壤中养分的分解和利用,确保牧草种子高产稳产。通常牧草在拔节以前温度低、植株小、耗水量较少。拔节到抽穗,牧草生长日益旺盛,耗水量急剧增加,尤其是抽穗前后,茎叶迅速生长,叶面积达最大值,日耗水量达到最大。种子田的土壤蒸发量随植株的生长而减少,植株蒸腾随其生长而增加。因此,牧草种子田应重视分药期、拔节期和抽穗期灌水,结合追肥或单独进行。同时还应重视灌浆期灌水,促进牧草子粒形成,加速灌浆速度,提高千粒重,但后期灌水必须适量,以免倒伏、贪青。

种子田一般采用地面灌溉的方法。近年来随着牧草产业向区域化、规模化方向发展,国内不少单位开始采用喷灌和滴灌等节水灌溉方式。喷灌是利用专门设备将有一定压力的水通到灌溉地段,并喷射到空中散成细小雨滴而均匀喷出的一种灌溉方法。喷灌由于水滴小,较易控制土壤湿润程度,不产生地面径流和深层渗漏,比地面灌溉节水30%~60%,并有防止土壤冲刷,减少土、肥流失,避免土壤次生盐渍化以及土壤板结,调节田间小气候,减少干热风为害等作用。

滴灌是将水与肥料溶液沿着低压管道系统送到滴头,通过滴头形成水滴缓缓滴入土内,经常不断地浸润到牧草根部土层内,使土壤保持适合牧草生长的湿润状态。该方法用水量最少,效率最高,且不破坏土壤结构,保持土壤通气良好,有利于牧草生长,能使草种显著增产。

(三)人工辅助授粉

人工辅助授粉是提高牧草授粉结实率、增加种子产量的主要措施,特别是对异花授粉牧草具有重要作用。在生产实践中应根据牧草种类合理运用这一农业技术措施。

1. 禾本科牧草的人工辅助授粉

禾本科牧草为风媒花植物,在自然授粉的情况下借风力传播花粉。据报道,禾本科牧草在自然授粉下,结实率并不很高,视牧草种类不同分别为20% ~90%,多在30% ~70%的范围内。因此,人工辅助授粉可以显著提高种子产量。有关这方面的研究,国内外报道较多,如前苏联饲料研究所对猫尾草、无芒雀麦、草地羊茅、高燕麦草等牧草进行人工辅助授粉的试验,报道进行一次人工辅助授粉时种子增产11.0% ~28.3%,进行两次人工辅助授粉时可增产23.5% ~37.7%。在国内生产实践中也得到了广泛应用。

禾本科牧草人工辅助授粉要注意授粉的方法和授粉时期。授粉方法很简便,在牧草开花时用人工或机具于田间的两侧,拉张一绳索或线网从草丛上部掠过,往返几次即可。空摇农药喷粉器,或小型直升飞机低空飞行,都可以促使植株摆动相互碰撞,起到辅助授粉的效果。授粉时期必须在大量开花期间及一天中大量开花的时间进行。

2. 豆科牧草的人工辅助授粉

生产实践已经证明,大多数异花授粉的牧草如紫花苜蓿、红豆草、红三叶、黄花草木樨等是自交不亲和的,所以生产种子必须凭借昆虫进行传粉。另一些自花授粉的豆科牧草,如山黧豆,其异花授粉结实率也占有较大的比例,昆虫授粉可提高种子产量。为了促进一些豆科牧草的授粉,提高其种子的产量,在豆科牧草种子田中需配置一定数量的蜂巢和蜂箱。有关这方面报道较多,如毛野豌豆的受精作用要求蜜蜂传粉,且采种开花时要求晴朗的天气;红三叶的受精作用一定要求蜜蜂传粉,随着蜜蜂的有无和种类的不同,其受精情况也不同。甘肃农业大学试验表明,在没有蜜蜂授粉时,红豆草开花不结籽,未放蜂的田块,红豆草种子产量为600 ~675kg/hm^2,而在红豆草种子田附近配置蜂箱后,种子产量为825 ~900kg/hm^2,比靠野蜂传粉增产35%左右。Skepasts等(1984)在紫花苜蓿种子生产田的不同位置放养切叶蜂50000只/hm^2,获得665 ~920kg/hm^2的产量,而当地平均产量仅为200 ~400kg/hm^2。蜜蜂对百脉根、黄蜂对红三叶的授粉有特别效果。故在不同牧草种子田中应配置相应的蜂类。一般每公顷配置3 ~10箱蜂用于传粉，其中蜜蜂、黄蜂、碱蜂、丸花蜂和切叶蜂是豆科牧草的主要传粉者，生产中可加以选择。此外，蜜蜂授粉的效果，取决于豆科牧草花粉结构特征、外界环境条件及授粉者的数量与其活动能力。因此，为了促进豆科牧草授粉，提高种子产量，专业的种子繁殖场应饲养一定数量的蜜蜂，同时注意品种选择，作物及牧草种类的搭配，以及调节好牧草的花期，使之和蜜蜂的最大活动时间相吻合。

(四)去杂去劣

在牧草生育期间，根据牧草品种的特征特性，严格去杂去劣是保证种子纯度，提高种子质量的有效措施。做好去杂去劣工作，必须在种子田中进行设点取样鉴定，主要检验种子真实性和种子的品种纯度，以及异作物混杂程度，杂草、病虫害感染率和生长状况等。根据牧草植株的生育特点，一般田间检验应在苗期、开花期和成熟期进行。苗期检验在牧草齐苗后进行，多数牧草在苗期种和品种间差异不甚明显，仅能大致了解品种混杂情况。开花期种和品种的特征、特性较明显，是纯度检验的有利时期。牧草成熟后，收获前这一时期种和品种特征、特性表现最为明显，是去杂去劣的关键时期，根据穗部特征、植株高矮、成熟迟早进行检查，凡杂劣植株一律拔起运出田外。确定该种子田块是否可以留种，并提出去杂去劣的具体要求，提高种子的纯净度。

三、牧草种子收获

(一)种子收获的时间

生产中由于牧草开花期较长且各小花不是同时开花，造成种子成熟的不一致性，常常出现部分种子已经成熟时仍有一些小花刚刚开花。另外，很多牧草在种子成熟时容易落粒，收获不及时或收获方法不当会造成很大损失。因此，为了防止落粒，减少损失，必须及时收获。确定适宜种子的收获时间，需要考虑两个问题，即既能获得充分成熟、品质优良的种子，又要注意尽可能地减少因收获不当造成的损失。

在种子生产实践中，经常以种子含水量、种皮颜色、种子成熟度等指标作为判断种子成熟收获的依据。

1. 种子含水量

大量研究表明，种子的含水量与种子的成熟度有着密切关系，随着种子的发育成熟，种子的含水量呈规律性降低，是确定种子收获时间的可靠指标。种子含水量可作为指示收获的一个指标(见表2－2)。对于大多数牧草,当种子含水量达到35%～45%时便可收获。如多年生黑麦草种子收获的最适时期的种子含水量为43%,种子含水量低于43%,落粒损失增加。多花黑麦草收获适期的种子含水量为40%～45%;老芒麦种子收获的最适时期的种子含水量为39%～46%;高羊茅收获适期的种子含水量为43%;草地早熟禾收获适期的种子含水量为38%;猫尾草收获适期的种子含水量为37%～40%;鸭茅收获适期的种子含水量为35%～40%。种子含水量的测定应在开花结束10d之后,每隔2d取一次样进行测定或用红外水分测定仪于田间直接测定。今后推广牧草种子水分快速测定仪是一个方向。

表2－2　牧草种子收获的适宜时间

牧草名称	割倒后草垄上干燥	联合收割机直接收获
鸭茅	形态成熟等级3.4～3.6 种子含水量35%～40%	盛花期后21～26d
紫羊茅	形态成熟等级4.0～4.5 种子含量35%～40%	盛花期后21～26d 形态成熟等级4.5～5.0 种子含水量20%～30%
高羊茅	种子含水量43%	盛花期后23d
百脉根	大部分果荚变为浅褐或褐色	—
草地早熟禾	形态成熟等级3.3 种子含水量38%	初花期后23d 种子含水量35%
多花黑麦草	形态成熟等级3.0 种子含水量40%～45%	盛花期后28～30d 形态成熟等级3.0～4.5 种子含水量25%～35%
猫尾草	形态成熟等级3.6 种子含水量37%～40%	盛花期后33～38d 种子含水量23%～31%
红三叶	盛花期后42d	盛花期后42d(人工干燥)
白三叶	盛花期后21～26d	—
紫花苜蓿	果荚2/3～3/4变为黑褐色	干燥剂处理后3～10d内收获,这时果荚和叶的含水量15%～20%

注:形态成熟等级,花序完全绿色为1,不完全分绿色或黄色为3,完全黄色为5。(Fairey 和 Hanpton,1997)

2. 种子颜色变化

种子成熟时外种皮色素的变化也是判断种子成熟的重要指标。如苜蓿开花期长,种子成熟不一致,应在70%以上的豆荚变褐色时开始收获,在90%~95%的荚果变成褐色时收完种子,以免因拖延收获而使早熟荚果掉落。

3. 种子成熟度

禾本科牧草种子的成熟可以分为乳熟期、蜡熟期和完熟期。乳熟期的种子水分含量高,干燥后轻而不饱满,种子产量低。蜡熟期的种子呈蜡质状,种子很容易被指甲切断,而完熟期的种子,已全部变干,种子的颜色已达正常状态。蜡熟期收获的种子,含水量稍高,千粒重也稍低于完熟期的种子,但收获时种子的脱落损失较完熟期收获要少一些,一般用人工或简单机械收刈时,多在蜡熟期进行。当用康拜因收获禾本科牧草种子时,一般可在蜡熟期或完熟期进行。

(二)种子收获方法

牧草种子收获可以用联合收割机、割草机或人工收割。各地根据实际情况灵活应用。

第三节　北方主要牧草种子生产实践

一、豆科牧草

北方栽培的豆科牧草种类较多,主要有紫花苜蓿、草木樨、毛苕子、箭舌豌豆、紫云英、沙打旺等。现介绍紫花苜蓿、草木樨、毛苕子的种子繁殖技术。

(一)紫花苜蓿种子生产技术

紫花苜蓿(*Medicago sativa L.*)是世界上栽培最广泛的豆科优质牧草之一,原产波斯,西汉时传入我国。现主要种植于"三北"、内蒙古等地区。具有产量高、品质好、适应性强的特点,有"豆科牧草之王"之称。

1. 紫花苜蓿的生育特性及繁种条件

(1)花器构造及开花结荚习性

苜蓿的花序为总状花序,着生于叶腋,每个花序有8~20朵小花。

花由苞片、花萼、花冠、雄蕊和雌蕊组成。花冠为蝶形，位于花萼之内，由旗瓣、翼瓣和龙骨瓣组成。花色以紫色为主，杂交苜蓿有紫色、黄绿、白色、黄色等。由于合生的龙骨瓣包围雌蕊和雄蕊，常妨碍花粉扩散，需借助昆虫采蜜时把龙骨瓣解离，才有利于异花授粉，提高种子产量。荚果表面有脉纹和茸毛，每个荚果中有种子4~8粒，种子多为肾形，其大小依品种不同而异，千粒重2g左右。种皮为黄色，随贮存年限增加颜色加深。种子寿命较长，保存4~5年的种子尚有较高的发芽率。与其他豆科植物一样，苜蓿的部分种子具有一定的硬实率，一般硬实率达10%~20%。

苜蓿分枝期后20~25d花芽开始分化，形成花蕾，现蕾期植株生长最快，每天株高增长1~2cm，此时正是水肥供应的临界时期。苜蓿是无限开花习性，花期较长，长达40~60d，其开花顺序是在每个花序上的小花都从下至上陆续开放。在西北试验，春播苜蓿出苗至开花，需46~53d，开花期植株地上部分产量达最高峰，生长旺盛，是收获干草的最佳时期。苜蓿开花授粉后5d，即可形成荚果，30d左右种子陆续成熟。种子成熟时荚果皮变成褐色，即可收获。

(2)种子生产对环境条件的要求

①对温度的要求　苜蓿喜温暖、半干燥气候。种子在5℃~6℃即能发芽，以25℃为最适发芽温度。成株生长发育的适温昼间为15℃~25℃，夜间为10℃~20℃，在此温度下，干物质积累和叶面积增长最快，所以，苜蓿在春季生长最快。根在15℃时生长最好，茎和叶在15℃~25℃下生长最好。开花的适宜温度为22℃~27℃。苜蓿不耐高温，气温高于30℃时生长不良，尤其是夜高温为害更重。试验表明，在夏季最高温度超过30℃的地区，苜蓿越夏时都有死亡现象，温度越高，死亡现象越严重。苜蓿的抗寒性较强，冬季气温在-10℃~-15℃时，多数品种能够安全越冬，冬季温度在-20℃~-25℃的地区种植时，需选择耐寒性较强的苜蓿品种，方可安全越冬。

②对水分的要求　苜蓿茎叶繁茂，生长迅速，是需水较多的植物。据报道，苜蓿每形成1g干物质约需水800g，不同发育阶段耗水量不同，从分枝到现蕾期需水量最多，其次是开花结荚期。开花的最适湿度为53%~75%，湿度偏高或偏低都会影响授粉和种子成熟。苜蓿的不同生态型、不同品种对水分的要求有明显差异。苜蓿喜水，但水分过

多,会导致涝害,尤其在苗期,涝害严重会造成幼苗全部死亡。但由于根系发达,抗旱能力很强,在年降水量 300 ~ 800mm 的地区均能生长,在北方有灌溉条件的地方也是较适宜的种植区。

③对土壤的要求　苜蓿适应性强,对土壤条件的要求不严格,除重粘土、低湿地、强酸强碱地外,在粗沙土到轻粘土中均能生长,而以排水良好、土层深厚、富含钙质的土壤上生长最好,苜蓿有一定的耐盐碱性,但不耐酸,以土壤 pH 值 6 ~ 8 为宜,在土壤偏酸的地区,不能种植苜蓿。苜蓿为中等耐盐植物,可以在轻度盐渍化土壤上生长。当土壤盐分达 0.3% 时,苜蓿的生长就会受到抑制,表现出生长迟缓,产量降低。苜蓿在生长过程中,不同发育阶段对土壤盐分的反应不一样,一般随株龄增长耐盐性逐渐提高,以幼苗期对土壤盐分的反应最为敏感,而且种植几年后还具有促进土壤脱盐的作用,达到改良盐碱土的目的。

④对营养的要求　苜蓿是需肥较多的牧草,氮、磷、钾是苜蓿生长发育不可缺少的营养物质。由于根瘤可固定空气中的游离氮素,可以少施氮肥,一般土壤中钾的含量就能够满足其需要,对磷则反应敏感,增施磷肥可显著增产。此外,硫、镁、钙、铁、锰、锌等微量元素对苜蓿的生长发育也有影响,在高产栽培中应予以注意。

⑤对光照的要求　苜蓿为长日照作物,喜光照,不耐荫。光照不足,幼苗生长细弱,干物质积累少。花蕾期光照充足,开花多,授粉好,结实多而饱满。苜蓿生育需 2200h 日照,在日照时数大于 14h 的地区才能结实。

2. 种子生产技术

(1)选地隔离

用作苜蓿种子生产的地块,最好是开阔平坦、通风好、光照充足、土层深厚、排灌方便、肥力适中、杂草少、钙质多的中性或微碱性土壤,pH 值 6.5 ~ 7.5 为宜。为了防止品种间的生物学混杂,保证苜蓿种子的纯度,应合理倒茬,种过不同品种苜蓿的地块,须间隔 2 ~ 4 年才能使用。当苜蓿不同品种同时繁育种植时,其空间隔离的距离应在400 ~ 500m 以上。

(2)提高播种质量

①精细整地　苜蓿种子细小,幼苗较弱,整地质量的好坏直接影响苜蓿的出苗率和整齐度,播前要耕翻、耙耱、镇压,施足基肥,蓄水保墒,

达到地面平整、精细，以利苗全苗齐。苜蓿对磷和钾需要量大。播前适当增施磷肥，对幼苗生长及根系发育均有明显的促进作用，有利于抗旱，在低肥力地块应适施氮肥，一般要求播前施入腐熟的有机肥 22.5t/hm^{2}作底肥，在有机肥不足的情况下施 240～260kg/hm^2 的氮磷混合肥，其氮磷比为1∶1或磷肥比例稍高一些。为防止土壤板结而造成苜蓿出苗不全，一般不选择播后灌水。因此苜蓿种子田要求播前充分灌水，播种时田间持水量要达到75%～80%左右。

②种子处理　苜蓿种子在播前要经过清选，并进行发芽试验，要求发芽率达到85%以上，最好进行包衣、硬实种子的处理和根瘤菌的接种工作，接种根瘤菌的方法有干瘤法、鲜瘤法、根瘤菌接种剂拌种法。苜蓿根瘤菌剂使用量是每千克种子加5克菌剂，接种后的种子要避免阳光直射，不能与农药同时拌种，不能与生石灰及大量化学肥料接触。此外，苜蓿新种子中常有10%～30%的“硬子”，不易发芽，播种时可用粗沙与种子混匀碾磨，或晒种3～5d，以提高发芽率，为苗全苗壮打下基础。

③播种时期　播种是苜蓿种子生产中关键的一个环节，具有较为严格的季节性，苜蓿播种一般分春播、夏播、秋播3个时期。在北方栽培地区，多为春播和秋播。春季风沙大的干旱地区，以夏初播种理想。如西北地区制种田一般采用春播，当地温稳定在5℃以上时即可播种，约在4月中下旬为宜。

④播种方法及播种量　苜蓿播种方式可采用条播或撒播。实际播种量要根据种子质量、土壤墒情、整地粗细、病虫害发生情况等进行适当调整。苜蓿种子田需宽行稀播才能获得较高的种子产量。适宜的行距一般沙质土壤为65cm，质地中等的土壤为50～60cm。一般宽行条播时播种量应为4～7kg/hm^2。在河西走廊试验表明，条播行距为40～50cm，用种量7.5kg/hm^2，密度为12～15万株/hm^2，播种深度以1.5～2.5cm为宜，视土壤情况而定，沙质土3～4cm，粘土为2cm。播种后，应立即进行轻度镇压，使土壤与种子紧密结合，有利于种子吸水发芽和防止出现吊根现象。

(3)加强种子田管理

①破除板结　苜蓿播种至出苗前，如遇雨表土很易形成板结层，可用短齿耙或具有短齿的圆盘耙破除板结，以免影响出苗。

②间苗　对密度过大的生产田在4片真叶时即可间苗，或使用精量播种机播种，株距5cm左右，株数一般控制在35～50株/m²即可，每公顷保苗11.25万～15万株。

③清除杂草和异株　杂草对苜蓿种子植株危害极大，特别是菟丝子等，必须在苜蓿开花之前彻底清除杂草。对于不具备本品种性状的异株，也要在苗期、花期清除，防止品种混杂。若恶性杂草严重发生而又未能及时清除，就可能造成整块种子田报废。

④施肥与灌溉　种子田施用农家肥必须经过腐熟，以防带进杂草种子，污染土地。播种前用少量氮肥、磷肥、钾肥，与农家肥混合施入作基肥，以利于幼苗生长。苜蓿从孕蕾期到种子成熟，对氮素的需要量较多，孕蕾期追施氮肥，可使种子产量增加20%～30%。磷、钾肥在花期或开花前追施，每公顷用磷肥150kg左右。根据土壤含硫量，一般每公顷施用硫酸钙15kg左右，叶面喷施0.5%的硼化钠溶液，可促进苜蓿开花，有利于授粉、结实。

根据苜蓿需水规律，在苜蓿营养生长和花序分化阶段应适量灌溉，一般情况下，分枝期至蕾期灌水2～3次，花期至荚期灌水1～2次，土壤含水量维持在田间持水量的65%，可获得较高的种子产量。在北方，由于冬春干旱，为了使苜蓿能安全越冬和返青后正常生长，需浇冬水或返青水。在干旱区，盛花期及时补充水分，可提高种子产量。对沙土地一定要注意避免缺水，苜蓿种子田土壤干湿交替有利于种子生产。种子成熟后应停止灌水，以利于收获。

⑤人工辅助授粉　苜蓿是异花授粉作物，加强授粉是种子繁殖获得高产的关键措施。在面积不大的地块一般用人工或机具于田地两侧拉一绳索或线网，从植株上部掠过即可。养蜂也是提高苜蓿授粉的重要措施，一般1hm²苜蓿种子田配备5箱蜜蜂即可达到授粉目的。苜蓿的主要授粉昆虫有蜜蜂、地蜂、碱蜂、切叶蜂、熊蜂等，其中切叶蜂、碱蜂和地蜂授粉效果最好，切叶蜂和碱蜂对苜蓿花柱的打开和传粉起着重要的作用。

(4)种子收获

苜蓿种子生产中，确定种子收获时间，需要考虑两个因素，即既能获得品质优良的种子，又尽可能地减少收获不当造成的损失。苜蓿种子成熟有形态上的成熟和生理上的成熟之分，完全成熟的种子具有千粒重最大、含水量在35%左右、硬度最高、种皮呈固有的黄褐色、有较高的发芽率(85%以上)的特点。根据种子成熟的外部形态变化可分为绿熟期、黄熟期、完熟期。当苜蓿荚果从绿色变为褐色,种子为黄色时,表明种子已经成熟。如果是割倒后在草垄上晒干,当荚果2/3~3/4变为黑褐色时,为种子适宜收获时间。种子收获期如果在雨多季节,应提前至荚果50%变成褐色时收割。

播种当年的种子田,由于植株生长发育不健全,一般结实率低,多不用来生产种子。在第二年后的第一茬草上开始采收种子,精细管理可连续生产种子4~5年。

(6)苜蓿种子的处理与管理

收获后的苜蓿种子,须经干燥及清选,然后贮存备用。

①种子的干燥　苜蓿种子收获后含水量较高,不利于保存,须经干燥处理,使其含水量达到12%以下。干燥的方法有自然干燥和人工干燥。自然干燥是利用日光暴晒、通风、摊晾等措施,使之降低含水量。收割的苜蓿茎秆带荚果晾晒一段时间,并适时翻动,约需翻动8~10次,然后进行脱粒。脱粒后的种子含水量仍较高,应继续摊晾,至达到贮存所要求的含水量为止。

在现代苜蓿种子生产中,收获的种子常采取人工干燥措施。常用的人工干燥设备有火力滚动烘干机、烘干塔及蒸汽干燥机等。在用机械干燥过程中,种子不要直接接触加热器,以免种子被烤焦、灼伤,影响生活力,种子出机温度应保持30℃~40℃,第一次处理后种子含水量仍较高时,需进行二次干燥处理,干燥处理的温度可先低后高,使种子不至于因受热时间过长、温度过高和脱水过快而降低质量。经烘干后的种子,需冷却到常温才能入仓,以防止长期受热而导致种子生活力降低。

②种子的清选　种子清选是通过种子清选机来完成。清选的方法有风筛清选、比重清选和表面特征清选三种。在混杂物的大小与种子粒相差较大时,风筛清选的效果较好。与种子差异小的杂物,风筛不易分离,可选用其他清选方法。大小、形状、表面特征与种子相似的杂物,或破损、发霉、虫蛀、皱缩的种子,可用比重清选机分离。表面特征清选常用的设备有螺旋分离机和倾斜布面清选机。经清选、干燥的种子,必须达到苜蓿种子分级标准中所规定的要求。

（二）草木樨种子生产技术

草木樨（*Melilotus L.*）起源于欧、亚两洲接壤地区，本属有 20 多个种，具有经济价值的草木樨栽培种主要有 6 种，即白花草木樨、黄花草木樨、香花草木樨、细齿草木樨、印度草木樨、伏尔加草木樨。属一年生和二年生草本。中国 1922 年开始栽培，是北方的主要绿肥作物。其采种技术大同小异，现以白花草木樨为例。

1. 白花草木樨的特征特性及繁种条件

白花草木樨主根肥大并多侧根，主要根群分布于 30～50cm，深者可达 2m。茎直立，圆形中空，二年生者株高可达 2m 以上，具分枝，腋芽分化早，刈割后易再生分枝。羽状复叶，总状花序，花小，蝶形，花冠白色，蜜腺发达，开花期长达 50 多天。荚内含黄褐色肾形种子1～2粒。千粒重 2～2.2g，硬籽率较高。

白花草木樨的适应性很广，最适于在湿润和半干燥的气候条件下生长。抗旱性强，在年降水量 400～500mm 地区生长良好，300mm 也可生长。当 0～20cm 土层含水量降至 5.8% 时仍可正常生长。较苜蓿抗旱，但忌涝。具有较强的耐寒能力，一般在日平均地温稳定在 3.1～6.5℃时种子开始萌动，最适为 18～20℃，第一片真叶可耐 -4℃ 的短期低温，幼苗能在 -15℃ 严寒下安全越冬，成株有时耐 -30℃ 以下的低温，可在海拔 2400m，-24℃ 的高山地带安全越冬。草木樨对土壤要求不高，在富钙土壤上生长繁茂，重粘土到沙粒土壤均可生长。适宜 pH 值为 7.0～9.0，耐盐碱极限为 0.4%～0.6%。白花草木樨为长日照植物，在连续光照下，生活当年就能开花结实，否则不能开花。它从孕蕾到开花需 3～7d，无限花序，花序下部的花先开而后是上部花。通常当上部花尚在开放时下部花已形成果荚。一天内，从上午到下午 14～15 时开得最多。整个花序开花延续时间 8～14d。当温湿度适宜时，开花延续时间较长。

白花草木樨是自花授粉植物，雄蕊较雌蕊长或等长，花粉能自由地落在柱头上，柱头和花粉同时成熟，因而保证了它们的自花授粉过程，自花授粉率可达 33%～100%，平均为 86%，这说明白花草木樨有较高的自花授粉力。

北方地区一年生草木樨，一般 3 月播种，5～6 月开花，7～8 月收种。二年生草木樨在春播发芽后生长速度由慢变快，秋末茎秆死亡，以营养生长为主。翌年早春,靠越冬根颈上的休眠芽发芽长成株丛。茎叶生长极快,4 月现蕾,5 月开花,6 月中下旬种子成熟。

2. 采种技术要点

(1)整地与种子处理

草木樨种子细小,顶土力差,要求精细整地,达到平整细碎。

草木樨种子种皮较厚,具有蜡质,种子硬实率多达 40% ~60%。因此,播前除晒种外,种子还要进行划破种皮等处理。划破种皮可用机械擦伤,但不能划破得过深,破坏细胞膜,否则胚芽受伤,影响正常发芽。一般用 1% ~2% 氯化钠溶液浸种 2h 可提高出苗率 17% ~30%,并减少 25% ~47% 的幼苗死亡。播前用根瘤菌拌种,可提高产量 30% ~50%。

(2)灵活安排播期,合理轮作

白花草木樨生长年限短,春、夏、秋均可播种。北方早春解冻后趁墒下种,易于抓苗,可使根系充分发育,不仅保证安全越冬而且当年产量高,甘肃河西走廊试验表明,3 月 20 日以前播种的比 3 月底和 4 月初播种的增产 15% ~20%,若秋季雨水多,可在 10 月初播种,越冬前幼苗株高应达到 15 ~20cm,并有越冬芽形成,以利于安全越冬和来年生长,提高种子产量。在春旱多风地区,以 6 月上中旬降雨量多时播种为宜。白花草木樨的留种地应合理安排轮作,因为花陆续开放,种子成熟期不一,致使部分种子散落,而后在 5 ~6 年的时间内将陆续萌发,成为田间杂草,影响种子纯度。

(3)提高播种质量

北方干旱寒冷地区,由于保苗困难,播量要大些。一般种子田采用宽行条播,行距在 30 ~60cm。覆土深度,粘土为 2 ~3cm,沙质土可达 4cm,湿润地区 1 ~2cm,干旱地区 3cm,播后镇压以免跑墒。

(4)田间管理

白花草木樨采种单播时,苗期管理的关键是防除杂草,一般苗高 10 ~20cm 时中耕除草。分枝期、现蕾期、开花期及时追施磷、钾肥,合理灌溉。

(5)防治病虫害

主要病害有锈病、白粉病、茎枯病等,主要虫害有地老虎、蚜虫等。可采用药剂防治和轮作倒茬生态防治。

(6)辅助授粉

为提高授粉结实率,采种时要借助蜜蜂传粉,一般每公顷需 3 ~4 群蜂。试验表明,靠自然传粉,产籽量是 56 ~112kg/hm^2,如采用蜜蜂传粉,产籽量可达 565 ~785kg/hm^2。

(7)种子收获

草木樨花期长,种子成熟不一致,老熟荚果易脱落。当植株上有 20% ~30% 的荚果变成褐色的时期是分段收籽的最佳时期。通常当下部荚果 65% ~70% 由深黄色变成暗绿色时即可收种,并在阴天或早晨有露水时进行,收后及时晾晒脱粒。加工、贮藏同苜蓿相似。

(三)毛苕子种子生产技术

毛苕子(*Vicia villosa Roth*)别名:冬箭舌豌豆、长柔毛野豌豆、冬巢菜。原产于欧洲北部及亚洲西部,在我国栽培历史悠久,是北方地区栽培最广泛的牧草和绿肥作物。

1. 毛苕子特征特性及繁种条件

毛苕子属于豆科巢菜属,为一年生或越年生草本植物。全株密被长柔毛。主根长 0.5 ~1.2m,侧根多。茎细长达 2 ~3m,攀缘,每株 20 ~30 个分枝。偶数羽状复叶,总状花序腋生,有小花 10 ~30 朵,紫色或蓝紫色。荚果矩圆状菱形,含种子 2 ~8 粒,长球形,黑色。千粒重 25 ~30g。

毛苕子属春性和冬性的中间类型,偏向冬性,性喜温暖湿润的气候,不耐高温,当日平均气温超过 30℃时,植株生长缓慢。生长的最适温度为 20℃。抗寒能力强,能忍受 -4 ~ -5℃的低温。耐旱能力也较强,在年降雨量不少于 450mm 地区均可栽培。但其种子发芽时需较多水分,表土含水量不能低于 17%,大部分种子能出苗,表土含水量低于 10% 则不出苗。苗期以后抗旱能力增强,能在土壤含水量 8% 的情况下生长。当雨量过多或温度不足时,生长缓慢,开花和种子成熟不一致,且因发生严重倒伏而减产。不耐水淹,水淹 2d 会使 20% ~30% 的植株死亡。

毛苕子耐盐性和耐酸性均强,在土壤含盐量 0.2% ~0.3% 时能正常生长。对土壤要求不严,性喜沙土或沙质壤土。在西北地区春播,3 月下旬播种,5 月上旬分枝,6 月下旬现蕾,7 月上旬开花,下旬结实,8 月上旬荚果成熟。从播种到荚果成熟约需 140d。

毛苕子为常异花授粉作物，一天以14～18时开花数最多，夜间闭合。开花适宜温度为15～20℃。开花顺序自下而上，先一次分枝，后二、三次分枝。毛苕子还是很好的蜜源植物，花期长达30～40d，放蜂可提高种子产量。

2. 采种技术要点

(1)轮作

毛苕子可与高粱、谷子、玉米、大豆等作物轮作，在甘肃、青海、陕西关中等地采种田一般单播。

(2)播种

毛苕子秋播、春播均可。“三北”地区及内蒙古多春播，4月初至5月初较适宜。北方寒冷少雨地区，选择生育期长、抗逆性强的毛苕子，可显著提高种子产量。

毛苕子根系发达，入土较深，必须深翻土地，创造疏松的耕层。播前要施足农家肥和磷肥，特别是施磷肥可起到以磷增氮的效果。

毛苕子种子的硬实率为15%～30%，播前用“两开一凉”的温水浸种24h能提高发芽率。播量应适当加大，一般种子田每公顷播量为30～37.5kg，宽行条播，行距为30～45cm，播深3～4cm。

(3)去杂去劣

一般在营养期、开花期和成熟期各进行一次，去除混杂的病、劣、异株，以保证种子的纯度。

(4)田间管理

在播前施足基肥的基础上，生长期可追施草木灰或磷肥1～2次。在土壤干燥时，应于分枝期和盛花期灌水1～2次。春季多雨地区应进行排水，以免茎叶变黄腐烂、落花、落果。孕蕾开花期叶面喷施0.2%～0.3%的磷酸二氢钾，可使种子增产。同时加强毛苕子叶斑病、病毒病、黄叶枯病、轮纹斑病等病害和蚜虫、地老虎、苕蛆等虫害的防治。

(5)适期采种

毛苕子为无限花序，种子成熟参差不齐，裂荚严重，当茎秆由绿变黄，中下部叶片枯萎，50%以上荚果成褐色时即可收种。与麦类作物混种时也可收种，同时收割后把种子分开。每公顷可收种子450～900kg。加工、贮藏同苜蓿相似。

二、禾本科牧草

禾本科草类是一个古老的类群，资源丰富，我国约有 264 属，876 种以上。在北方草地可占 40% ~70%，种类繁多。现以苏丹草、无芒雀麦为例介绍种子生产技术。

(一)苏丹草种子生产技术

苏丹草[*Sorghum sudanense*(*piper*) *Stapt*]原产于非洲北部苏丹地区，是目前世界各国栽培最普遍的一年生禾本科牧草。中国 20 世纪 30 ~40 年代引入，在东北、华北、西北等地都有种植，表现良好。

1. 苏丹草的特征特性及繁种条件

苏丹草是禾本科高粱属一年生草本植物。根系属须根系，较发达。株高约 2 ~3m，茎粗 0. 8 ~2cm，受密度影响较大，分蘖力较强，一般达 20 ~30 个，片叶宽线形，长 40 ~60cm，宽约 4cm，叶鞘较长，全包茎，每茎有叶 7 ~8 片，叶色深绿，表面光滑。疏散圆锥花序，分枝细长，颖片厚而有光泽。种子扁卵形，颜色有黄色、棕色、黑色之分，千粒重 9 ~10g，每公斤种子 10 万 ~11 万粒。

苏丹草属喜温植物，不抗寒、怕霜冻。种子发芽适温为 20 ~30℃，最低温度为 8 ~10℃，苗期对低温较敏感，气温下降到 2 ~3℃时即受冻害，已长成的植株具有一定的抗寒能力。

苏丹草抗旱力强，在年降雨量 250mm 地区种植，仍能获得较高产量。在干旱季节刈割或放牧停止生长，雨后很快恢复再生。种子生产时，在生长旺季必须灌溉，抽穗开花期是生长、需水的高峰期，如果此时缺水会影响产量，但雨水过多或土壤过湿也对生长不利，易受病害感染。

苏丹草对土壤要求不严，无论沙壤土、重粘土、微酸性土壤和盐碱土均可种植。种子生产一般选择肥力较高的沙壤土较理想。

2. 采种技术要点

(1)合理轮作

苏丹草不宜连作，最好的前作是多年生豆科牧草，大豆、蚕豆、豌豆等豆类作物。

(2)精细整地，施足基肥

北方地区注意深耕蓄水、保墒，播前一般深耕 18 ~20cm，施有机肥

45000 ~ 60000kg/hm^2，磷肥 225 ~ 450kg/hm^2 做底肥。耙耱镇压，达到平整。

(3)适期播种

繁种时一般春季播种，当土层 10cm 处地温达 12 ~ 14℃时即可播种。河西地区在 4 月中下旬，东北地区在 5 月上旬，也可夏播。

(4)播种方式及播量

一般种子田采用宽幅条播，行距 50 ~ 60cm，播种量 15.0 ~ 22.5kg/hm^2，播种深度为 2 ~ 4cm。

(5)加强田间管理

早春播种的苏丹草，易受杂草危害，因此苗期应进行 1 ~ 2 次中耕除草。苏丹草喜肥，需肥量大，耗水量高，在分蘖期、拔节期、开花期应及时灌溉和追施速效氮肥。

(6)辅助授粉

试验报道，人工辅助授粉种子增产 11.0% ~ 13.0%。授粉方法很简便，在开花时用人工或机具于田间的两侧，拉一绳索从草丛上部掠过，往返几次即可。授粉时期必须在大量开花期间及一天中大量开花的时间进行。

(7)严格去杂去劣

在各个生育时期根据品种的特征特性及时拔除杂株、病株，保证种子纯度。

(6)适期采种

由于苏丹草分蘖期长，开花和种子成熟很不一致，因此，当主要茎秆的种子已成熟，即可收获采种。割下的茎秆，经过一段时间的后熟，然后脱粒。

(二)无芒雀麦种子生产技术

1. 无芒雀麦的特征特性及繁种条件

无芒雀麦(*Bromus inermis Leyss*)属多年生禾本科牧草，根系发达，多分布在距地表 10cm 的土层中，茎直立，圆形，粗壮光滑，高50 ~ 120cm。叶片长而宽(6 ~ 8mm)，一般 5 ~ 6 片，淡绿色，表面光滑，叶脉细，叶缘有短刺毛，无叶耳，叶舌膜质，短而钝。圆锥花序长 10 ~ 30cm。穗轴每节轮生 2 ~ 8 个枝梗，开花时枝梗张开，每枝梗着生 1 ~ 2 个小穗，每花序约有 30 个小穗。种子成熟时枝梗收缩。小穗由4 ~ 8 朵小花组成。颖宽而尖锐，具短尖头或1～2mm的短芒。子房上端有毛，花柱位于其前下方。种子扁平，千粒重2.44～3.74g。

开花结实习性：无芒雀麦第二年返青后50～60d即可抽穗开花，花期持续15～20d。开花顺序先从圆锥花序的上部小穗开始开放，逐渐延及下部。在每个小穗内，则是小穗基部的小花最先开放，顶部的小花最后开放，一个花序延续的时间为10～15d，以开始开放的前3～6d开花最多，随后逐渐下降。天气晴朗无风时开花比较集中，一日内以16～19时开花最多，授粉后11～18d种子即有发芽能力。刚收的种子发芽率低，贮藏于第二年的种子发芽率最高，6～7年以后完全丧失发芽能力。

无芒雀麦适应性广，喜冷凉干燥的气候，特别适于寒冷干燥的气候，而不适于高温高湿地区，一般土温在20～26℃为根系和地上部分生长最适温度，在年均温3～10℃、年降水量400～500mm的地区生长适宜。无芒雀麦耐寒性强，在东北黑龙江有雪覆盖的条件下，-48℃的低温，越冬率仍达83%。在青海海拔3000m，冬季最低气温在-28～-33℃的地区仍能安全越冬。在甘肃皇城海拔2500m，冬季最低气温-29℃时能安全越冬。

无芒雀麦对土壤的要求不严，耐瘠薄，从粘土到沙土均能栽培，不耐强碱或强酸性土壤。

无芒雀麦在适宜的环境条件下，播后10～12d即可出苗，35～40d开始分蘖。分蘖力强，播种当年分蘖可达10～37个。北方春季当年生长旺盛，呈营养枝状态，第二年大量开花结实。如在呼和浩特种植时，一般在4月底播种，5月中旬出苗，5月底分蘖，第2年3月中旬返青，6月上旬抽穗，下旬开花，7月中下旬种子成熟。在甘肃省河西走廊试验表明，一般4月中旬播种，5月中旬出苗，6月中下旬分蘖，8月中旬拔节，播种当年只抽穗不能结籽。第二年4月上旬返青，6月下旬抽穗，7月中旬开花，8月中旬种子成熟。无芒雀麦从返青到成熟全生育期需要0℃以上积温2700～4000℃。

2. 采种技术要点

(1)合理轮作，精细整地

无芒雀麦具发达的地下茎，茎根蔓延容易结成厚密的草皮，耕翻后不易清除干净。因此一般安排在饲料轮作中，不宜安排在大田轮作中去。在轮作中无芒雀麦可与紫花苜蓿、红豆草、红三叶和草木樨等牧草混播，可以防止早期衰退现象。繁种田不能与同属的禾本科牧草混播，以防混杂，降低种子纯度。

精细整地是保苗和提高产量的重要措施。秋翻结合施肥对无芒雀麦的生长发育有良好的作用。一般在收获大秋作物之后，进行耕翻灭茬，施足基肥，耙耱即可。在春季风大干旱、不宜进行春翻的地区，播前耙耱 1~2 次即可播种。如要夏播，应在播前浅翻，然后耙耱，做到平整、细碎。

(2)适期播种

无芒雀麦的播种期因地制宜，春播、夏播或早秋播均可，西北较寒冷的地区多春播，也可夏播，甘肃河西地区在 4 月上旬至中旬播种。内蒙古春季干旱、风沙大、气温低、墒情差，春播出苗慢和易缺苗，以夏播为宜，通常在 7 月中旬或下旬播种。东北地区宜夏播，以 7 月下旬至 8 月中旬为佳。在华北等地区以 7 月中上旬或 10 月中旬播种为宜。

(3)播种方式，繁种田多单种，采用宽行条播，行距 30~45cm，播种量 15.0~22.5kg/hm^2。如采用撒播，播量可增至 45.00kg/hm^2 左右。如与紫花苜蓿混播，适宜播量为无芒雀麦 15.0~22.5kg/hm^2，紫花苜蓿 7.5kg/hm^2。无芒雀麦播种深度一般为 2~4cm，粘性土壤上为2~3cm，沙性土壤为 3~4cm，春季干旱多风的地区由于土壤水分蒸发较快，覆土深度可增至 4~5cm。

(4)加强田间管理

无芒雀麦需氮较多，须充分施用氮肥，在单播或瘠薄地繁种时应施足基肥和氮肥。播前每公顷可施厩肥 22.5~37.5t 作基肥，以后可于每年冬季或早春再施厩肥，并于每次刈割后追施氮肥，每公顷施氮肥 150~225kg。同时还要适当施用磷、钾肥。在分蘖、拔节、抽穗、开花期及时灌水。

无芒雀麦播种当年生长缓慢，易受杂草为害，因此，播种当年要特别重视中耕除草工作。在生育期注意防病，常见病害有白粉病、条锈病、麦角病等病害。

(5)严格去杂去劣

在各个生育时期及时拔除杂株、病株，保证种子纯度。

(6)适期采种

无芒雀麦播种当年结籽量少，种子质量差，一般不宜采种。第 2 ~ 3 年生长发育最旺盛，种子产量高，适宜收种，在 50% ~ 60% 的小穗变为黄色时收种，每公顷产种子 600 ~ 750kg。

主要参考文献

[1]谷茂.作物种子生产与管理[M].北京:中国农业出版社,2000

[2]毕辛华,戴心维.种子学[M].北京:中国农业出版社,1993

[3]杜鸣.种子生产原理和方法[M].北京:中国农业出版社,1993

[4]纪俊群,池书敏.作物良种繁育学[M].北京:中国农业出版社,1993

[5]潘家驹等.作物育种学总论[M].北京:中国农业出版社,1998

[6]盖钧益等.作物育种学各论[M].北京:中国农业出版社,2000

[7]宋占城,贺浩华等.种子生产技术[M].中国农业科技出版社,1996

[8]孙敬华等.玉米制种花器预测与调控二十法[J].种子,2003,(3):100

[9]程万珍等.玉米单交种豫玉22制种高产栽培技术[J].甘肃农业科技,2001,(9):42

[10]赵致禧等.西北灌区春玉米杂交制种技术规范[J].中国种业,2002,(10):45

[11]祁成年.甘蓝型油菜优质高产制种技术[J].中国种业,2002,(10):48

[12]申书兴.蔬菜制种可学可做[M].北京:中国农业出版社,2001

[13]胡晋,王世恒等.现代种子经营和管理[M].北京:中国农业出版社,2004

[14]戴雄泽.辣椒制种技术[M].北京:中国农业出版社,2004

[15]赵统敏.西红柿杂交制种技术[M].北京:中国农业出版社,2004

[16]陈学君.河西走廊绿洲农业[M].北京:中国农业出版社,

2000

[17]骆爱基.河西走廊饲用甜菜繁种技术[J].甘肃农业科技,2004,(增刊):110~112

[18]赵利民.甘肃河西走廊地区大白菜杂交种繁育技术[J].西北园艺,2001,(1):25

[19]陈秀君.黄瓜杂交种大田生产技术[J].北方园艺,2004,(3):26~27

[20]史自强等.新疆杂交高梁制种技术[J].作物杂志,1996,(6):10

[21]刘迎新.西瓜杂交制种优质丰产技术[J].中国种业,2003,(6):38

[22]陈宝书.牧草饲料作物栽培学[M].北京:中国农业出版杜,2001

[23]韩建国,马春辉.优质牧草的栽培与加工贮藏[M].北京:中国农业出版社,1997

[24]毛培胜,韩建国.牧草种子生产技术[M].中国农业科技出版社,2003

[25]田斌.甘肃河西走廊辣椒杂交制种技术[J].甘肃农业科技,2004,(7):37~39

[26]倪兴军,赵霞.玉米单交种豫玉33覆膜高产制种技术[J].甘肃农业科技,2004,(8):15~16

[27]赵佐敏,艾勇.马铃薯组培脱毒试管苗繁育技术[J].中国马铃薯,2003,(5):301~304

[28]武太忠,樊华.甘肃河西走廊制种产业优势及加快发展思路[J].中国种业,2004,(1):12~13

[29]席晓飞等.河西走廊制种产业发展对策[J].农业科技与信息,2003,(11):8~9

[30]贾世杰,班永梅.无籽西瓜制种技术要点[J].中国种业,2004,(7):47

[31]谢静.苜蓿良种繁育技术[J].种子世界,2004,(8):40

[32]张辉等.提高甜瓜 F_1 代种子纯度的制种技术[J].农业科技通迅,2004,(8):22

[33]肖占文等.大葱常规品种采种及提纯复壮技术[J].甘肃农业科技,2002,(8)

[34]赵致禧.甘肃河西灌溉农业区制种资源的利用和可持续发展[J].中国种业,2002,(2):92~30